D0889076

DICTIONNAIRE AMOUREUX
DE LA PROVENCE

PETER MAYLE

DICTIONNAIRE AMOUREUX DE LA PROVENCE

Traduit de l'anglais
par Christophe Mercier

Dessins de Daniel Casanave

Plon

*Pour Ailie Collins, sans l'aide de qui je serais
encore en train de patauger quelque part
aux alentours du milieu de l'aphabet.*

Je me trouve actuellement dans
le pays du blé, du vin, de l'huile et
du soleil. Que demander de plus
au paradis ?

Thomas JEFFERSON,
Aix-en-Provence,
27 mars 1787.

Introduction

Essayer d'enfermer la Provence en un seul volume est une tâche impossible. Il y a trop d'histoire, trop de matériau. Des milliers d'années d'habitation humaine ; suffisamment d'églises, de châteaux, de villes et de villages pour remplir une encyclopédie ; une petite armée de résidents notables ou tristement célèbres, de Pétrarque et Nostradamus jusqu'à Raymond de Turenne et au marquis de Sade ; des peintres, des poètes et des écrivains par dizaines : Van Gogh et Cézanne, Mistral et Pagnol, Daudet et Giono ; des légendes et des mythes, des montagnes et des vignobles, des truffes et des melons, des saints et des monstres. Par où commencer ? Que choisir ? Qu'écarter ?

C'est un problème qu'ont affronté de nombreux auteurs, et bien souvent ils ont choisi de se spécialiser. Ils se sont limités à des thèmes particuliers – l'architecture ecclésiastique, l'influence romaine, la signification culturelle de la bouillabaisse, n'importe laquelle des centaines de facettes de la Provence – et ils ont produit des ouvrages exhaustifs, souvent érudits. Autant d'œuvres admirables, mais je n'ai pas essayé d'ajouter ma pierre à cet édifice. Et c'est sans doute mieux, car je n'ai rien d'un érudit.

Au lieu de ça, je m'aperçois que j'ai composé un puzzle autobiographique fait de choses qui m'intéressent singulièrement, fait de découvertes et de fables personnelles. Cela peut paraître une approche quelque peu cavalière pour un livre portant le label sérieux de

« dictionnaire », mais je tiens cependant à préciser que j'ai observé certaines règles, obéi à certaines restrictions.

Autant que possible, j'ai essayé d'éviter les lieux et les monuments les plus célébrés. J'ai laissé à d'autres le pont du Gard, l'amphithéâtre romain d'Arles, l'abbaye de Sénanque, le palais des Papes à Avignon, et des dizaines de merveilles historiques qui ont été si fréquemment admirées et si bien décrites. Pour la même raison, j'ai négligé de grandes étendues de paysages magnifiques, comme la Camargue, et l'un des coins les plus merveilleux de la côte provençale, les calanques, à l'est de Marseille.

Le choix de mes sujets a été guidé par quelques questions simples. Est-ce que ce sujet m'intéresse ? Est-ce qu'il m'amuse ? Possède-t-il un aspect mal connu ? C'est la technique de la pie, qui saute d'une distraction à une autre. Elle a le grand avantage de pouvoir, virtuellement, tout inclure. N'importe qui, n'importe quoi peut trouver sa place, à condition d'avoir piqué ma curiosité. Telle est tout au moins ma justification pour avoir assemblé un pot-pourri de sujets ayant entre eux aussi peu de rapports que la recette de la tapenade ou une matinée avec un exécuteur public.

Au cours de mes recherches, j'ai souvent été confronté au goût provençal pour l'anecdote, les enjolivures et les histoires à peine croyables. Je ne m'excuserai pas d'avoir rapporté la plus grande part de ce que l'on m'a raconté, si invraisemblable que ça puisse paraître. Après tout, nous vivons une période où la vérité est quotidiennement déformée, souvent pour des motifs politiques. Si j'ai parfois franchi les limites de l'exactitude et de la plausibilité, au moins l'ai-je fait pour une bonne cause : faire sourire le lecteur.

C'est dans le même esprit que je n'ai pas vérifié de trop près certaines informations qui m'ont été fournies par des experts. Et la Provence en est remplie. Presque sans exception, ils ne sont ménagers ni de leur temps, ni de leurs conseils, ni de leurs opinions. Le problème survient lorsque l'on pose la même question à deux experts. Quand faut-il effectuer la cueillette des olives ? Comment se débarrasser des scorpions dans une maison ? Le climat de Provence est-il en train de se réchauffer ? Invariablement, on va obtenir des réponses absolument contradictoires, chacune affirmée avec une énorme conviction sans faille. Je reconnais que j'ai toujours choisi de croire ce qui me paraissait le plus improbable.

Parmi les spécialistes, un en particulier mérite d'être mentionné ici, même s'il apparaît plus d'une fois dans les pages qui suivent. C'est M. Farigoule, professeur émérite. Maintenant retiré de la vie universitaire, il a charitablement fondé un cours d'éducation pour les étrangers, et je suis son élève favori. En fait, je crois bien que je suis le seul. Les leçons se tiennent au café local, et le programme est extrêmement varié, car M. Farigoule semble être expert en toutes choses. Je l'ai testé entre autres sur les nids de frelons, sur la vie amoureuse de Napoléon, sur l'usage de crottin d'âne comme engrais, sur la poésie de Frédéric Mistral, sur les principales différences entre les Français et les Anglo-Saxons, sur les papes d'Avignon et sur le pastis. Il a toujours su me répondre, il a souvent été chicanier et toujours extrêmement dogmatique.

Envers cette muse bien peu conventionnelle, j'ai une dette considérable, et c'est avec grand plaisir que je la reconnais.

VAISON-LA-ROMAINE
MONT VENTOUX
CARPENTRAS
FONTAINE
L'ISLE-SUR-LA SORGUE
ROUSSILLON
APT
LE LUBERON
LA DURANCE
AIX-EN-PROVENCE
MARSEILLE
CASSIS
BANDOL
MÉDITERRANÉE

Quelques éléments
pour une géographie discutable

Il me semble que, depuis le premier cartographe romain, tout le monde ou presque a eu des idées bien arrêtées concernant l'endroit où se trouve la Provence. Mais, au grand dam de qui recherche l'exactitude et la précision en géographie, ces idées ont varié, et parfois de plusieurs centaines de kilomètres. On m'a, par exemple, informé que « la Provence débute à Valence », au nord, dans le département du Rhône. Récemment, j'ai commis l'erreur de transmettre cette information à M. Farigoule, le sage qui tient sa cour dans le café local, et il m'a répondu que je disais n'importe quoi. On peut, a-t-il admis, aller jusqu'à inclure en Provence la ville de Nyons, en hommage à ses sublimes olives, mais on ne peut se permettre un pas de plus vers le nord. Il se montrait pareillement pointilleux quant aux frontières ouest (Nîmes) et est (Sisteron).

Le fait est que les frontières ont gonflé et rétréci au cours des siècles – un renflement ici, là un creux, s'étalant ou se contractant. Les noms aussi ont changé, ou ont disparu de l'usage populaire. Il n'y pas si longtemps les Basses-Alpes ont reçu un coup de pouce, et se sont vues promues au rang d'Alpes-de-Haute-Provence. Et qui, de de nos jours, est capable de préciser avec quelque certitude les limites du comtat Venaissin ? Il n'est pas exagéré de dire que toute la région, pendant des années, a été un affront au goût français pour la précision, l'ordre et la logique.

Il est clair que cette situation inorganisée, presque médiévale, ne pouvait perdurer dans le monde moderne. Il fallait faire quelque chose. C'est ainsi que, pour finir, levant les bras en signe d'accablement, les responsables officiels de ce domaine ont décidé de cimenter plusieurs départements du sud-est de la France en une seule région qui les regroupe tous. A cette région, naturellement, il fallait un nom, et qui était mieux placé pour en trouver un que cet homme de l'ombre influent, le ministre des acronymes ? (On peut le créditer de triomphes comme CICAS ; CNRBTPIC ; CREFAK ; CAPABA ; CRICA – et ce ne sont que des exemples pris au hasard dans l'annuaire téléphonique du Vaucluse. Il en existe des milliers d'autres.)

On appela le ministre. Il farfouilla dans l'alphabet et délibéra. Et après moult délibérations, il conclut. La région PACA était née : Provence-Alpes-Côte d'Azur, qui s'étend d'Arles, à l'ouest, à la frontière italienne, à l'est. Une entité géographique unique, propre, administrativement correcte. Quel soulagement ! On savait enfin où on se trouvait.

Est-ce bien certain, cependant ? Aujourd'hui, les gens qui passent leurs vacances à Saint-Tropez, à Nice, et même plus loin, à Menton, envoient des cartes postales enthousiastes décrivant leurs merveilleuses vacances en Provence. Il suffit aux journalistes étrangers d'apercevoir de la lavande dans les collines au-dessus de Cannes pour commencer à délirer sur les splendeurs de la campagne provençale. Un plat de poisson à Antibes est promu au rang de véritable *bouillabaisse* provençale. Et dans le lexique des agents immobiliers – esprits ô combien créatifs – n'importe quelle villa en pierre au toit de tuile, à deux pas de Monte-Carlo, est automatiquement étiquetée « *mas* provençal ».

En d'autres termes, les mots « Provence » et « provençal » se retrouvent dans des zones où, à strictement parler, ils n'ont rien à faire.

Où donc se trouve la Provence, et quelles sont ses frontières ? Les cartes diffèrent. Les opinions divergent. La confusion règne. Mais, tout compte fait, je me rends compte que je suis d'accord avec la géographie de M. Farigoule, que vous verrez reproduite sur la carte. La Provence – tout au moins dans ce livre – consiste en trois départements : Bouches-du-Rhône, Haute-Provence et Vaucluse. Il est évidemment possible que nombre de gens m'accusent d'avoir tranché arbitrairement. Il est même possible que certains des articles de ce livre franchissent d'un cheveu ces frontières arbitraires. Pardonnez-moi. Tout ce que je peux faire pour m'excuser, c'est hausser les épaules (à la provençale).

Accent

Une erreur courante consiste à imaginer que, en Provence, on parle le français. La langue parlée en Provence ressemble au français, certes, et, écrite, elle lui est presque identique. Mais ôtez-le de la page et soumettez-le à l'oreille, et le français provençal pourrait tout aussi bien être une autre langue. Si les mots étaient comestibles, le provençal serait un civet, ou peut-être une daube. En tout cas un ragoût verbal riche, épais, piquant, bouillonnant, dans un accent aux sonorités nasillardes.

Avant de venir vivre en Provence, j'avais acheté une série de cassettes de chez Berlitz pour améliorer ma compréhension d'une langue que je n'avais pas pratiquée depuis mes études. Soir après soir, je m'asseyais, écoutant le français le plus mélodieux qui soit, parfaitement prononcé – enregistré, j'imagine, par une dame de Tours. (On m'a dit que l'accent de Tours est considéré comme un joyau, l'accent le plus pur et raffiné de France.)

Tous les matins, devant mon miroir, en me rasant, je faisais de mon mieux pour imiter cet accent, pinçant mes lèvres anglo-saxonnes jusqu'à ce qu'elles parviennent à prononcer quelque chose qui soit proche du « u » français, m'entraînant au grondement du fond de la gorge pour le « r » roulé. Peu à peu, pensais-je, je progressais. C'est alors que je suis arrivé en Provence.

Ce fut un adieu brutal à la dame de Tours : la sonorité des mots que je rencontrais en Provence ne ressemblait à rien de ce que j'avais pu entendre jusque-là. Et, pour les rendre encore plus incompréhensibles, ces mots étaient prononcés à une allure incroyable, comme un lexique devenu fou. Pendant des mois, mes oreilles restèrent choquées, et pendant au moins un an je fus incapable de mener la moindre conversation suivie sans l'aide d'un dictionnaire. Je m'en servais comme un aveugle se sert de sa canne blanche, pour repérer les obstacles et essayer de les contourner.

Aujourd'hui, après bien des années, il y a encore des moments où des mots, voire des phrases entières, m'échappent, n'y percevant qu'un magma de sons agglutinés. Je vis à la campagne, et j'ai remarqué que l'accent rural est peut-être un peu plus épais – ou, diraient certains, plus pur – que celui de ces bastions de la vie civilisée que sont Aix ou Avignon. Et puis il y a Marseille, un cas particulier. Là, le visiteur naïf devra s'habituer non seulement à l'accent, mais à un métalangage complet. Comment, je me le demande, réagirait la dame de Tours si on lui proposait un *pastaga*, si on lui indiquait le *pissadou* le plus proche, si on la mettait en garde contre un *massacan*, si on l'accusait d'être une *raspi*, si on l'invitait à un *baletti*, ou si on admirait sa *croille* ? Comme moi, je pense, elle trouverait ça extrêmement troublant ; et même *comac*.

TRADUCTION :

Pastaga : pastis ; *pissadou* : toilettes ; *massacan* : mauvais ouvrier ; *raspi* : radin ; *baletti* : ce que l'on appelait autrefois « bal populaire » ; *croille* : arrogance, effronterie, culot ; *comac* : extraordinaire.

Ail

On a dit de la Provence que c'est une région frottée d'ail. Qu'on y pense comme au *divin bulbe*, comme à la rose puante ou comme à la panacée du pauvre, on n'y échappe pas – dans les soupes, dans les sauces, dans les salades, avec le poisson, avec la viande, avec les pâtes, avec les légumes, ou même dans le pain. Et si ça ne vous suffit pas, vous pouvez toujours en revenir à cette vieille habitude provençale : prendre une gousse d'ail (probablement celle que vous avez toujours dans la poche en cas d'urgence), l'éplucher et la tenir entre le pouce et l'index de votre main droite. De la main gauche, prenez une fourchette, pointes dirigées vers l'assiette. Passez rapidement l'ail sur les pointes jusqu'à avoir assez de jus et de fragments parfumés pour assaisonner le plat de votre choix.

En ce qui concerne l'histoire et la réputation de l'ail, il est difficile de faire la part entre la réalité et la légende. On raconte que, dans l'ancienne Egypte, il arriva aux ouvriers des Pyramides de faire grève un jour où leur ration d'ail était en retard. C'est confirmé par plusieurs sources, et sans doute exact. Il y a aussi la recette du repousse-vampire – ayez tout le temps une gousse d'ail sur vous, et frottez-en les encadrements de fenêtre, les poignées de porte et le sol autour de votre lit : vous passerez une nuit tranquille – qui ne l'est sans doute pas. Selon d'autres affirmations quelque peu douteuses, l'ail neutraliserait le venin des serpents et des insectes, guérirait de la lèpre, de l'asthme et de la coqueluche, et protégerait contre le choléra et le mauvais œil (« Bon ail contre mauvais œil »).

Mais rien dans l'histoire médicale de l'ail, en Provence tout au moins, n'est aussi impressionnant que le conte des Quatre Voleurs. Il se déroule à Marseille en 1726, alors que la peste faisait tomber les habitants comme des mouches, par centaines. Nos quatre voleurs (leurs équivalents les plus proches aujourd'hui seraient les avocats qui courent après les ambulances) visitaient les maisons vidées par une mort récente, et les pillaient. Comme ils prenaient de moins en moins de précautions, on les attrapa et on les jugea – mais, heureusement pour eux, le juge était doté d'un esprit curieux. Comment, leur demanda-t-il, avez-vous pu pénétrer dans toutes ces maisons contaminées sans être vous-mêmes frappés par la peste ?

Un marchandage suivit. En échange de la clémence, les voleurs révélèrent leur secret, un élixir puissant qui les immunisait contre la peste. A cette époque, ça a dû paraître aussi miraculeux que la découverte de la pénicilline et, à dater de ce jour, on appela cet élixir le « vinaigre des Quatre Voleurs ». En voici les ingrédients : vinaigre, absinthe, romarin, sauge, menthe et, bien sûr, ail. (De nos jours l'absinthe est difficile à se procurer, mais le pastis en serait sans doute un substitut acceptable.) Il n'est pas surprenant que les Marseillais aient rapidement pris place parmi les plus gros consommateurs d'ail de France. Ils le sont toujours.

D'autres propriétés médicinales de l'ail, moins spectaculaires, ne font aucun doute. L'ail est un antiseptique, un désinfectant, un antibactérien. Il est riche en vitamines B1 et C. Des études médicales suggèrent que les mangeurs d'ail ont moins souvent un cancer de l'estomac, sont peut-être moins sujets que d'autres aux crises cardiaques et aux maladies cardiovasculaires, et que leur sang est d'une pureté exceptionnelle.

On ne peut, hélas, en dire autant de leur haleine. La mauvaise haleine due à l'ail a été, socialement, un obstacle depuis que l'homme a introduit la première gousse dans sa bouche, il y a des milliers d'années. Le roi Henri IV mangeait une gousse tous les matins. L'un de ses contemporains dit que son haleine pouvait mettre KO un bœuf à vingt pas. Et pourtant c'était un séducteur fameux, ce qui m'amène à penser que ses belles amies avaient découvert la seule véritable parade à son haleine parfumée – manger soi-même de l'ail, beaucoup d'ail.

Aïoli

Le poète provençal Frédéric Mistral, doté d'un style lyrique et d'un esprit pratique, vantait l'aïoli pour posséder, entre autres vertus, celle d'être capable d'éloigner les mouches. Il m'est arrivé aussi, parfois, de le voir éloigner les créatures humaines, en particulier ces âmes délicates habituées à une cuisine sans ail. L'aïoli n'est pas fait pour ceux qui ont des papilles gustatives délicates.

Techniquement, il s'agit d'une mayonnaise. Mais c'est une mayonnaise qui a du corps ; et la comparer à la mayonnaise traditionnelle, c'est comme de comparer une tranche de fromage pasteurisé à un camembert bien fait. Quand on connaîtra la recette, on comprendra pourquoi :

Pour huit personnes, il faut seize gousses d'ail, le jaune de trois œufs, et près d'un demi-litre de la meilleure huile d'olive. Eplucher l'ail, mettre les gousses dans un mortier et les écraser. Ajouter les jaunes d'œufs, une pincée de sel, et battre jusqu'à ce que les œufs et l'ail soient bien mélangés. Puis, goutte à goutte, commencer à ajouter l'huile, tout en continuant de tourner. Le temps qu'on ait versé la presque totalité du demi-litre d'huile, l'aïoli a dû prendre jusqu'à devenir dense. On peut maintenant ajouter le reste de l'huile (tout en continuant à tourner) en flot continu. L'aïoli devient de plus en plus dense, presque solide. Voilà la recette telle qu'elle doit être. Ajouter quelques gouttes de jus de citron, et servir avec des pommes de terre, de la morue salée bouillie, des piments, des carottes, des betteraves, des œufs durs et peut-être quelques escargots provençaux, les *petits-gris*.

Comme on peut l'imaginer, une assiettée d'aïoli est un défi à la digestion, et on peut être enclin à suivre le conseil d'un écrivain provençal qui recommande un « trou provençal » au milieu du repas. Il s'agit

d'un petit verre de marc qui a pour effet de couper la masse caustique des œufs et de l'huile et de faire un trou à travers lequel le reste du repas pourra passer. Mistral, à l'esprit si pratique, apprécierait sûrement. Mais je me demande ce qu'il penserait d'un développement récent de l'existence sociale de l'aïoli, développement que je trouve fascinant, même si, jusque-là, je n'ai pas eu l'occasion de l'expérimenter personnellement. C'est une réunion – on ne peut pas traiter ça par-dessous la jambe et le considérer comme un simple repas – connue sous le nom d'« aïoli dansant ».

Si on le prend au sens littéral, ça ressemble à une combinaison dangereuse, mêlant l'extase de la danse et la consommation d'un mets riche et huileux déjà difficile à manger même si l'on est assis. Mais peut-être s'agit-il d'un substitut athlétique au trou provençal, d'un exercice destiné à secouer ce qui vient d'être mangé de façon à faire de la place pour un second service. Qui sait ? Dans les fêtes de village, l'aïoli dansant pourrait bien prendre le pas sur le paso doble.

Air

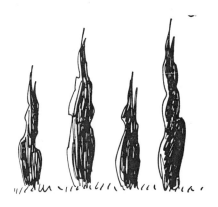

Un jour, dans un bar, un homme m'a dit que l'air de la Provence était le plus pur de France, et peut-être même du monde. C'était un homme costaud et quelque peu agressif, et j'ai estimé sage de ne pas le contredire. En fait, j'étais ravi de croire ce qu'il me disait, et pendant des années j'ai annoncé la bonne nouvelle aux amis et aux visiteurs. « Prendre une bouffée d'air provençal, disais-je, c'est comme de placer dix euros dans une banque de santé. » Ce n'est que lorsque j'ai commencé à effectuer des recherches en vue de ce livre que j'ai appris la vérité.

La voilà : les départements des Bouches-du-Rhône, du Vaucluse, des Alpes-de-Haute-Provence et du Var constituent l'une des zones les plus polluées d'Europe, privilège qu'ils partagent avec Gênes, Barcelone, et Athènes. (*Source* : Greenpeace France.) En dehors des fumées de la circulation sur les routes nationales et les autoroutes, les principaux responsables sont les complexes industriels – l'*industrie-sur-mer* – disséminés le long de la côte, de Marseille à Fos-sur-Mer et les raffineries de l'étang de Berre.

A quel point est-ce grave ? En août 2003, il y avait eu déjà dans l'année trente-six jours au cours desquels le niveau de pollution dépassait les limites officielles de 240 microgrammes par mètre cube. Et, comme la canicule dura, ça devait empirer. De plus, on nous apprit que la pollution ne se limitait pas à la zone spécifiquement touchée, mais pouvait s'étendre jusqu'à 100, voire 150 kilomètres.

Comme chacun de nous respirons à peu près 14 kilos d'air par jour, des statistiques comme celle-là rendent songeur. Et pourtant si, comme moi, on marche chaque jour dans le Luberon, il est difficile de croire à l'existence d'une telle pollution. L'air semble clair, et il sent bon. La végétation paraît intacte. Les papillons prospèrent. Les oiseaux et le gibier vaquent à leurs occupations, et sont apparemment en bonne santé. Est-ce le mistral qui nous protège, écartant de son souffle les émanations industrielles ? Il faudra que je consulte l'homme du bar. Il doit le savoir.

Alpes et Alpilles

Autrefois, en géographie, les noms avaient une certaine logique. Ils indiquaient, avec des degrés divers d'exactitude et parfois un peu d'optimisme, les caractéristiques physiques et historiques qu'on pouvait espérer trouver dans tel ou tel endroit. Par exemple, L'Isle-sur-la-Sorgue est baignée par la Sorgue ; Pernes-les-Fontaines possède trente-six fontaines ; Vaison a été fondé par les Romains il y a plus de deux mille ans, et a fini par prendre le nom de Vaison-la-Romaine. Ces noms avaient un sens.

D'autres, pourtant, semblent avoir eu un sens quelque peu péjoratif, et en voici un bon exemple – un exemple provençal. Pendant de nombreuses années, le département situé à l'est du Vaucluse a été connu sous le nom de Basses-Alpes. Cela montrait que, dans le département voisin, juste au nord, il y avait des montagnes sensiblement plus hautes, et dont la hauteur était confirmée par leur titre : les Hautes-Alpes. Visiblement, dans les basses Alpes, ça ne plaisait pas, et l'orgueil local se sentait blessé. Il est possible que certains des habitants les plus susceptibles aient été victimes d'une jalousie alpine. Bref, en 1971, le nom du département fut changé en celui d'« Alpes-de-Haute-Provence », qui a le grand avantage de suggérer une certaine élévation alpine sans se montrer cependant trop précis.

A quel point une bosse dans le paysage doit-elle être haute pour être considérée commer une alpe ? Le dictionnaire ne nous est d'aucun secours, définissant simplement une alpe comme une « haute montagne », sans nous préciser sa hauteur. Ce qui, bien sûr, est ouvert à l'interprétation, et s'avère donc très utile à ceux qui ont pour tâche de trouver des noms aux affleurements naturels. On peut imaginer un tel homme, il y plusieurs centaines d'années, se grattant la tête en fixant l'alignement de rochers calcaires blanchis par le soleil qui courent d'est en ouest entre Fontvieille et Saint-Rémy-de-Provence. Son problème était que ces rochers étaient sûrement plus hauts et plus impressionnants que de simples collines. Mais cependant pas suffisamment hauts – 300 à 400 mètres – pour être décrits comme des montagnes, et encore moins comme des alpes. Notre homme s'assit et se mit à réfléchir.

Qui sait d'où lui vint l'inspiration ? Peut-être le calcaire éblouissant lui rappela-t-il les pics couverts de neige des Alpes suisses. Ça y est, il y était : ce qu'il regardait fixement, en fait, c'était une rangée d'alpes miniatures. Heureusement, dans sa recherche d'un nom, il choisit d'ignorer l'habitude française d'ajouter le suffixe diminutif « ette » – « Alpettes » – pour les baptiser Alpilles.

Elles sont charmantes, pittoresques, suffisamment petites pour sembler presque douillettes malgré leur profil dentelé. Un roc blanc et dur, un maquis d'un vert sombre, un ciel d'un bleu profond, une lumière aveuglante : ça paraît à des années-lumière des tournesols et des champs que Van Gogh a peints dans la campagne plus douce qui s'étend à quelques kilomètres de là.

Si vous avez de bonnes jambes, le meilleur moyen d'explorer les Alpilles est de laisser votre voiture et de louer une bicyclette. Cela vous permetra d'apprécier l'odeur du paysage – le thym, le romarin, la pierre chaude – en montant et en descendant les virages de la D5, qui serpente entre Saint-Rémy-de-Provence et Fontvieille. Une matinée passée ainsi ouvre magnifiquement l'appétit.

Amandes

D'un point de vue commercial, l'amande est le premier fruit sec du monde. Chaque année, la Californie à elle seule en produit 250 000 tonnes. Avec ses 500 à 3 500 tonnes, selon les statistiques (comme pour beaucoup de choses en Provence, les chiffres officiels sont sujets à l'interprétation, à la discussion et souvent à l'incrédulité), la Provence arrive presque en fin de liste. Quoi qu'il en soit, je suis certain qu'il y un point sur lequel tous les Provençaux sont d'accord, et je cite là une information fournie par l'Association écologique régionale de Béziers : « Au fil des années, il est devenu évident que l'amande américaine n'a pas le même goût que l'amande française, qu'elle est moins bonne, et de loin. » Nous y voilà : nos amandes sont non seulement meilleures, mais plus saines que les fruits secs venus de l'étranger.

L'amande fut introduite en France par les Grecs il y a plus de deux mille ans (à une certaine époque, elle était connue sous le nom de « noix grecque »), mais ce n'est qu'au xvie siècle qu'elle commença à être cultivée sérieusement en France. Même au bout de quatre cents ans, la production domestique ne représente environ qu'un dixième de la consommation, tant les Français sont voraces de ce fruit sec aux usages si remarquablement divers.

Pour commencer, il y a la simple amande salée qui accompagne l'apéritif, et l'amande légèrement grillée qui ajoute un peu de craquant à la truite, au poulet, au couscous, et même au gratin de chou-fleur. Il y a ensuite les plats sucrés, comme les cakes ou les biscuits, dans lesquels on trouve des amandes : elles sont recouvertes de sucre, noyées dans le chocolat, réduites en poudre dans le massepain et le nougat, enchâssées dans une crème glacée ou transformées en l'une de ces délicieuses spécialités aixoises, les calissons. On peut aussi siroter l'amande sous sa forme alcoolisée, l'Amandine.

Les amandes sont bonnes pour la santé, contribuent à diminuer le taux de cholestérol et font du bien aux artères. Et si vous avez de la chance, un jour, en Provence, vous verrez un champ d'amandiers en février, leurs bourgeons blanc et rose se détachant sur les collines vert-de-gris, première manifestation du printemps.

Attention : il existe un type d'amandes moins agréables, l'amande amère. On doit l'éviter, car elle contient de l'acide prussique. Mangez-en dix, et vous serez très malade. Mangez-en plus de vingt, et vous risquez la mort. Et quelle mort est plus ridicule que la mort par ingestion de fruits secs ? Heureusement, les amandes amères ont très mauvais goût.

Voir : CALISSONS D'AIX.

Amis

Le fait de vivre en Provence m'a convaincu qu'il existe une forte corrélation entre la popularité et le climat. La valeur sociale de chacun tend à augmenter avec la température, et il ne faut pas longtemps pour devenir plus qu'une relation, et même plus qu'un ami. On devient une destination.

Aux alentours de la deuxième quinzaine de février, quand les premiers bourgeons des amandiers décorent de blanc la campagne et qu'on sent dans la brise un délicieux frémissement de chaleur, les appels téléphoniques en provenance du Nord glacé commencent à arriver. On vous demande des nouvelles de votre santé, on se plaint d'un long et misérable hiver, et on pose des questions désinvoltes sur le temps qu'il fait en Provence. Ce sont les premiers signes d'un pressant besoin de migration – même si, à ce stade, le quand et le où de ladite migration ne sont pas encore dévoilés. Patientez. Ils ne vont pas tarder à l'être.

Les semaines passent, les appels se poursuivent, mais les questions changent : quand fera-t-il assez chaud pour nager ? Est-ce qu'il y a beaucoup de monde en juin ? Combien de temps faut-il pour faire Calais-Aix en voiture ? Puis le véritable propos du coup de téléphone se fait plus précis : quels sont *vos* projets pour l'été ?

Cette question apparemment anodine suffit pour vous empaler sur un dilemme épineux. Si vous dites que vous partez chasser les papillons en Sibérie, votre interlocuteur vous offrira de descendre en Provence s'occuper de votre maison vide pendant votre absence. Si vous dites que vous passez l'été chez vous, c'est encore mieux : l'interlocuteur vous proposera de descendre en Provence pour que vous vous occupiez de lui.

Il m'a fallu plusieurs années pour admettre que, sans ces visites annuelles, je serais perdu. Si personne ne venait, je serais dégagé de toute obligation. Je n'aurais plus qu'à rester allongé près de la piscine, à traînasser dans le jardin et à faire de longs déjeuners paisibles sur la terrasse. Quel drôle d'été ce serait là !

Anchoïade

C'est une purée de poisson, véhémente et délicieuse, faite à partir d'anchois écrasés, d'ail et d'huile d'olive. (Pour autant que je sache, il n'existe pas de recette précise et définitive : tout dépend de votre seuil de tolérance à l'ail.) Etendue sur de fines tranches de pain grillé, elle donne l'un des rares canapés à la saveur assez forte pour résister au goût du pastis prédînatoire. L'anchoïade est tout aussi bonne sous forme de sauce dans laquelle on trempe des légumes crus.

Note : Si les anchois, qu'ils soient achetés en boîte ou directement sortis du tonneau, sont trop salés, il faut les plonger pendant dix minutes dans un mélange de lait et d'eau avant de les préparer.

Ane

Dans mon ignorance, j'avais toujours pensé que tous les ânes avaient été créés égaux : des versions grises, plus petites, et plus têtues, du cheval. Ce n'est que le jour où mon voisin a acheté Céleste que mon éducation ânière a commencé.

Jusqu'ici, j'ai appris que résident en France au moins dix membres différents de la famille des ânes, depuis le grand noir du Berry jusqu'au baudet du Poitou, chacun avec ses traits particuliers et, j'imagine, sa propre personnalité. Céleste, ma voisine, est un âne de Provence, et a les caractéristiques physiques habituelles de la branche provençale de la famille : plus petite que la plupart de ses cousins (mais avec des pieds légèrement plus larges), un beau pelage avec des nuances de gris, un cercle blanc autour des yeux, et une proéminente croix brun sombre, la croix de Saint-André, qui traverse ses épaules et court le long de son épine dorsale. Quand on lui offre une carotte, elle a aussi le plus engageant des sourires.

L'âne provençal est peut-être l'âne le plus célébré de France, en grande partie grâce à des apparitions en guest-star dans les écrits de Giono, de Pagnol, de Daudet. Ce n'est pourtant qu'en 1995 que la race fut reconnue officiellement dans les haras nationaux. Elle a maintenant son propre registre, dans lequel sont inscrites à grand renfort de détails les particularités distinctives nécessaires à un âne afin qu'il puisse être classé comme un authentique âne de Provence. Sa hauteur doit être comprise entre certaines limites, sa croix clairement marquée, ses oreilles d'une certaine longueur et d'une certaine couleur – tout est détaillé, jusqu'à la taille de son pied. Mais il y a une omission importante. Curieusement, il n'est pas fait mention de son braiment. Celui-ci, m'ont appris les experts, n'est jamais le conventionnel *hi-han, hi-han* des autres ânes, mais sa version provençale : *hi-hang, hi-hang.*

Anglais

Lorsque, au XIXe siècle, les Anglais sont venus pour la première fois nombreux en Provence, le vocabulaire provençal ne possédait pas de mot pour désigner les touristes, qui étaient appelés « anglais », quelle que soit leur nationalité. Dans une certaine mesure, c'est toujours le cas. Les Américains, les Hollandais, les Allemands – en fait tout étranger au visage pâle – courent tous le risque d'être pris pour des Anglais.

Je suis moi-même un Anglais, et peux aisément comprendre pourquoi mes compatriotes sont attirés par la Provence. Pour nous, élevés comme nous le sommes sur une petite île humide, sous une chape de nuages quasi permanente, la promesse d'un ciel bleu et d'un long été sans mauvaise surprise, d'une vie méditerranéenne dépourvue de chaussettes et de parapluie, est extrêmement tentante. Beaucoup d'entre nous n'ont pu résister. Et ainsi, au fil des ans, comme le souligne un ami français, nous sommes venus en Provence en « quantités industrielles ». J'ai trouvé intéressant de distinguer, en gros, trois catégories parmi ces rescapés de l'automne anglais.

La première, et j'espère la plus vaste, est constituée de ceux qui cherchent juste à s'adapter. Ils travaillent leur français, qui lors de leur arrivée n'est souvent rien de plus que quelques fragments rouillés datant de leurs années de lycée. Ils font de leur mieux pour adopter le rythme de la Provence. Ils demandent conseil aux gens du pays, fréquentent assidûment les voisins et observent les coutumes locales, des bises rituelles et des déjeuners qui durent deux heures aux règles souvent très élastiques de ponctualité. En général, cette catégorie-là tend à rester.

Les membres de la deuxième catégorie n'auraient jamais dû quitter l'Angleterre. Ils sont peut-être en Provence physiquement, mais sur tous les autres points ils vivent dans un cocon anglo-saxon. Leur vie sociale se réduit aux autres Anglais. Ils prennent les nouvelles sur la BBC et lisent des journaux anglais. La veille de leur migration, ils pillent les supermarchés pour en rapporter des fromages anglais, du bacon anglais, et – évidemment ! – des haricots cuits en boîte. Sous la chaleur, ils ne se sentent pas bien, et se méfient du caractère provençal, qu'ils trouvent quelque peu louche. Ce n'est qu'une question de temps avant qu'ils émigrent pour les commodités plus familières de la Dordogne, où il y a une bonne quantité de pluie, une grosse colonie anglaise, un quotidien en anglais et une équipe de cricket.

La troisième catégorie, et la moins étendue, en est l'exact opposé. Ceux-là sont déterminés à étouffer leurs origines anglaises et à devenir, si possible, plus français que les Français. Ils ne vont pas jusqu'à porter un béret, mais ils se couvrent d'accessoires gaulois : le journal local, *La Provence* ; un Opinel au manche en bois (qu'ils brandissent au moment des repas, pour couper leur viande) ; des cigarettes françaises – de préférence du tabac noir roulé dans du papier maïs ; quelques tickets de loto ; des espadrilles en toile ; et, s'ils arrivent à en dénicher une, une vieille deux-chevaux Citroën de la même couleur bleu délavé que les vieux paquets de Gauloises. Ainsi équipés, ils passeront des moments bienheureux dans le rôle qu'ils se sont choisi : celui du paysan bougon toisant les étrangers de sa table personnelle, devant le café.

J'étais autrefois quelque peu susceptible quant à ma nationalité, et ne pouvais tout à fait échapper au sentiment que je n'étais rien de plus qu'un touriste permanent, et peut-être mal accepté. Puis, un jour, un voisin avec qui je prenais un verre m'a rassuré : « Vous êtes anglais, dit-il, ce qui est évidemment dommage. Mais sachez que nous sommes nombreux à préférer les Anglais aux Parisiens. »

Fort de ça, je me suis senti beaucoup mieux.

Antiquités et antiquaires

D'où vient-elle, cette passion des reliques sorties des greniers des autres, cette fascination pour les pots de chambre du xviiie siècle, pour les miroirs craquelés et ternis, pour les tapisseries ténébreuses d'avant la Révolution ? Avons-nous vraiment besoin, dans nos maisons déjà suréquipées, d'un porte-parapluie taillé dans la partie inférieure d'une patte antérieure d'éléphant ? D'une armoire mangée par les vers ? D'un divan destiné aux nains ? Bien sûr que non. Et pourtant des milliers d'entre nous – non, des centaines de milliers d'entre nous – passent des heures, et parfois des week-ends entiers, à farfouiller dans le fatras de boutiques poussiéreuses et de hangars encombrés. Ce passe-temps est devenu si populaire qu'il a suscité son propre verbe dans la langue anglaise, le maladroit « to go antiquing * ».

Comme la Provence est une région dans laquelle l'histoire a laissé de nombreuses traces, elle constitue un terrain fertile pour un chasseur d'antiquités. Les brocanteurs et leurs collègues plus chic – et plus chers –, les antiquaires, vous attendront alignés le long des rues des villages, ou à l'extérieur, abrités derrière les murailles de maisons de campagne ou de fermes rénovées. Sur la RN 7, à la sortie d'Aix, par exemple, il y a une petite colonie de marchands. Leurs collègues, plus haut sur la route, semblent spécialisés dans les châteaux démantelés : cheminées, escaliers, arches, frontons, statues, grilles de fer, étendards, belvédères – tout ça entassé en vrac comme pour une liquidation géante. Il existe des établissements similaires, qui

---

* Littéralement « aller antiquer ».

vendent d'anciens éléments domestiques dépareillés, à la sortie d'Apt et de Cavaillon.

Mais pour les vrais accros de tout ce qui est vieux et rare, l'endroit où aller en Provence est L'Isle-sur-la-Sorgue, une ville de 17 000 habitants entre Cavaillon et Carpentras. Là, les samedis et dimanches, la population explose. Des revendeurs de Paris, d'autres pays d'Europe, de New York et de Los Angeles se mêlent à la population locale et aux vacanciers friands de ce mode d'achat très évasif, le marchandage. Et il y a des quantités de marchands installés ici et qui seront plus qu'heureux de les aider.

Un ancien bâtiment connu aujourd'hui sous le nom de « Village des antiquaires » a été converti il y a quelques années en une sorte de supermarché de l'antiquité. Une soixantaine de stands répartis sur deux niveaux offrent des tentations de toutes sortes – chandeliers et baignoires en cuivre, fauteuils club et obélisques, bustes et portraits d'ancêtres, tables de boucher et chaises de boudoir, services de vaisselle, cages à perroquet du XIXᵉ siècle, commodes en trompe-l'œil, livres aux reliures de cuir vendus au mètre, horloges de grands-mères, breloques et médailles, des *objets* d'une diversité étonnante et dépourvus d'utilité apparente. En d'autres termes, tout pour l'homme au foyer enthousiaste.

Mais si, après avoir vu ce que proposent tous les stands, vous n'êtes toujours pas tombé sur la commode de vos rêves, ne renoncez pas. Sur l'avenue des Quatre-Otages, vous trouverez les uns à côté des autres une série d'établissements remplis de chaises, de tables, de canapés, de tableaux et de meubles à tiroirs (avec ou sans dorures). Selon l'exaspérante coutume des marchands d'antiquités, les prix de ces élégants objets ne sont pas indiqués. On doit poser la question, et je suis persuadé que la somme variera selon l'apparence et la nationalité du client. Il y aura, disons, un prix pour une Américaine couverte de bijoux, et un autre pour le Français en pantalon de velours fatigué. En règle générale, on doit éviter de paraître trop prospère. Et laisser son carnet de chèques à la maison. Les dealers préfèrent le cash.

Apothicaires (rose des)

Il est rare qu'une seule rose porte autant de noms : *Rosa gallica officinalis*, rose rouge de Lancaster, Roso ebriago, rose de Provins (rien à voir avec la Provence) ou, plus simplement, rose des Apothicaires. Faites votre choix. Il y a cependant un point sur lequel ne subsiste aucun doute : il s'agit d'une rose très ancienne, amenée en France en 1242 par Thibaut, comte de Champagne, qui revenait du Moyen-Orient. Ainsi le veut la légende.

Les apothicaires se sont rendu compte que cette rose n'était pas seulement une fleur magnifique, mais qu'elle avait des « vertus médicinales ». En confiture ou en sirop, elle calme une digestion turbulente ; sous forme de lotion, elle nettoie et purifie la peau ; préparée avec du sucre d'orge, elle calme la toux. Et en Provence on lui prête des propriétés surnaturelles, une croyance entre mythe et manucure.

« A travers à peu près toute la Provence, on coupe pour la première fois les ongles des jeunes enfants sous un buisson de roses, de façon qu'ils soient honnêtes leur vie durant, et qu'ils aient une belle voix. » Un message optimiste qui apparaît sur une plaque artistement installée sur un présentoir de la rose des Apothicaires. Et ces roses poussent dans le jardin magique du mas de la Brune, à la sortie du village d'Eygalières.

Le Jardin de l'Alchimiste, comme on l'appelle, est en fait un assortiment de jardins botaniques. Les trois plus vastes sont des carrés géants – un noir, un blanc, un rouge. On a l'impression de marcher à travers une série de tableaux pour lesquels l'artiste a utilisé des fleurs et des plantes plutôt que des pigments et de la peinture. Une création extraordinaire, sur le terrain d'une maison également extraordinaire.

Le mas de la Brune, construit en 1572, est un exemple particulièrement réussi du style Renaissance provençal, avec toutes les caractéristiques – treillages de plomb, tour ronde, coupole décorée, pilastres, niches, entablures – qui font défaillir les architectes d'aujourd'hui sous le coup d'une nostalgie admirative. La maison abrite aussi une curieuse colonie de résidents permanents : une sirène, une tarasque (le monstre mangeur d'hommes préféré des Provençaux), quatre évangélistes chrétiens et deux têtes sculptées représentant la colère et la gloutonnerie. Tout cela, et un jardin magnifique. Quel meilleur endroit pour passer un après-midi ?

Apta Julia

La ville qui autrefois s'appelait Apta Julia (elle fut baptisée ainsi à l'époque romaine, en hommage à Jules César) se nomme maintenant tout simplement Apt. Elle s'autoproclame « capitale mondiale des fruits confits », même si elle est sans doute plus connue pour son marché grouillant du dimanche matin. Il est animé toute l'année, mais en juillet et en août, il est tellement grouillant qu'on court le risque de blessures superficielles causées par des coups de paniers à provisions chargés. L'hiver, le marché est moins étendu et plus calme. Il y a en général un ou deux marchands de truffes devant le café de France ou le café Grégoire, et souvent les visiteurs sont surpris à la vue d'hommes aux têtes profondément enfoncées dans des sacs de plastique bleu : ce sont des renifleurs de truffes, qui inhalent avant d'acheter.

Dans le centre d'Apt, deux établissements très différents sont à ne pas manquer. Dans la cathédrale Sainte-Anne, qui date de la fin du XIIᵉ siècle, vous verrez des vitraux du XIVᵉ, un portrait de saint Jean-Baptiste et divers reliquaires, dont l'un contient le « linceul de sainte Anne ». En fait, il s'agit d'une bannière arabe, un souvenir rapporté de la première croisade.

A deux minutes de là, sur la place Septier, se trouve l'un des meilleurs marchands de vin de toute la Provence, et j'y ai passé bien des moments agréables. Helène et Thierry Riols, de la cave Septier, sont spécialisés en vins du Sud. Ils ont une sélection formidable de côtes-du-rhône, de côtes-du-luberon, quelques trésors du Languedoc, et un assortiment d'eaux-de-vie qui restaureront votre foi dans les vertus alcooliques des fruits.

On trouve des fruits d'un autre style dans de petits établissements artisanaux comme la confiserie Saint-Denis et la confiserie Marcel Richard, où toutes sortes de fruits sont confits à l'ancienne – c'est-à-dire en grande partie à la main. L'eau extraite du fruit est remplacée par une solution sucrée qui le préserve et l'enrobe. Dangereusement addictif pour ceux qui apprécient les sucreries, et irrésistible pour ceux qui aiment le sucre à grosse dose.

Artichauts à la barigoule

C'est seulement dans les très vieux livres de cui-sine qu'on trouve mention du héros de ce plat, le bari-goule (ou *barigoulo*) d'origine. Il s'agissait d'un champignon de la famille des morilles, extrêmement parfumé, servant de base à une grande variété de recettes qui, naturellement, étaient dites « à la bari-goule ». Depuis son lieu de naissance, autour des Alpilles, la recette d'origine a essaimé à travers toute la Provence et même encore plus loin, car les chefs provençaux voyageaient beaucoup. Moi-même, j'en ai vu différentes versions sur des menus dans des lieux aussi éloignés des Alpilles que le sont New York ou San Francisco. Mais, si le plat est devenu très populaire, les malheureux barigoules ont disparu depuis des siècles : seul leur nom a survécu.

En dépit de ça, des recettes modernes vantent une façon de manger les artichauts bien plus intéressante que celle qui consiste à plonger les feuilles dans une vinaigrette. Pour une authentique barigoule, les arti-chauts doivents être jeunes, tendres et de petite taille (on suggère d'en servir quatre par personne) : jusque-là, c'est facile. Le problème commence lorsqu'on en vient à préparer le lit sur lequel reposera l'artichaut : même le précieux Inventaire du patrimoine culinaire hésite quelque peu à donner des conseils arrêtés à ce sujet. Des oignons finement hachés, des carottes, des échalotes, de l'huile d'olive et du vin blanc, pour commencer. Et ensuite ? Des champignons, du bacon coupé en dés, de l'ail, du jambon, de la mie de pain, des citrons, du persil, de la ciboulette, du beurre, tous les ingrédients qui apparaissent dans une recette ou dans une autre. Mais faut-il les utiliser comme lit ou comme farce ?

Des questions d'une importance et d'une complexité pareilles ne peuvent être résolues qu'en en référant aux policiers de la gastronomie, les gardiens des appellations d'origine contrôlée. A mon avis, ce cas est fait pour eux. Ils devraient se prendre la tête entre les mains – sans doute sous la direction d'un bon chef provençal – et décider d'une recette officielle de la barigoule. Ceci fait, on pourrait organiser une soirée artichaut à l'Elysée-Palace pour présenter au monde l'AOC « barigoule ».

Automne

Des coups de feu dans la forêt : c'est le début de la saison de chasse. Dans les vignobles, le vert passe au roux, puis à l'or, tandis que, sur les tables, le vin passe du rosé au rouge. Les grenouilles deviennent enfin silencieuses, et les poissons disparaissent au fond du bassin. C'est le retour de la daube dans les fours, et du feu dans les cuisines. On prend un dernier bain, glacé. Un vol de faisans mouchetés s'élève en vrombissant des chaumes humides. Le vigneron pousse un soupir de soulagement : le raisin est rentré. Le village secoue sa langueur estivale et, sur le marché hebdomadaire, on voit plus de gens du coin que d'étrangers. Quelques papillons intrépides, apparemment insensibles au changement de saison, effectuent des vols de plus en plus brefs. Les serpents s'évanouissent. C'est l'automne.

Bambouseraie d'Anduze

Il s'agit de quelque chose d'extraordinaire, de quelque chose d'unique, qui justifie une brève excursion en dehors des strictes limites de la Provence. On peut même facilement imaginer qu'on se trouve égaré dans quelque verte retraite, au Laos ou à Bali, et on a du mal à se rappeler qu'on se trouve à moins de cinquante kilomètres de Nîmes.

La « Bambouserie de Prafrance » – tel est son nom officiel – est un monument vivant érigé par un seul homme à son histoire d'amour botanique.

Eugène Mazel, après s'être enrichi dans l'importation d'épices venus d'Asie, dépensa sa fortune – en totalité –, entre 1855 et1890, à perfectionner les conditions dans lesquelles pourrait prospérer l'objet de sa passion. Ce qu'il voulait, c'était une forêt de bambous.

Il fut aidé par diverses conditions naturelles : une cuvette bien protégée, un sol alluvial fertile, et un microclimat local dont Mazel estima qu'il convenait à une plantation de bambous à grande échelle. Il y avait cependant un problème : l'alimentation en eau était irrégulière – des semaines, voire des mois, de sécheresse, ponctués d'extravagantes averses de mousson provençale. Pour remédier à cela, Mazel décida de créer un système d'irrigation qui amènerait l'eau des rives élevées du Gardon, une rivière coulant à quelques kilomètres de son domaine. De cette façon, son précieux bambou n'aurait pas à lutter pour survivre en fonction de précipitations au mieux capricieuses, au pire inexistantes.

Modifier le climat est une affaire coûteuse, et Mazel dut puiser profondément dans sa fortune. Se posait aussi le problème de l'entretien de son jardin géant : il nécessitait plusieurs dizaines de jardiniers employés à plein temps. Mais Mazel laissa son argent couler à flots, et finit par réaliser son rêve. Il obtint sa bambouseraie : elle contenait non seulement près de trois cents espèces de bambous, mais aussi des palmiers, des bananiers, des séquoias, un labyrinthe, des lotus, un jardin aquatique sophistiqué, une carpe japonaise et un assortiment de plantes exotiques, tout cela disséminé sur plus de quinze hectares. J'espère simplement qu'il a pu en profiter quelques années avant de ne plus pouvoir l'entretenir, ce qui se produisit en 1890 : la passion de Mazel l'avait ruiné.

Pendant les années qui suivirent, la bambouseraie fut administrée par une banque, dont les intérêts, ce qui était assez naturel, étaient plus financiers qu'horticoles ! Ce n'est qu'en 1902 que le domaine tomba entre des mains plus compréhensives, lorsque Gaston Nègre et sa famille entreprirent la tâche immense de restaurer la propriété après douze ans de jachère. Aujourd'hui les propriétaires, la petite-fille de M. Nègre et son mari, y effectuent un travail formidable. Quinze hectares entretenus de façon intensive, des centaines de milliers de plantes et d'arbres, une serre grandiose du XIXe siècle, cinq kilomètres de canaux d'irrigation et, où que l'on porte le regard, pas une feuille qui ne soit à sa place, pas une mauvaise herbe. Le vieux Mazel serait enchanté.

Ce qui frappe d'abord le visiteur, c'est la taille des bambous. Après tout, c'est une plante qui appartient à la même famille que l'herbe, et on a du mal à imaginer qu'un cousin éloigné du gazon de jardin puisse atteindre des hauteurs de vingt-cinq mètres, avec des troncs plus larges qu'une cuisse de footballeur. Certaines espèces poussent si rapidement au cours d'une saison qu'un observateur attentif peut voir son bambou prendre un mètre en vingt-quatre heures.

Une autre surprise : la couleur. On trouve évidemment le jaune terne, classique, de la canne de Charlot, mais aussi toute une gamme de verts, depuis le vert émeraude brillant jusqu'au vert mat façon camouflage, des nuances de marron, du vert à raies jaunes, ainsi qu'un remarquable noir qui, au soleil, devient sombre comme l'ébène. Etant donné le choix et la grande variété de tailles, de l'arbre jusqu'à la plante en pot en passant par la haie, le bambou peut décorer aussi bien un champ que la terrasse d'un appartement.

Et il s'agit de la plus lénifiante des plantes, qui apaise l'œil aussi bien que l'esprit. Marcher au milieu de la bambouseraie, avec la lumière tremblotant à travers les grands troncs, sans autre bruit que le chuchotement de la brise dans les feuilles, est un véritable moment de paix. Cet endroit est magique.

Bancaus

L'agriculture en Provence est, dans le meilleur des cas, quelque chose de difficile. Les hivers sont souvent rudes, les étés toujours torrides, à la sécheresse succèdent les inondations, et le mistral est harcelant et disperse sans espoir de retour votre précieuse couche arable dans la vigne du voisin. Si, en plus, vos quelques hectares se trouvent sur une pente à 40 degrés, c'est suffisant pour faire que, hormis les plus déterminés, tout le monde abandonne la terre en faveur d'une carrière politique, moins exigeante.

Il est évident que les agriculteurs provençaux d'autrefois étaient non seulement déterminés, mais ingénieux. Aucune pente n'était trop abrupte pour eux, grâce au *bancau*, réalisé comme suit.

D'abord, diviser votre flanc de colline en deux marches géantes (d'une hauteur allant entre la taille et la poitrine), ménageant une large terrasse plate entre chaque niveau. Contre la façade verticale de ces marches, construire des murs de soutènement en pierre sèche, sans oublier de relier les deux niveaux à l'aide d'une courte volée de marches plus petites fixées dans la muraille. Planter ensuite ces terrasses d'oliviers, d'arbres fruitiers, de vignes et de légumes. Soigner et arroser pendant cent ans ou plus, et vous obtiendrez des *bancaus* semblables à ceux que l'on voit accrochés aux reliefs escarpés à travers toute la Provence.

C'est du jardinage à grande échelle, à la fois pratique et décoratif. Et il n'était pas effectué à l'aide de machines comme les bulldozers, mais avec le cheval, la mule, le pic, la pelle, des mains nues, un dos solide et de la sueur.

Banon

La légende, cette forme d'histoire merveilleusement vague et invérifiable, nous dit que le noble fromage de chèvre de Banon était très apprécié par les Romains. Et aucun Romain n'a pu l'aimer autant que l'empereur Antonin le Pieux (86-161), qui en mangeait tellement qu'il succomba à une indigestion. C'est peut-être une chose que les fabricants de fromage ne tiennent pas tellement à rappeler aujourd'hui, mais elle dit bien à quel point il est difficile de s'arrêter une fois qu'on a commencé de manger un bon banon bien à point.

Mon premier contact avec le fromage de chèvre fut, j'en suis persuadé, semblable à celui de nombre de gens qui l'ont goûté ailleurs qu'en France : une déception. Dans mon cas, ça s'est passé à Londres, il y a des années. Aujourd'hui ça va mieux, mais à cette époque les Anglais ne comprenaient pas les fromages exotiques étrangers et les traitaient sans aménité, les rendant souvent immangeables. C'est ce qui était arrivé à mon premier fromage de chèvre – une sub-stance blafarde, transpirante, dure, au goût aigre et qui sentait l'ammoniaque.

Rien ne pouvait être plus éloigné de cette désa-gréable pâte que le véritable banon, qui est en général – et à juste titre – décrit comme onctueux. C'est un fromage doux et tendre, qui murmure au lieu de crier, et il est intéressant de connaître la cause de sa saveur subtile. Chaque banon authentique doit être *plié* – entièrement recouvert de feuilles de châtaignier ser-rées avec du raphia afin de constituer une sorte de paquet-cadeau rustique. Pour que les feuilles restent souples et ne s'effritent pas, elles sont trempées dans du vin ou dans du marc. Cela, combiné avec le tannin qui se trouve déjà dans les feuilles, donne au fromage ce goût crémeux, sans rien de fade, qu'aimaient tant les Romains.

Quelques chiffres importants : chaque fromage doit mesurer entre 75 et 85 millimètres de diamètre, et entre 20 et 30 millimètres d'épaisseur. C'est la taille idéale pour pouvoir le partager entre deux consommateurs, qui doivent être armés d'une baguette fraîche et d'une bouteille de vin local. Pour le banon jeune, un blanc ou un rouge léger des Baux-du-Luberon ; pour les spécimens plus mûrs, quelque chose de plus doux, comme un muscat de Beaumes-de-Venise.

Une dernière précision : le 24 juillet 2003, le banon a obtenu une appellation d'origine contrôlée, distinction réservée aux fromages les plus distingués de France. L'empereur Antonin aurait été ravi.

Bastide

Partout en France, une bastide est une ville fortifiée. Mais en Provence, il s'agit d'une maison. Même si elles sont moins somptueuses que les châteaux, les bastides étaient faites pour y loger des hommes, et non les chèvres, les chevaux et les moutons qui, dans les fermes, faisaient partie de la maisonnée et en partageaient l'habitat. En conséquence, dans une bastide, les pièces sont d'une bonne taille, les plafonds hauts, les fenêtres larges et nombreuses, et le dessin général plus discipliné que le style souvent hasardeux de l'architecture agricole. La façade est régulière, avec des ouvertures symétriques sous un toit doté d'une arête – pas très différente d'une maison dessinée par un enfant.

Pour l'extérieur, il existe toute une gamme de décorations possibles. Si, dans les années 1790, le propriétaire d'origine était féru de jardinage, il a pu planter une allée de platanes menant à la maison.

Il peut y avoir une fontaine, un bassin rempli de carpes, quelques touches d'un fer forgé de bon goût pour le balcon ou la rampe, un assortiment d'urnes, et sans doute une ou deux statues. De loin, le dos courbé sur son travail, on verrait le jardinier, taillant des buissons dans des bacs en forme de sphères parfaites.

De façon inhabituelle pour la France, où tout, jusqu'à la taille du gravillon de la cour, est officiellement calibré, il n'y a pas de règles concernant l'utilisation du mot bastide. Il est prêt à être victime d'usurpations – et il est souvent usurpé, afin de prêter un air de fausse distinction à de petites maisons modernes en ciment rose saumon. Jusque-là, je n'ai pas encore vu l'horreur ultime – la *bastidette* –, mais je suis certain qu'elle existe quelque part.

Bauxite

Les Baux est le lieu qu'on imaginerait le moins comme celui d'un progrès industriel majeur. Le village est presque trop pittoresque pour être vrai, avec une histoire au diapason : des seigneurs assoiffés de sang, le bestial Raymond de Turenne, les troubadours, les poètes, des femmes magnifiques, la cour d'amour – ce petit coin des Alpilles les a tous vus passer. Puis un personnage décidément moins romantique y est allé de sa contribution à l'histoire des Baux : Pierre Berthier a découvert la matière première de l'aluminium, et nommé sa découverte d'après le nom du village où il l'avait trouvée. 1821 vit la naissance officielle de la bauxite, et le monde put envisager un futur au parfum d'aluminium, des navettes spatiales jusqu'aux cannettes de bière.

Les anciennes carrières de bauxite ont été transformées en une *Cathédrale d'images*. Il s'agit au départ d'un diaporama géant, avec un thème différent chaque année, dans lequel des images surdimensionnées sont projetées sur les parois de calcaire. En partie à cause de ça (et en partie aussi, sans doute, en raison de la cuisine sublime du deux étoiles l'Oustau de Beaumanière, non loin de là), le village est devenu l'une des plus grosses attractions touristiques de France : un million de visiteurs par an, selon les statistiques. En haute saison, il arrive qu'on ait l'impression qu'ils sont tous venus le même jour. Le village mérite pourtant une visite.

Beaumes-de-Venise

En dépit de son nom romantique, ce village situé au nord de Carpentras n'a absolument rien à voir avec la cité italienne, nettement plus grande. Ici, le « Venise » se réfère au comtat Venaissin, l'ancien nom d'une région qui correspondant en gros au Vaucluse d'aujourd'hui.

La grande affaire du village, c'est le vin. On y trouve un vin rouge, et c'est un vin rouge honnête. Mais le beaumes-de-venise le plus connu et le plus consommé est le succulent vin blanc doux fait avec du raisin muscat. Les gens du pays le boivent glacé à l'apéritif, et trouvent désuète l'habitude anglosaxonne de le boire au dessert. Pour tout dire, il est si gouleyant que j'ai connu des Anglo-Saxons enthousiastes qui le buvaient avec le foie gras, avec certains fromages, avec un gâteau au chocolat, juste avant d'aller se coucher, et le lendemain matin pour les aider à redémarrer.

Les propriétaires du domaine de Durban, juste à la sortie du village, font un bon muscat qui bénéficie régulièrement d'articles excellents, quoiqu'un peu chantournés, de la part des critiques vinicoles. L'un d'eux a écrit ce qui suit : « La robe est d'or pâle, le nez léger et fleuri avec des touches d'exotisme et de citron frais. Il brûle intensément en bouche, avec des notes de raisin rôti et de confiture d'abricots. » Ce qui, je le suppose, est juste une autre façon de dire qu'il est délicieux.

Belges (les)

La plupart d'entre nous, je regrette de devoir le constater, éprouvent le besoin de ridiculiser un étranger de temps en temps : ça améliore notre propre estime. Les Anglais aiment se moquer des Irlandais.

Les Américains (jusqu'à ce que ce soit devenu politiquement incorrect) se tiennent les côtes avec leurs blagues polonaises. Et les Français – même s'ils possèdent déjà une estime d'eux-mêmes sans limites – ont tant de cibles qu'il est difficile de dire laquelle est la plus populaire.

En Provence, cependant, deux variétés d'étrangers suscitent régulièrement des explosions de joie au café du village : le Parisien (nous y reviendrons) et, par-dessus tout, le Belge.

J'ignorais pour quelle raison les malheureux Belges bénéficient de cette distinction, et j'ai demandé à M. Farigoule, mon conseiller habituel sur les questions sociales de ce type.

« Pourquoi on se moque des Belges ? me dit-il, marquant une pause pour souligner la chute. Parce qu'ils sont belges ! »

Il m'a raconté ensuite deux blagues ou, plutôt, ce qu'il considérait comme des blagues :

« Les Français roulent à droite de la route. Les Anglais roulent du mauvais côté de la route. Les Belges roulent au milieu de la route. »

« La réponse à faire à un serveur parisien qui fait semblant de ne pas comprendre ce que vous lui dites est la suivante : "Monsieur, vous semblez ne pas bien comprendre le français. Vous êtes sûrement belge". »

Comme vous le voyez, on ne pourra jamais accuser M. Farigoule d'être doté d'un humour subtil. Mais qu'attendre d'un homme qui accueille chaque Anglais qu'il rencontre d'un clin d'œil et d'un coup de coude : « Alors ! Mon tailleur est riche, hein ? »

Il existe une théorie concernant le sens de l'humour des Français, et j'ai décidé de la tester avec Farigoule. Elle se présente sous la forme d'une question-réponse.

Question : Pourquoi les Français aiment-ils les blagues belges ?

Réponse : Parce que ce sont les seules qu'ils comprennent.

Je dois reconnaître que la plaisanterie est tombée à plat, et que mes relations avec Farigoule ont traversé une zone de turbulences. Bizarrement, c'est le président Chirac qui a sauvé la situation. Lorsqu'il a annoncé au monde que la contribution la plus importante de la Grande-Bretagne à l'agriculture était la maladie de la vache folle, Farigoule a senti rétablie la prééminence française en matière d'insultes humoristiques, et nous avons retrouvé des relations cordiales.

Bises et bisous

Les visiteurs venus du Nord sont souvent étonnés par la nature intensément tactile des relations sociales en Provence. La plupart des Parisiens et des Londoniens, par exemple, ont l'habitude de conversations limitées à des échanges verbaux qui se déroulent à distance d'une longueur de bras. En Provence, ils découvrent que différentes parties du corps sont serrées et pressées, tordues et frappées et tapotées. Et, à l'occasion, massées. J'ai vu des hommes et des femmes quitter ces rencontres avec une expression inquiète, s'examinant à la recherche de bleus superficiels. Il leur faut quelque temps pour comprendre que, pour un Provençal, une conversation sans toucher, c'est comme un aïoli sans ail.

Lorsqu'on rencontre des amis et des relations, la gêne et la surprise vont croissant quand on en arrive à l'obligatoire échange de bises. La moyenne nationale française est d'une bise par joue. C'est jugé poli, tout au moins dans le Nord. Dans le Sud aussi il se peut que ce soit jugé poli, mais ça peut être considéré comme réservé, froid, et même un peu snob. Trois bises sont plus courantes, mais quatre sont loin d'être inhabituelles. Il se pose cependant un problème délicat, un problème que je n'ai toujours pas résolu après plusieurs années de tâtonnements et d'erreurs.

L'embrasseur approche de l'embrassé, ses lèvres sont prêtes. Mais prêtes à quoi ? Deux ? Trois ? Quatre ? Trop peu, et on court le risque de laisser inembrassée une joue tendue. Trop, et on court le risque d'embrasser, au lieu d'une joue, un nez imprévu. Le meilleur conseil que je puisse donner, c'est de faire très attention en tournant la tête, et d'embrasser en conséquence.

Bories

Quelqu'un a compté un jour les bories de Provence. Il est arrivé au chiffre approximatif de 3 000. On les trouve disséminées dans les zones les plus isolées de la campagne provençale, là où les paysans débarrassaient leurs terres des pierres qu'ils utilisaient pour bâtir un endroit où entreposer leurs outils (et éventuellement pour s'entreposer eux-mêmes en cas d'orage, ou quand la peste menaçait les villages). Les savants vous diront que les bories ont une apparence nettement néolithique, semblables au *nuraghi* de Sardaigne, mais en fait la plupart d'entre elles ne sont pas antérieures au XVIIIe siècle.

Ce n'est pas leur rendre justice que de les appeler de petites huttes. Ce sont des objets d'architecture extrêmement équilibrés, construits en pierre sèche et uniquement en pierre sèche – pas de mortier, pas de poutre –, bâtis sur la seule force de gravité et une parfaite distribution du poids. On peut les répartir en trois styles principaux : *en gradins*, avec des murs à degrés et un toit presque plat ; *en cône*, les plus hauts des trois, qui ressemblent à l'extrémité pointue d'une balle ; et *en ruche*, avec le profil plat d'une ruche à l'ancienne.

Dans leur style simple, il s'agit de structures merveilleusement décoratives, en particulier lorsqu'elles sont construites dans un champ de lavande. J'ai demandé un jour à un maçon s'il pourrait me construire une borie. « Une vraie ? Sans mortier, sans poutre, chaque pierre choisie à la main, et placée à la main ? » Il s'est mordu les lèvres et a réfléchi un moment avant de secouer la tête. Oui, évidemment, c'était possible. Mais en raison de la grande adresse exigée, sans parler de la difficulté pour trouver des pierres adaptées, ça me coûterait sans doute aussi cher que de construire un grand garage moderne. J'ai trouvé qu'il n'était pas sans ironie qu'une chose qui, pour un paysan, était purement utilitaire, soit devenue un luxe. Mon champ de lavande est resté entièrement consacré à la lavande, et n'a pas eu droit à sa borie.

Bouchons rustiques

L'un des plaisirs de la conduite dans l'arrière-pays provençal est l'absence relative de circulation. Il y a bien le tracteur occasionnel, ou la vieille camionnette, mais une voiture – en particulier une voiture propre, sans poussière et sans boue, et donc venant visiblement d'ailleurs – est suffisamment rare sur ces routes étroites et criblées de trous pour que les hommes travaillant dans les champs se relèvent afin de la regarder. Reposant leurs dos et clignant des yeux au soleil, ils suivent la voiture aussi longtemps qu'elle reste visible, avant de s'accroupir de nouveau sur leurs vignes ou leurs melons.

Quelques calmes kilomètres sans circulation suffisent à détendre dangereusement le conducteur. Son attention vagabonde. Ses yeux se posent sur les beautés de la campagne, et il regarde à droite et à gauche au lieu de regarder devant lui. Lorsque se présente un virage, il ralentit à peine ; après tout, il a la route pour lui. C'est le moment où il frôle le désastre, et seuls la grâce de Dieu et un coup brutal sur la pédale de frein l'empêchent de foncer dans un mur de laine qui se déplace en courant.

Ce sont des moutons – hé oui, ils sont des centaines, bloquant le passage aussi loin qu'on puisse voir, bêlant de trouille, prêts à un envol massif. Un chien de berger apparaît, furieux que son troupeau ordonné et obéissant soit devenu une telle pagaille. Au loin, au-dessus d'une mer houleuse de dos gris, une silhouette solitaire se croise les bras, et attend.

La première fois que ça m'est arrivé, j'ai paniqué, et commencé à faire marche arrière aussi vite que possible. Les moutons ont accéléré, et m'ont suivi ;

les plus athlétiques d'entre eux m'ont même doublé. Les aboiements du chien sont devenus hystériques. Le berger, au loin, m'a fait ce qui m'a semblé un geste aimable. Distrait par le chaos vivant qui m'entourait, j'ai reculé la voiture dans un fossé peu profond, et j'ai calé.

Il a fallu au troupeau dix minutes pour passer. Le berger était à l'arrière-garde, son visage impassible de la couleur et de la texture du cuir craquelé. Il s'est arrêté, a regardé la voiture, a secoué la tête, et m'a informé que j'étais embourbé. J'aurais dû rester où j'étais, dit-il. J'aurais dû couper le moteur et patienter. Il a secoué une nouvelle fois la tête devant ces casse-cou de conducteurs, puis il a repris son chemin.

Moralité : quand on conduit en Provence, il faut se rappeler que les moutons ont la priorité.

Bouffadou

Ce gadget ingénieux ne trouve pas son origine en Provence, mais dans le département de la Lozère, connu pour ses montagnes et les luxuriantes moustaches de ses habitants mâles. Ce sont justement ces moustaches, nous a-t-on dit, qui ont inspiré l'invention du bouffadou.

Comme beaucoup de bonnes idées, il s'agit d'un concept pratique et pas compliqué : une branche de pin bien droite d'environ 70 centimètres de long, percée d'une extrémité à l'autre. Ce canal transforme la branche en une sorte de soufflet simplifié. Dirigez le bouffadou sur le foyer, appliquez-y vos lèvres, soufflez dans le trou, et voilà ! Le feu qu'on vient d'allumer est encouragé, les braises rougeoyantes revivent. Et tout ça sans le moindre risque de mettre le feu à votre moustache. (On n'a hélas pas gardé trace d'incendies de moustaches, mais l'existence du bouffadou prouve qu'il fut un temps où ils étaient fréquents.)

C'est une idée qui, sans aucun doute, méritait de voyager loin de son lieu d'origine. Il ne lui a pas fallu longtemps pour atteindre la Provence, où elle fut raffinée, perfectionnée et où elle gagna un second usage.

Le bouffadou provençal est non en pin, mais en fer. Les versions les plus sophistiquées ont un embout en cuivre à une extrémité, et à l'autre une pointe solide. Comme le bouffadou provençal est en métal, on peut, avant de souffler dedans, le plonger au cœur du feu pour arranger une bûche. Il est ainsi devenu l'objet sans prix qu'il est aujourd'hui : à moitié tisonnier et à moitié soufflet. Toute cheminée devrait en avoir un.

Bouillabaisse

Elle a été décrite comme un ragoût, comme une soupe d'or, comme une expérience mystique, une synthèse magistrale, un plat de plage, une séduction divine, ou la raison pour laquelle Dieu a inventé le poisson. Elle a suscité une poésie des plus fleurie. On dit que Vénus en servit à Vulcain, son mari, pour le faire dormir de façon qu'elle puisse le tromper avec Mars. Pendant au moins cent ans, on a discuté furieusement à propos des ingrédients nécessaires à sa réalisation, et on continue encore aujourd'hui. Elle possède sa propre charte officielle. La bouillabaisse n'est pas simplement un plat.

A l'origine, cependant, c'était probablement le cas. Les pêcheurs qui rentraient dans les petits ports le long de la côte de la Méditerranée triaient leurs prises en fonction de leur type et de leur état. Les poissons qui étaient jugés comme les moins vendables étaient mis de côté pour le souper du pêcheur. On allumait un feu, on mettait à bouillir un chaudron rempli d'eau, on y jetait les poissons, et ça y était. On pense que son nom est une abréviation de « bouillon abaissé » – un bouillon réduit par évaporation.

Grâce au génie des Français pour codifier tout ce qui leur tombe sous les yeux, en particulier tout ce qu'ils mangent et boivent, ces temps sans complication sont depuis longtemps révolus. La manie de la codification a fini par toucher le souper des pêcheurs. On a doté la bouillabaisse d'une recette en forme, car les habitants des villes côtières – en particulier Marseille, Toulon et Antibes – avaient leurs idées à eux sur ce qu'on devait mettre ou non dans la marmite. Du vin blanc ? Obligatoire selon une recette, interdit par une autre. Des pommes de terre ? Jamais, affirme un connaisseur ; toujours, soutient un autre. Des croûtons frottés d'ail ? C'est absolument essentiel, ou c'est une hérésie, selon l'expert consulté (et il ne faut jamais oublier qu'en Provence *tout le monde* est un expert).

Il fallait que les Marseillais règlent le problème une fois pour toutes, et à leur propre satisfaction. De même qu'ils s'étaient approprié le pastis – *le vrai pastis de Marseille* –, ils ont décrété, forts de ce don de persuasion qui les caractérise, que, si l'on veut une vraie, une authentique, une *véritable* bouillabaisse, il faut venir à Marseille. Parce que, à Marseille, on trouve une bouillabaisse préparée selon les règles contenues dans ce manifeste poissonnier qu'est la Charte officielle de la bouillabaisse.

On ne sera pas surpris d'apprendre que ladite charte a été concoctée par des chefs marseillais. En 1980, plusieurs d'entre eux se sont réunis afin de mettre par écrit une loi sur la bouillabaisse, de façon, selon eux, à protéger l'innocent consommateur contre les basses imitations. Ces chefs inspirés par le bien public ont défini et décrit les ingrédients de base, la recette correcte et la façon dont la bouillabaisse doit être servie. Il est sous-entendu que quiconque est assez mal conseillé pour manger une bouillabaisse dans un établissement qui ne respecte pas la charte devra se contenter d'une pâle imitation du vrai plat.

L'un des plus fameux restaurants de Marseille, le Miramar, sur le quai du Port, a signé la charte. Si vous commandez ce qu'ils appellent la « vraie bouillabaisse Miramar » (une variante de la « vraie bouillabaisse marseillaise »), voici ce que vous aurez : vives, saints-pierres, congres, galinettes (rougets-grondins), baudroies, chapons, tomates, pommes de terre, oignons, ail (évidemment), safran, cumin, fenouil, huile d'olive, persil, poivre et sel.

Selon la tradition, on doit se faire montrer les poissons avant qu'ils ne soient cuits, de façon à apprécier leur degré de fraîcheur. Après cuisson, ils doivent être découpés devant vous par le serveur, et non mis en pièces en cuisine par un grouillot inexpérimenté. Puis viennent la rouille – sauce d'accompagnement qui ressemble à l'aïoli, mais épicée de piment et teintée de safran ; quelques fines tranches de baguette qui ont été grillées au four ; et pour finir une bouteille de vin blanc, bandol ou châteauneuf-du-pape. Vous avez maintenant tout ce qu'il faut pour une longue fête délectable et salissante.

Mais même si les détails de la recette de la bouillabaisse donnent lieu à des débats violents et parfois agressifs, il y a un fait fondamental sur lequel, de Perpignan à Menton, tout le monde tombe d'accord : la vraie bouillabaisse ne peut être réalisée qu'avec des poissons de la Méditerranée. C'est pourquoi, récemment, j'ai été étonné quand je suis tombé sur une recette intitulée bouillabaisse créole. Ma surprise est devenue de la consternation quand j'ai vu certains des ingrédients. Crevettes, farine, huile végétale ou margarine, huîtres, bouillon de poulet – qu'est-ce que tout ça avait à voir avec la bouillabaisse ? Dieu sait ce qu'aurait dit le chef du Miramar.

Bourreau (le)

Un pays ne peut pas toujours choisir ses symboles nationaux, mais, en gros, la France n'est pas mal lotie. Il suffit de penser à la tour Eiffel, à la baguette, à Napoléon et à Brigitte Bardot. Il faut pourtant faire à cette liste un *addendum* macabre, un *addendum* que l'on ne verra jamais sur aucune carte postale, même s'il s'agit d'une chose qui est (ou, plutôt, qui était) spécifiquement française : la guillotine.

La peine capitale existait en France depuis le Moyen Age, mais ce n'est qu'en 1791 que, au cours d'un débat à l'Assemblée nationale, fut effectuée une tentative sérieuse pour l'abolir. Les résultats furent mitigés. La torture fut interdite, peut-être pour faire une concession aux abolitionnistes, mais la peine de

mort fut maintenue. Et non seulement elle fut maintenue, mais on se mit d'accord sur une méthode pour
l'appliquer, méthode qui devint une loi : « Tout
condamné à mort aura la tête tranchée. »

Evidemment, c'est une chose de dire que les têtes
doivent rouler, et c'en est une autre de spécifier dans
le détail comment ça doit se passer. Heureusement,
l'un des hommes politiques de cette époque, le
Dr Joseph Guillotin, était aussi professeur d'anato-
mie. Il inventa une machine destinée à effectuer le
travail officiel de décapitation et, en dépit de son peu
d'envie de se voir à jamais associé à cet instrument
de mort, sa machine fut baptisée « guillotine ».

La guillotine a eu une longue carrière, et ne fut
supprimée qu'en 1981. Il reste des exécuteurs publics
encore vivants aujourd'hui, et j'ai rencontré l'un des
derniers d'entre eux, Fernand Meyssonnier, chez lui,
à Fontaine-de-Vaucluse.

Fontaine-de-Vaucluse est l'une des destinations
touristiques les plus populaires de Provence. Son nom
est associé à celui de Pétrarque, le poète du
XIVe siècle, et au jaillissement pittoresque de la rivière
Sorgue qui sort d'une grotte au bas d'une falaise
abrupte.

C'est un petit village, et ce n'est pas un endroit
où l'on peut conserver l'anonymat. Mais M. Fernand
Meyssonnier ne craint pas la célébrité. Il a écrit un
livre, *Paroles de bourreau*, dans lequel il décrit sa
vie d'exécuteur (vingt ans, deux cents exécutions), et
évoquer son travail ne le dérange absolument pas.
C'est un homme râblé d'environ soixante-dix ans et,
en le voyant, on ne se douterait pas de sa carrière
passée. On l'imaginerait bien fermier, au volant de
son tracteur, chassant ou taillant ses vignes. Les seuls

indices de son passé sont exposés dans son salon – une guillotine modèle réduit qui fonctionne, et une collection de livres et de brochures parlant de crime, de punition et de justice.

Ce sont là sujets d'un intérêt cuisant pour M. Meyssonnier – on pourrait dire ses passe-temps –, qui peut en parler pendant des heures. C'est aussi un grand collectionneur d'outils et d'accessoires de châtiments. Autrefois, il les exposait dans un musée qu'il ouvrait au public, mais ces temps-ci les affaires se sont bien ralenties, et maintenant tout est à vendre. Si vous avez le goût des entraves et des chaînes, vous en trouverez un large choix, de la chaîne de fer toute simple avec collier, datant du XVIIIe siècle (30,49 euros), jusqu'à l'ensemble beaucoup plus élaboré, double collier plus menottes, au prix de 1 448,27 euros. Mais ce n'est que le commencement. Il y a aussi des fers à brûler, des poucettes, une chaise particulièrement cruelle dont le siège est hérissé de piques, une corde de pendu autographiée par le bourreau lui-même, des fouets multilanières, un pilori géant, des tourniquets, des objets pour écraser les doigts, des entraves de toutes tailles et de toutes formes, des masques de fer, des serre-tête, des pièges à hommes, et des épées d'exécuteurs indiens. La liste des prix est disponible à la demande.

Pour me remettre de ces objets de torture, j'ai admiré un couple de magnifiques perroquets gris qui nous regardaient à travers les barreaux de leur cage, à côté de la guillotine miniature. Ce sont des volatiles intelligents et patriotes : M. Meyssonnier leur a appris à dire « Vive la France ! » tous les matins avant le petit déjeuner. Et puis, au cours de la conversation qui a suivi, M. Meyssonnier a parlé de son anniversaire. J'ai été plutôt surpris de découvrir qu'il était né le même jour que moi, le 14 juin. Et comme si cette sinistre coïncidence ne suffisait pas, notre signe, Gémeaux, est le seul signe du zodiaque avec deux têtes.

Boutis

A une époque aussi reculée que le XVe siècle, les lits les mieux parés de France arboraient un *boutis* – une couverture matelassée souvent décorées de motifs de fleurs, d'animaux, ou de symboles ancestraux et religieux. En fait, le premier *boutis* dont on ait conservé la trace est apparu dans l'inventaire de la comtesse d'Avelin, au château des Baux, en 1426. Aujourd'hui, des versions plus récentes du *boutis* recouvrent toujours les lits et les canapés élégants, non seulement en Provence, mais dans le monde entier.

Il est facile de comprendre pourquoi leur popularité a duré si longtemps. Un *boutis* est un bel objet, cousu à la main au prix de travaux d'aiguille d'une grande finesse, rembourré jusqu'à une rondeur satisfaisante, assez épais pour affronter les courants d'air de l'hiver, assez solide pour survivre à des générations d'utilisateurs. Et il n'était pas confiné à la chambre à coucher : entre le XVe et le XVIIe siècle, les Provençales à la mode ont commencé à porter des jupes matelassées, et les bébés les plus dorlotés de Provence étaient emmitouflés dans des *petassouns* matelassés.

Marseille était la capitale mondiale incontestée du *boutis*. En 1680, entre cinq et six mille femmes aux doigts agiles fabriquaient chaque année plus de quarante-mille *boutis*, et la broderie de Marseille était exportée dans toute l'Europe. Les dessins les plus élaborés et colorés, les indiennes, étaient particulièrement populaires – sauf, ce qui n'est pas surprenant, auprès des concurrents de l'industrie textile. Flairant une catastrophe commerciale, les fabricants de soie, de velours et de tapisserie soumirent leur problème au roi, qui leur donna satisfaction par un décret royal de 1686 interdisant les indiennes. Puis arriva l'épidémie de peste de 1720, en partie transmise par un chargement de coton. Elle fit cinquante mille victimes. Toutes les importations de coton furent interdites. Une sombre époque pour Marseille, et pour les fabricants de *boutis*.

Mais, avec le temps, le *boutis* reprit vie. Les *boutis* blancs devinrent la couverture traditionnelle du lit nuptial et, jusqu'à la Première Guerre, on voyait encore en Provence des jupes matelassées. Maintenant, sans doute, le meilleur endroit pour voir un *boutis* est à L'Isle-sur-la-Sorgue, dans la boutique de Michel Biehn, collectionneur et vendeur, homme de goût et d'expérience. Si d'aventure vous cherchez à recouvrir votre lit avec un objet de famille, il sera votre homme.

Brandade de morue

En théorie, il doit s'agir d'une purée crémeuse et onctueuse composée de morue salée, d'huile d'olive, de lait et d'ail. Cela nécessite une perfection que l'on ne peut obtenir qu'avec de la patience et de la morue salée de qualité (et pas ces planches rigides de poisson séché qui sont une caricature de la vraie morue).

Pour préparer une brandade, il ne faut pas se précipiter. La morue doit tremper pendant près de quarante-huit heures dans de l'eau froide, changée régulièrement. Ceux d'entre vous qui sont trop occupés ou tête en l'air peuvent adopter la technique de dessalage conseillée par un certain M. Ramadier, qui plaçait la morue salée dans le réservoir de ses toilettes, s'assurant ainsi que l'eau était changée régulièrement, et sans effort.

Une fois dessalée, la morue doit être légèrement pochée, jusqu'à ce qu'elle devienne tendre (ce qui prend environ huit minutes), puis coupée en filets et émiettée, pendant que l'huile et le lait chauffent séparément. Une fois que l'huile est bouillante, ajoutez-y la morue, et remuez rapidement avec une cuiller en bois, à feu doux. Ajoutez alternativement de l'huile et du lait, cuillerée par cuillerée, et remuez après chaque cuillerée jusqu'à obtenir une mixture onctueuse, et assez épaisse pour garder sa forme.

En ce qui concerne l'ail, les experts sont divisés. On peut en broyer et le mélanger à la brandade ; on peut en frotter une gousse contre le plat ; on peut aussi suivre le conseil d'une association de Nîmois amateurs de brandade, et s'en passer complètement. « L'ail dans la brandade, c'est un crime contre la gastronomie », affirme l'un d'eux.

Il existe deux variantes de la recette classique :
la brandade du vendredi, dans laquelle la morue est
mélangée avec de la purée de pommes de terre, et la
brandade aux truffes, avec des morceaux de truffe,
qui revient très cher.

La brandade se mange avec un peu de pain grillé.

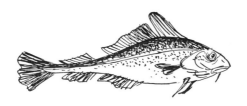

Bronzette

Jusqu'à une période relativement récente, une peau
bronzée était le stigmate du serf, de l'humble travail-
leur obligé de gagner sa vie dans les champs. Les
classes dirigeantes s'abritaient du vulgaire éclat du
soleil, restaient à l'ombre, avalaient des sorbets
glacés et cultivaient leur teint de porcelaine.

Comme les choses ont changé en moins de cent
ans ! Le bronzage est devenu comme un symbole
social, en particulier l'hiver. Il prouve qu'on a
voyagé, qu'on a de l'argent et des loisirs. Les bour-
geois, autrefois pâles, sautent maintenant sur la
moindre occasion de se dévêtir et de changer de couleur. Comme pourra vous le dire quiconque a vu les
rôtisseries humaines que sont les piscines de Provence ou les plages de la Riviera, les bains de soleil
sont une affaire sérieuse. Pour le véritable adepte, il

ne doit pas rester le moindre millimètre de peau visible sans bronzage. Je me souviens d'avoir observé un jour une jeune femme – déjà, à mes yeux, assez foncée – ajouter de l'huile de bronzage, goutte à goutte, entre ses orteils.

En France, le culte du soleil a débuté dans les années 20, en partie grâce à un couple d'Américains, Sara et Gerald Murphy. Ils emmenaient leurs hôtes de la villa America – parmi lesquels Hemingway et Scott Fitzgerald – à une plage proche, la Garoupe, pour nager et absorber le soleil. Leur ami Picasso était souvent là, dans le rôle de bronzeur en chef, sa peau de la couleur d'un cigare. Peu à peu, saison après saison, l'habitude de la « bronzette » a pris racine, et s'est développée.

Il est encore possible aujourd'hui d'identifier des types sociaux et professionnels par leurs marques d'été. Il y a le bronzage café du boulevardier : les mains, les bras et la partie inférieure du visage (la partie supérieure étant protégée du soleil par de larges lunettes noires et un panama). Il y a le bronzage du gendarme : les avant-bras, et le V coloré d'une chemise à col ouvert. On peut, en général, identifier un gendarme hors service par la ligne de démarcation horizontale bien visible – blanc en haut, brun en bas – sur son front, due à son képi officiel. Il y a le bronzage du paysan (connu aussi sous le nom de bronzage de tracteur), avec une bande similaire de peau pâle sur le front, à cause de la casquette, et les couleurs de la partie supérieure du corps suivant précisément la forme de sa chemise sans manches. Il y a enfin le bronzage du vacancier, qui va du rose écorché et douloureux à l'ambre bien établi, selon le type de peau et la durée des vacances.

Chaque année, lorsque l'été approche, les mêmes avertissements sont lancés à propos des dangers d'une trop longue exposition au soleil, depuis les rides prématurées jusqu'à des taches dépigmentées et au cancer de la peau. Et pourtant le bronzage conserve sa popularité, en partie comme souvenir visible des vacances, en partie parce que la plupart d'entre nous sont plus beaux, ou imaginent l'être, avec un visage et des membres de la couleur du miel. L'un de mes plus anciens souvenirs français est celui de mon arrivée en Provence, tout frais débarqué d'Angleterre et pâle come un navet, lorsque je me suis trouvé entouré de gens resplendissants de santé et de soleil. J'ai immédiatement pris le soleil et n'en ai jamais perdu l'habitude. J'ai maintenant les rides qui le prouvent.

Bruxelles

Un mot qui, en Provence, suscite des réactions violentes, en particulier chez les paysans qui soupçonnent que leurs subsides sont rongés par des bureaucrates utilisant leurs abondantes notes de frais pour se gorger de bière et de « moules frites ».

Cacheille

C'est un problème que rencontre tout cuisinier ou toute cuisinière amateur de fromage : que faire des restes – ces miettes, ces rogatons, ces petits morceaux de fromage – qui sont trop petits, trop écrasés ou trop peu engageants pour être servis une nouvelle fois ? Et voilà la solution, à la fois aromatique et alcoolique : la *cacheille*, un vénérable procédé provençal de recyclage.

N'importe quel fromage doux ou semi-doux conviendra. Mettez dans un pot tous les restes de fromage, avec de l'ail et des herbes selon votre goût, et les malaxer jusqu'à ce qu'ils forment une masse uniforme. Versez une bonne goulée de marc, et mélangez avec soin. Vous avez maintenant une base à laquelle ajouter plus de fromage – et, bien sûr, encore du marc – au cours des semaines, des mois, voire des années à venir. On parle toujours d'une *cacheille* légendaire ayant atteint l'âge vénérable de dix ans sur son régime de restes et de marc. C'est le mot « mûre », évidemment, qui décrit le mieux à la fois l'odeur et la saveur de cette mixture dense, forte, collante.

J'ai connu des gens qui la font griller sur des toasts pour faire un féroce, un costaud welsh rarebit. Mais je préfère la manger directement sortie du pot, sur un morceau de baguette, et accompagnée du vin rouge le plus corsé de la cave.

Calissons d'Aix

Les Italiens ont leur *calisone*, et les Grecs leur *kalitsounia*, mais comme tout Provençal vous le dira, le membre le plus prestigieux de cette famille est le *calisson*, et le seul véritable *calisson* – « le roi légitime des friandises » – est fabriqué à Aix.

Le calisson d'Aix a la forme d'un losange plat et étroit, aux extrémités légèrement pointues, et se déguste de deux façons : tout entier en une seule bouchée, ou grignoté par les deux coins. Les ingrédients de base sont les amandes, la confiture de melon, le sirop de fruits et le sucre, mais chaque calissonnier a ses propres raffinements : ici une touche de fleur d'oranger, là une pincée d'extrait de citron ou de vanille. Ces variantes sont les seules autorisées ; toute autre déviance par rapport à la recette originale ne bénéficiera plus de l'appellation. Pour les friandises comme pour le vin, les règles sont strictes.

Il ne fait aucun doute que les calissons existent à Aix depuis plusieurs siècles, mais les histoires concernant le début de leur popularité hésitent entre romance et religion. Soit ils furent servis au petit déjeuner de mariage de Jeanne de Laval avec le roi René, en 1473 ; soit lors d'un service commémorant la fin de la grande peste de 1630. Ou, c'est tout à fait possible, lors de ces deux occasions.

Depuis ces temps reculés, le calisson est passé du stade de la friandise artisanale à celui de l'industrie, avec ce que cela suppose de règlements et de régulations : les amandes utilisées doivent être des amandes méditerranéennes ; il ne doit pas y avoir de conservateur ni de colorant industriel ; les dimensions doivent être uniformes (une exception a été faite, toutefois, pour le calisson géant de 1988, qui pesait 260 kilos, et mesurait 3,75 mètres de long sur 1,5 de large – il est maintenant inscrit dans le Livre Guinness des records). Et, bien entendu, tous les calissons doivent être fabriqués à Aix.

Etant donné le goût français pour les cliques, les clubs, les sociétés, les associations, les fraternités, les directoires et les corps officiels de toutes sortes, il n'est pas surprenant que les principaux calissonniers d'Aix se soient rassemblés pour constituer leur propre organisation. Elle fut enregistrée en 1990, sous le nom d'Union des fabricants de calissons d'Aix, et bénéficia de son inévitable acronyme, UFCA. (Ils ont aussi une devise sans compromis : « D'Aix-en-Provence, et de nulle part ailleurs ».) Le principal but de l'Union est de protéger l'intégrité et la réputation du véritable calisson contre les tentatives de contrefacteurs essayant de faire passer une friandise inférieure pour l'article original. Et, comme tant d'autres organisations protectionnistes de la gastronomie française, elle est pour le consommateur une garantie de qualité.

Les règles de consommation, à la différence des règles de fabrication, sont confortablement souples.

On peut manger un calisson à n'importe quel moment, avec du café, avec du thé, avec du champagne, ou avec un verre du capiteux beaumes-de-venise. Il convient aussi aux moments d'intimité. Si vous êtes en train de faire la cour à une jeune fille, vous pouvez acheter une boîte ronde de vingt-huit calissons disposés en forme de marguerite, et prendre un à un les pétales sucrés en murmurant (entre chaque bouchée) : « Elle m'aime... elle ne m'aime pas... elle m'aime... » Aucune autre friandise, pour autant que je sache, n'a jamais prétendu être un baromètre de la passion. Mais, c'est vrai, il n'est pas d'autre friandise comme le calisson d'Aix.

Cambrioleurs

Même si je n'ai jamais personnellement affaire aux cambrioleurs provençaux, j'ai toujours été intéressé par les vols inhabituels ou ingénieux – une catégorie supérieure au vol à la tire ou à la voiture fracturée. En fait, j'aime bien les cambrioleurs qui ont le sens de l'humour, comme le légendaire Albert Spaggiari. Ayant réussi à cambrioler une banque niçoise, il fut pourchassé et finit par être arrêté, mais il s'échappa en sautant par une fenêtre du palais de justice. Il atterrit sur le toit d'une Renault avant de s'enfuir à l'arrière d'une moto conduite par un complice. Par la suite, on entendit peu parler de lui, hormis une lettre d'excuse qu'il envoya au propriétaire de la Renault, accompagnée d'un chèque pour les réparations du toit, qu'il avait enfoncé. Il n'a jamais été pris.

Le cambrioleur de campagne, même s'il est moins spectaculaire que Spaggiari, n'est pas dépourvu de techniques pleines d'imagination, adaptées à l'habitat rural. Là, le visiteur indésirable possède un avantage sur ses collègues de la ville : les propriétaires des maisons signent leur absence. Dans toute la Provence, il y a de grandes résidences secondaires bien nommées, des maisons qui sont utilisées quelques mois l'été, et pour des séjours plus brefs à Noël et à Pâques. Entre-temps, ces maisons – dont beaucoup sont assez isolées – ne sont pas habitées, et le fait qu'elles ne le sont pas est crié à tous les vents par des volets fermés, des portails verrouillés, une chaîne tendue en travers de l'allée. A la vue d'indices aussi encourageants, notre cambrioleur peut se dire qu'il a devant lui des semaines, et même des mois, pour opérer.

Etant donné la durée considérable de la saison des effractions, il n'est pas étonnant qu'on entende parler de vols à la fois ambitieux, compliqués et longs à effectuer. Par exemple : toute une cuisine équipée, avec son four La Cornue ; une douzaine d'oliviers adultes (on les transplante facilement) ; une paire d'antiques portes de fer, avec deux piliers de pierre ; plusieurs toits de tuiles de faïence du XIXe siècle ; des statues, des urnes, un belvédère miniature – tous ces objets, qu'on aurait pu penser trop fermement ancrés ou bourgeonnant dans le sol, ont été enlevés de leur habitation légale, et emportés ailleurs.

Je sais cela grâce aux informations autorisées de Jacky, qui a pris sa retraite de la police il y a quelques années pour devenir consultant en sécurité. Il est maintenant expert en techniques de protection technologique, ou « murs invisibles », selon son expression. Il peut transformer votre maison en forteresse, gardée par des détecteurs, des projecteurs, des sirènes – à peu près tout ce qu'on peut imaginer en dehors des rayons laser mortels, qu'il ne lui déplairait d'ailleurs pas d'inclure dans son répertoire. Il peut aussi, grâce à ses relations dans la police, se tenir au courant des nouvelles méthodes de cambriolage. Voici une de ses histoires préférées parmi les plus récentes.

Nous parlions d'une propriété magnifique, non loin d'Aix, propriété bien connue dans la région pour la méchanceté enthousiaste de deux chiens de garde, deux énormes dobermans parcourant le domaine pendant la nuit. Pourtant, en dépit des chiens, la propriété avait été visitée. On n'avait pas entendu les chiens qui, le lendemain matin, n'étaient pas blessés et se trouvaient en pleine forme. Comment était-ce possible ? Il était hors de question de droguer les chiens : ils avaient été entraînés à n'accepter de la nourriture et de l'eau que des membres de la maisonnée. L'enquête montra qu'ils n'avaient été ni enfermés, ni piqués par des seringues de tranquillisants, même s'ils paraissaient un peu endormis et plus aimbles que d'habitude.

La police était dans une impasse. Le mystère était total.

Il ne fut résolu que lorsque les malfaiteurs se firent prendre en tentant d'escalader la grille d'une bijouterie qu'ils venaient de cambrioler. Au cours de l'interrogatoire, ils révélèrent le secret. En plus de leur matériel habituel – gants, diamant, clefs et tout le bataclan –, les cambrioleurs avaient amené deux chiennes en chaleur, des prostituées canines. Elles avaient été lâchées et avaient bientôt trouvé les dobermans. Pendant que les chiens passaient ce que nous appellerons un bon moment dans les buissons, les hommes étaient entrés dans la maison et y avaient fait ce qu'ils avaient à y faire.

Face à des malfaiteurs accordant une telle attention aux détails, que peut faire le propriétaire prudent? J'ai posé la question à Jacky, qui m'a répondu que le mieux était de rester chez soi de préférence avec un pistolet.

Canadairs

Pour la plupart d'entre nous, les feux de forêt se réduisent à des images vues à la télévision : images troublantes, voire choquantes, mais suffisamment distantes pour ne pas nous effrayer. En Provence, les incendies se passent plus près de chez soi, comme un élément tristement prévisible de chaque été.

La majeure partie des feux sont causés par trois éléments concomitants : la sécheresse, des vents forts et la négligence humaine. Quelques-uns sont délibérément allumés par des pyromanes, poussés par leur besoin pervers de voir des paysages magnifiques dévorés par les flammes. Quelle qu'en soit la cause, et qui que soit le coupable, la vue de colonnes de fumée noire s'élevant contre le ciel bleu suffit à causer un accès de panique et pousse à brandir instinctivement un doigt en l'air pour voir d'où vient le vent.

La première fois que j'ai vu de la fumée provenant d'un feu de forêt, ce devait être à vingt kilomètres de chez moi. Une catastrophe pour certains malheureux, ai-je pensé avant de me remettre au travail. Peu après, j'ai entendu les chiens pousser des gémissements et j'ai regardé par la fenêtre. J'ai vu alors de fins flocons de cendre noire tomber dans le jardin, comme une neige gris pâle. Le vent avait tourné et le feu avancé. Il n'était pas encore assez près pour que j'aperçoive les flammes, mais il n'était plus à distance confortable. C'est alors que j'ai aperçu les Canadairs.

Il étaient quatre : des bimoteurs rouge et jaune au ventre rebondi, qui s'avançaient lourdement au-dessus de ma tête dans la direction de la fumée, avec leur cargaison d'eau ou de retardateur de flammes. (J'ai appris plus tard que le temps moyen entre l'annonce d'un incendie et le décollage des Canadairs est inférieur à un quart d'heure.) Les pilotes sont appelés les « pompiers du ciel », ou les « bombardiers d'eau », et selon moi ils méritent d'être décorés pour leur bravoure et leur habileté exceptionnelles. Comme vous allez le voir, c'est un travail qui exige les deux, et à bonne dose.

L'idée de moyens aériens de lutte contre le feu est née au Canada et aux Etats-Unis au début des années 50, quand des tests ont montré que l'eau jetée d'un avion en vol n'était pas dispersée par le vent au cours de sa descente, mais touchait le sol en une seule masse plus ou moins compacte. En d'autres termes, on pouvait viser les flammes avec une bombe liquide. On entendit parler de ces essais de l'autre côté de l'Atlantique, et un préfet français, Francis Arrighi, réussit à convaincre ses collègues du gouvernement de créer une flotte d'avions équipés pour lutter contre les feux balayant chaque année les forêts du sud de la France.

Pour commencer, la flotte en était à peine une : deux Catalinas et une équipe de huit hommes. Quarante ans ont passé. Il y a maintenant vingt-huit appareils – pendant l'été on peut voir la plupart d'entre eux sur l'aéroport de Marseille, à Marignane, alignés et prêts à décoller – et l'équipe comprend cent quarante-huit hommes : staff administratif, ingénieurs, mécaniciens spécialisés et navigateurs. Puis, il y a les pilotes.

Ce n'est pas facile d'obtenir ce travail. Les candidats doivent avoir au moins quarante ans, compter au moins douze ans d'expérience professionnelle, trois mille heures de vol, et posséder un IFR (un diplôme de pilotage supérieur à la qualification requise pour être un pilote de ligne). Pour cent pilotes qui se présentent, un seul est accepté, et il doit commencer son entraînement à la base. D'abord, une année d'initiation, à regarder et à apprendre ; puis une année comme copilote de Canadair, suivie par sept à dix ans de pilotage seul sur des avions plus petits, les Tracker. La promotion finale consiste à être commandant de bord d'un Canadair, une distinction rarement obtenue avant cinquante ans.

Le nouveau commandant de bord est en charge d'un curieux hybride : à la fois avion, seau et pélican. Une combinaison bizarre, mais extrêmement efficace, conçue spécialement pour prendre de l'eau dans un endroit et la verser ailleurs sans jamais s'arrêter. Voilà comment ça fonctionne.

L'avion s'approche de l'eau à 170 kilomètres/heure, réduisant sa vitesse à 140 avant de toucher la surface. A ce stade, le Canadair ne vole plus, ni ne flotte, mais fait de l'hydroplaning, le fuselage maintenu à un angle de 7 degrés pour empêcher que les ailes ne soient endommagées par les vagues. La vitesse tombe à 110, et les réservoirs jumeaux dans le ventre de l'appareil sont ouverts, puisant de l'eau à raison de 500 kilos par seconde, tandis que le pilote continue à faire des ajustements afin d'éviter de piquer du nez et compenser le poids qui augmente. En douze secondes les réservoirs sont pleins, avec 6 000 litres d'eau ; le pilote remonte à 145 kilomètres/heure, et le Canadair s'élève. Maintenant arrive le moment vraiment dangereux.

Les incendies les pires ont toujours lieu au cours de périodes de mistral – qui souffle souvent à 100 kilomètres/heure, ou plus. Cela seul suffit pour rendre plus périlleux que d'habitude le vol à basse altitude, même quand on survole un paysage plat. Mais en Provence, malheureusement pour le pilote, la campagne est loin d'être plate. Il y a des collines, il y a des falaises et des montagnes, il y a des vallées étroites et profondes. Quand elles sont en feu, les courants d'air qui remontent du sol sont brûlants, turbulents et variables, tandis que la visibilité déjà restreinte est réduite à néant par un épais nuage de fumée. C'est dans ces conditions que le Canadair doit effectuer un lâcher précis là où l'eau sera le plus utile. Et pas une seule fois, mais plusieurs, et souvent pendant quelques jours.

Au bout d'un certain temps, je suppose que les pilotes finissent par être habitués à leur travail, même s'ils savent qu'à la moindre erreur de jugement ils peuvent se trouver noyés ou carbonisés. Tous sont admirables, mais l'un d'entre eux l'est particulièrement : Maurice Levaillant qui, au cours de sa carrière, a effectué le nombre étonnant de 12 356 lâchers, un record mondial maintenant inscrit dans la bible des choses exceptionnelles, le Livre Guinness des records.

Si l'histoire récente nous apprend quelque chose, c'est qu'il y aura encore des incendies de forêt cette année, sans doute des milliers. On espère qu'il existera toujours des hommes comme Levaillant, prêts à les combattre pour nous.

Cartier-Bresson

Tout le monde connaît le travail de Cartier-Bresson, ces images fameuses qui ont effectué le tour du monde et ont fait de lui l'un des photographes les plus célébrés du XXe siècle. Mais je me demande si l'on a jamais accordé beaucoup d'attention à l'une de ses dernières photos. Elle a été prise au cours des années 1990, quelque temps après qu'il eut abandonné la photographie pour se consacrer à sa peinture et à ses dessins. C'est une querelle de clocher en Provence qui le sortit de sa retraite.

Montjustin est un petit village un peu en dehors de la N 100, qui mène d'Apt à la Haute-Provence. Comme dans la plupart des villages, les habitants, normalement, tolèrent dans l'intérêt de la paix générale les caprices de leurs voisins. De temps en temps, pourtant, quelqu'un fait quelque chose de si scandaleux que tout le village est obligé de réagir. Telle était la situation à Montjustin.

L'un des résidents (un Anglais, si je me souviens bien) avait construit un muret de pierre pour marquer les limites de sa propriété. Un muret bien fait, et même joli ; un muret qui, on aurait pu le penser, ne pouvait déplaire à personne. On avait tort. Il fut rapidement remarqué qu'une partie du nouveau mur coupait un passage utilisé par les villageois depuis la nuit des temps, et les empêchait d'aller et de venir. C'était une affaire sérieuse, qui exigeait une action rapide.

La presse fut alertée, et un reporter – ou, plus exactement, un journaliste d'investigation – du quotidien local, *La Provence*, fut envoyé sur place. Mais pour que pleine justice soit rendue à son article, on considéra comme vital d'envoyer quelqu'un avec lui pour photographier le mur, objet du litige. Par chance, il y avait au village un ex-photographe célèbre. Je ne sais comment il se laissa persuader de reprendre son appareil, toujours est-il que dans le numéro de *La Provence* qui raconte toute l'histoire, on peut voir une photographie – une photographie toute simple, comme vous et moi aurions pu en prendre une – représentant une maison avec un muret de pierre. Et le long de la photo on peut lire le nom du photographe : Henri Cartier-Bresson.

Caviar d'aubergine

On pense que l'aubergine est originaire d'Inde, et qu'elle a voyagé à travers le Moyen-Orient, les Balkans et la Méditerranée, s'agrémentant de recettes en chemin.

L'une de ces recettes est le caviar d'aubergine, ou caviar du pauvre – ainsi nommé parce que la graine d'aubergine, quand on la regarde avec un œil indulgent, ressemble à l'œuf d'esturgeon. C'est un plat dont on a dit qu'il était typiquement juif, typiquement grec, typiquement bulgare, et typique probablement d'une demi-douzaine d'autres cuisines nationales. Les Provençaux, qui savent reconnaître quand quelque chose est bon, l'ont non seulement adopté, mais l'ont rebaptisé « classique de la Provence ».

Le meilleur moment pour en manger, c'est l'été, et grillée sur un barbecue, cela lui donne une merveilleuse saveur fumée. Ne jamais, jamais oublier de piquer votre aubergine avec une fourchette avant cuisson ; l'aubergine non piquée a la désagréable habitude d'exploser, aspergeant la cuisinière et gâchant le plat. Sinon, la préparation initiale est facile. Faire griller l'aubergine jusqu'à ce qu'elle devienne noire et cloquée, et que l'intérieur soit vraiment mou, ce que l'on peut vérifier en appuyant sur l'aubergine avec le dos d'une fourchette. Enlever la chair, l'égoutter et en ôter le jus. Puis couper et écraser la chair en purée. Chacun peut maintenant apporter sa touche personnelle, qui peut être aussi simple ou aussi élaborée qu'on le souhaite.

La recette de base nécessite de l'huile d'olive (3 cuillers à soupe pour 500 grammes d'aubergines), un peu de sel, du jus de citron, et c'est tout. Pour la version provençale, ajouter des olives noires, du persil, de l'ail et de la sarriette. Si votre goût vous porte à quelque chose de plus ambitieux, il existe des douzaines de possibilités – entre autres, tomates, oignons, aneth, anis étoilé, menthe, yaourt, piments, basilic, thym, fromage de chèvre et coriandre. Il y a même une recette qui utilise du jus de truffe noire, ce qui détonne dans un caviar du pauvre ! Mais le principe est simple : le caviar d'aubergine est une entrée flexible à souhait. Etalez-le sur du pain frais ou sur un toast, et levez un verre à la mémoire de l'imam arabe qui, en goûtant la recette d'aubergine de sa femme, a défailli de plaisir. Le plus beau compliment jamais reçu par une cuisinière !

Cézanne

« Quand on est né là, c'est tout. Rien d'autre n'y fera. » C'est ainsi que Cézanne parlait de la Provence, des mots qui peuvent être considérés comme emblématiques de son œuvre et de sa vie. Né à Aix-en-Provence en 1839, mort à Aix-en-Provence en 1906, durant ses dernières années il quittait la Provence aussi peu que possible et, quand il devait le faire, elle lui manquait. Il y passa quarante-six de ses soixante-six ans.

Il est difficile d'imaginer qu'un homme très souvent reconnu comme une source d'inspiration par d'autres grands peintres, et dont on a dit qu'il était « le plus grand peintre qui ait jamais vécu », ait reçu dans sa ville natale si peu d'attention et de louanges. C'est pourtant le cas. Soit les habitants d'Aix l'ignoraient, soit ils le vilipendaient comme un barbouilleur primaire. Cézanne, de même que tous les artistes, prenait mal les critiques, ainsi que le montre l'échange bref, mais virulent, que je vais raconter.

Les critiques ont beaucoup trop souvent l'avantage d'être protégés de leurs victimes, mais ce ne fut pas le cas cette fois-là. Il arriva un jour à Cézanne de se trouver debout derrière un gentleman qui faisait à

haute voix des commentaires désobligeants à propos d'une de ses toiles. Donnant à son critique une tape sur l'épaule, l'artiste dit : « Monsieur, je vous emmerde ! » Ça a dû être un moment de satisfaction dans la journée du grand homme.

Cézanne était surtout fasciné par la montagne Sainte-Victoire, qui se dresse à mille mètres à l'est d'Aix. Il l'a peinte au moins soixante fois, essayant, selon ses propres mots, de la « saisir ». Pourtant, en dépit de cette fascination, il ne prit jamais sa toile, son chevalet et ses pinceaux pour s'installer au sommet. Je l'ai toujours regretté. Il aurait été merveilleux d'avoir sa vision à lui de ce vaste paysage montagneux qui s'étend en direction de Marseille et de la Méditerranée.

Cézanne a eu une mort de peintre. Il travaillait sous une averse près de son atelier des Lauves quand il perdit connaissance, le pinceau à la main. Selon la légende, il fut placé sur un chariot rempli de toiles, et passa ses derniers instants entouré de ses peintures.

Chapellerie Mouret

Quand on vit à l'époque de la casquette de base-ball, il est rare et rafraîchissant de découvrir un authentique chapelier – un chapelier proposant un large choix de chapeaux élégants et pratiques non seulement pour les messieurs et les dames, mais aussi pour les bergers, les pilotes amateurs, les aventuriers, les explorateurs de la jungle et les crooners nostalgiques. Mouret est justement l'un de ces établissements, et existe depuis plus de cent trente ans.

Bien peu de choses ont changé chez Mouret, maintenant classé monument historique, depuis la fondation de la maison, en 1860. L'adresse – 20, rue des Marchands, à Avignon – est la même. La façade en bois, simple et classique, est elle aussi la même. L'intérieur, décoré dans le style Louis XVI, est encore le même, avec des moulures, des miroirs, et un plafond plissé et veiné comme le visage d'un vieillard. Le passage du temps a pourtant nécessité quelques ajustements en ce qui concerne les huit mille articles proposés. Les vieux classiques ont été conservés, mais nombre de nouveautés ont été introduites.

On trouve, par exemple, le bonnet d'aviateur en tous points identique à celui porté par Antoine de Saint-Exupéry et par le Baron Rouge. Il s'agit d'une création confortable en cuir souple doublé de feutre très fin, et garantie pour garder la tête au chaud dans le plus glacé des cockpits ; ou, évidemment, pour

faire du vélo dans le froid, effectuer des promenades hivernales avec son chien, ou skier.

Adapté à l'autre extrémité de l'échelle des températures, voilà le *sola topi*, ou « casque colonial véritable ». L'intérieur est doublé de liège, ce qui offre une excellente isolation naturelle contre les rayons puissants du soleil tropical. De chaque côté, des trous pour la ventilation permettent à l'air de circuler autour du crâne, et le rebord – qui, à l'arrière, est étendu afin de protéger la nuque – est doublé d'un apaisant coutil de coton vert. Au temps où les Anglais et les chiens fous sortaient en plein soleil, c'est ce type de casque qu'ils (les Anglais) portaient.

Il faut bien reconnaître que le casque colonial véritable a perdu, récemment, du terrain sur le « chapeau véritable » Indiana Jones, le chapeau western, et le

Stetson « style aventurier ». Tous ces modèles offrent un énorme avantage au baroudeur : ils peuvent être mouillés, bourrés de coups de poing, pliés, écrasés, roulés, sans dommage apparent. On peut même s'asseoir dessus.

Evidemment, il y a aussi le béret, fabriqué à Oloron-Sainte-Marie, capitale mondiale du béret ; le couvre-chef en feutre noir à large bord porté par Frédéric Mistral ; la casquette marseillaise pagnolesque ; le canotier rendu fameux par Maurice Chevalier ; la capeline des ramasseuses de lavande (un chapeau de paille de la taille d'un petit volant) ; les authentiques panamas de divers styles ; et un choix de chapeaux à la mode adaptés à différentes occasions. En fait, la seule forme de couvre-chef que vous ne trouverez pas chez Mouret, Dieu merci, c'est la « véritable casquette de base-ball ».

Chasseurs

Pour les sangliers sauvages, les lapins, les grives et toutes les sortes de gibier, la vie en Provence a très nettement pris un mauvais tournant vers la fin du XVIIIe siècle. Avant 1789, la chasse était un privilège réservé aux aristocrates et, même s'ils étaient assoiffés de sang, au moins n'étaient-ils pas nombreux.

La Révolution a tout changé. Les aristocrates sont devenus une espèce en voie de disparition et, dans un esprit démocratique, la chasse a été ouverte au grand public. Comme, en plus d'être un sport, il s'agissait d'un moyen de se procurer de quoi manger, il n'est pas surprenant que la chasse soit rapidement devenue l'un des droits les plus jalousement gardés de l'homme du peuple. Depuis cette époque, les hôtes comestibles de la forêt jettent un coup d'œil derrière eux avec une inquiétude croissante.

Ils n'ont pas tort. Au fil des siècles ont été inventées des armes plus efficaces, les carabines puissantes et les fusils à pompe remplaçant l'arquebuse et le mousquet. Dans le même temps, la population des chasseurs a augmenté, avec pour résultat inévitable la diminution de la masse de gibier.

L'introduction d'une nouvelle race de porcs – moitié sauvage, moitié domestique – a été une tentative parmi d'autres pour redresser l'équilibre entre chasseurs et chassés. Nombre de chasseurs insistent pour dire qu'il s'agit d'un mythe inventé par les journalistes à la recherche de matériau durant la période creuse de l'été, ce qui n'est pas impossible. De toute façon, je ne suis pas parvenu à découvrir quel homme – ou quels hommes – se trouve derrière cette curieuse expérience génétique. Ce qu'on raconte le plus souvent, c'est que les feux de forêt dans le Var, il y a quelques années, ont réduit la population des sangliers à un point tel qu'on a dû lâcher dans les forêts les cochons domestiques pour en augmenter le chiffre. Et c'est là qu'intervient la mathématique de la procréation : la femelle sanglier donne généralement naissance une fois par an à une portée de deux ou trois marcassins. La femelle du cochon domestique donne naissance, deux fois par an en général, à de larges portées de six ou huit. Combinez les deux, et vous obtenez le *cochonglier*. Ce n'est pas un authentique sanglier sauvage, mais, pour les chasseurs, il a le gros avantage d'être abondant. On m'a dit que les *cochongliers* ne franchissent jamais la frontière entre le Var et le département voisin, le Vaucluse, et ne peuvent donc être comptés au nombre des véritables curiosités provençales. D'un autre côté, je ne connais pas encore de cochon capable de lire une carte...

Les *cochongliers* mis à part, la saison de chasse est courte, et très réglementée. En Provence, elle commence en général le deuxième dimanche de septembre et se termine, selon les espèces, le 30 novembre (perdrix), le 24 décembre (lièvre), le 11 janvier (lapin, faisan, cerf, sanglier). Le week-end de l'ouverture commence très tôt le matin, en grand tumulte. Les chiens de chasse sont contents de se retrouver libres dans la forêt après avoir passé les neuf mois précédents confinés dans des chenils, et on entend leur joie à plusieurs kilomètres à la ronde. Ils aboient à toute force et de façon continue – un chœur de grognements et de mugissements lugubres qui évoque un groupe de joueurs de basson amateurs en train de s'accorder. L'accompagnement est fourni par le tintement des clochettes attachées à leur cou, par les cris, les sifflements et les jurons de leurs propriétaires, et des coups de feu sporadiques. Tout gibier qui ne devient pas immédiatement sourd opère alors une retraite dans une partie plus calme du Luberon.

Les hurlements et les tirs, cependant, continuent jusque vers midi. Il y a alors une pause au cours de laquelle les chasseurs rentrent chez eux pour se rafraîchir. Parfois leurs chiens les accompagnent. Parfois non. Intoxiqués par des odeurs étranges et merveilleuses, ils choisissent la liberté à l'heure du déjeuner et on les entend aboyer jusque tard dans l'après-midi. Finalement, enroués et assoiffés, ils reviennent des collines en quête d'un peu d'eau, et après plusieurs années nous sommes maintenant habitués à voir une troupe de chiens à bout de forces buvant dans le bassin devant notre maison. Nous téléphonons alors à leurs propriétaires, qui viennent les chercher. Ainsi s'achève le jour de l'ouverture de la saison.

Tandis que l'automne se transforme en hiver, les fusillades du petit matin deviennent nettement plus rares, peut-être parce que la température n'encourage pas à de longues déambulations dans les champs glacés, et peut-être parce que la plus grande partie du gibier s'est depuis longtemps enfuie. Mais, même ainsi, on trouve en général quelques âmes hardies et optimistes tapies dans les sous-bois, « faisant faire une petite balade à leur fusil », comme ils disent. C'est une expérience très déconcertante que de tomber sur l'un d'eux – une silhouette immobile derrière un buisson, vêtue d'une tenue de camouflage et armée jusqu'aux dents. C'est particulièrement stressant au crépuscule, quand les grives reviennent dans la forêt après s'être nourries dans les vignes. A cette heure du jour, un chasseur attendant au milieu des arbres peut être invisible à cinq mètres. Seul le bruit de son fusil qui part, vous semble-t-il, dans les oreilles, trahit sa présence. J'ai souvent pensé porter moi-même une clochette, par mesure de sécurité, quand je vais me promener. Je ne pense pas qu'on puisse me prendre pour une grive, ni même pour un sanglier, mais on ne sait jamais.

En parcourant la campagne provençale, il vous arrivera de tomber sur des écriteaux sévères vous informant que la propriété que vous traversez est *privée*, ou qu'il s'agit d'une *chasse gardée*. Ces avertissements sont très largement ignorés, et c'est peut-être ce qui a poussé le propriétaire d'une bande de terrain isolée au nord d'Apt à employer un langage plus ferme : « Les intrus seront abattus et les survivants seront poursuivis. »

La question de la légalité de cette forme extrême de discours dissuasif m'intéressait, et j'ai donc demandé son opinion à un spécialiste local de la chasse. Il m'a répondu que c'était sans doute justifié, mais seulement si les intrus bougeaient – un oiseau en train de voler, pour ainsi dire. Il est considéré comme très peu fair-play d'abattre un intrus immobile.

Chèvre

Il n'y a pas beaucoup d'herbe en Provence, ni beaucoup de vaches, qui préfèrent les prairies luxuriantes situées plus au nord. Les chèvres, cependant, se contentent des repas les plus frugaux et les plus inattendus : feuilles des tournesols et écorce des melons, bouquets de thym et de sarriette ; géraniums et chardons, et évidemment tout ce qu'elles peuvent trouver dans un jardin mal protégé, ou sur les pentes sèches et rocailleuses des collines provençales. De ce régime peu prometteur naît le plus délicieux et varié des fromages : le *chèvre*.

Les habitants du Bassin méditerranéen mangeaient du chèvre dix mille ans avant Jésus-Christ (les Romains le jugeaient plus facile à digérer que le fromage de vache ou de brebis), et Ulysse ne partait jamais de chez lui sans en prendre une provision. Au Moyen Age, il était suffisamment connu et suffisamment réputé pour servir de monnaie d'échange. Aujourd'hui, il se produit en France cent variétés de chèvre, la plupart au sud de la Loire.

Dans un moment de générosité, il pourra arriver à un Provençal de reconnaître que la plupart de ces fromages sont excellents, mais il ajoutera rapidement qu'ils ne sont pas *tout à fait* aussi excellents que les chèvres de Provence. Le plus connu de ces fromages est sans doute le banon, mais il existe au moins deux autres variétés que les connaisseurs ne doivent pas manquer.

Le premier est la brousse du Rove, produite à quelques kilomètres à l'ouest de Marseille. C'est un fromage très frais – léger, blanc et crémeux, sans trace de croûte. On peut le manger sucré, avec des fruits et du sucre ; ou épicé, avec des herbes et une pincée de sel. J'ai découvert qu'il convient aussi très bien aux tomates en tranches, ou aux figues rôties avec du miel. Ainsi, les vrais amateurs peuvent avoir de la brousse à l'entrée et au dessert.

Le second est le picodon de Valréas, un fromage rond de deux ou trois centimètres d'épaisseur, et d'environ six centimètres de diamètre. Il est blanc, comme tous les fromages de chèvre (à la différence des fromages de vache, ceux de chèvre ne contiennent pas de carotène), et il a une croûte fine. Sa saveur varie avec l'âge – doux quand il est jeune, plus fort si on le conserve quelques semaines, ou sec avec de l'huile d'olive ou de l'eau-de-vie. C'est un fromage particulièrement adapté à la cuisson, qu'il soit légèrement grillé avec de la salade, ou passé au barbecue en brochettes. Le picodon est le grand frère du crottin, et un cousin des autres membres de la famille des fromages de chèvre, les briques, les bûches et les pyramides.

La recherche sur n'importe quel sujet mène parfois à des trésors d'informations inattendues. Ça a été pour moi le cas avec le fromage de chèvre. J'ai été estomaqué – et impressionné – de découvrir que le bouc peut copuler jusqu'à quarante fois par jour. Il est vrai que chaque rencontre ne dure que quelques secondes, mais on doit malgré tout admirer la vigueur et l'optimisme de cet animal.

Voir : Banon.

Chiens truffiers

Voici une histoire plaisante et souvent racontée pour illustrer l'importance et la valeur d'un bon chien trufffier.

Il y a bien longtemps, un voleur de truffes fut pris sur le fait par le propriétaire de la terre sur laquelle il braconnait. Cette nuit-là, le braconnier avait emmené sa femme, car il s'attendait à une bonne récolte. Mais l'aventure tourna mal. Soudain, après une heure ou deux de braconnage fructueux, tous les deux, ainsi que le chien, se trouvèrent pris dans le rayon de la lampe torche du propriétaire. La fuite était impossible, car ledit propriétaire braquait sur eux un fusil de chasse. Et comme ce n'était pas la première fois qu'on lui volait ses truffes, il n'était pas d'humeur à la clémence.

A force de questions (et aidé par quelques coups persuasifs de la crosse du fusil), le braconnier reconnut qu'il était bien souvent venu sur cette terre, et qu'il y avait pris des kilos de truffes, valant une petite fortune. Le propriétaire ne disait rien. Dans le silence de la nuit, on n'entendait que le clic fait par le fusil que le propriétaire armait. Le braconnier sentit qu'il était temps de négocier.

J'ai de l'argent chez moi, dit-il. Du liquide, les économies d'une vie. On peut mettre au point en toute équité un légitime remboursement.

Le propriétaire réfléchit quelques instants et prit sa décision : il donnait au braconnier l'autorisation d'aller chez lui chercher cent mille francs – la somme, rapidement calculée, que ces truffes auraient atteinte sur le marché de Carpentras. Pour s'assurer du retour du braconnier avec l'argent, le propriétaire garderait sa femme en otage. On se mit d'accord là-dessus.

Mais, évidemment, le braconnier ne revint pas, et on ne le revit jamais dans la région. (Selon certaines rumeurs, il aurait été aperçu à Périgueux.) L'histoire ne dit pas ce qu'il advint de la malheureuse femme laissée en plan au milieu de la nuit avec un homme armé et dont la colère montait, mais l'opinion générale est claire et unanime : le propriétaire avait commis une erreur fondamentale. S'il avait gardé en otage le chien au lieu de la femme, le braconnier, cela ne fait aucun doute, serait revenu avec l'argent. Car un bon chien truffier vaut, littéralement, son pesant d'or.

Le partenaire de travail du chercheur de truffes est, traditionnellement, un cochon, mais cette méthode pose deux problèmes techniques. Le premier, c'est que beaucoup de cochons sont très friands de truffes, et décidés à manger celles qu'ils trouvent. Ce qui nous conduit directement au second problème : un cochon mâle adulte pèse facilement 150 kilos, et si vous avez déjà essayé de disputer une truffe à un adversaire obstiné de 150 kilos, vous comprendrez pourquoi les chiens, plus petits, plus légers et plus dociles, ont pris le dessus sur les cochons comme compagnons préférés du chercheur de truffes. (Les chiens sont aussi plus faciles à transporter ; dans une voiture, par exemple, on peut mettre six ou sept chiens pour un seul cochon.)

La race est sans importance. N'importe quel chien intelligent peut être entraîné, même si certains, logiquement, disent que les chiens courts sur pattes sont plus performants, car la nature les a dotés d'un museau plus près du sol. Les bassets, les terriers et les bâtards bas sur pattes représentent toujours un bon choix. En ce qui concerne la méthode d'entraînement, on ne doit jamais oublier que le but est d'apprendre au chien à trouver la truffe sans l'endommager. Il est donc essentiel de suivre une méthode récompensant la découverte plus que le déterrage. Et là, on ne peut rien faire de mieux que de suivre le système inventé et perfectionné par Jean-Marie Rocchia, le gourou de la truffe d'Aix-en-Provence.

Le système Rocchia nécessite beaucoup de patience, une truffe fraîche et une chaussette neuve. Placer la truffe dans la chaussette, et nouer l'extrémité de celle-ci de façon que la truffe ne puisse pas en tomber. Donner au chiot ce jouet merveilleusement parfumé, et le lancer pour qu'il le rapporte. Quand il le rapporte, poussez-le à le laisser tomber en lui proposant une friandise – un petit morceau de fromage, par exemple. Faites ça vingt fois par jour pendant une semaine. Au cours des semaines suivantes, on retient le chien tandis qu'on lance la truffe de plus en plus loin, mais toujours à portée de vue. Chaque fois que le chien, une fois lâché, rapporte la chaussette, il est récompensé. L'étape finale consiste à cacher la chaussette, d'abord à l'intérieur, et ensuite dehors, de façon que le chien doive utiliser son odorat pour la trouver. (Comme même les truffes finissent par perdre leur parfum, la truffe d'entraînement doit être changée au moins une fois par semaine.)

Je n'ai fait que tracer les grandes lignes du programme, mais vous voyez le principe, et les résultats parlent d'eux-mêmes. Par la méthode de la chaussette, M. Rocchia a entraîné pour lui des douzaines de chiens, et il en a entraîné bien d'autres pour des amis, dont l'un est devenu un entraîneur professionnel de chiens truffiers. Il ne peut y avoir meilleure référence.

Cigales

Elle est l'insecte officiel de la Provence, et on voit son portrait partout : sur les poteries, sur les assiettes, sur les verres, sur les tissus, sur les timbres, sur les cartes postales ; en fer forgé, ou gravé dans le bois, moulé en chocolat ou en plastique. Tout cela en dépit du fait que la cigale n'est pas une créature particulièrement belle – on dirait une grosse mouche bardée d'une cuirasse. Mais on ne doit jamais juger selon l'apparence, et la cigale est célébrée non pour ce qu'on en voit, mais pour ce qu'on en entend : elle produit le son de l'été.

Les épithètes traditionnellement accolées à cette musique – le chant du soleil, la symphonie de la chaleur, l'orchestre de la Provence – sont peut-être plus fantaisistes qu'exactes. Les cigales produisent un son répétitif et strident, entre le grésillement et le grincement, un chant légèrement métallique, rugueux. L'un de mes amis anglais, l'entendant pour la première fois, me dit que ça lui rappelait du matériel réclamant un petit réglage, et une goutte d'huile. Mais il est indiscutable que ça évoque immédiatement les longs jours chauds de l'été, des jours de lumière aveuglante, de pieds nus et de rosé frais. (Ce même ami en vint à tellement apprécier ce chant qu'il en obtint un enregistrement. Il le diffuse dans des haut-parleurs extérieurs dissimulés derrière les buissons de son jardin londonien, en général froid et humide, mystifiant ses voisins et son chat.)

La cigale est un thermomètre sonore. En dessous de 22 °C, il n'y aura pas le moindre crissement. A cette température, comme activées par un interrupteur, elles commencent à se manifester ; ou, plutôt, *ils* commencent à se manifester. La femelle ne produit jamais aucun son, un fait remarqué par un misogyne de l'âge classique, Xénarque de Rhodes, qui parvint à la conclusion que « les cigales mâles sont heureux parce que leur femelles sont muettes ». Ce qu'il oubliait de préciser, c'est que le mâle cigale ne chante que pour sa femelle. Il cherche à l'attirer afin que, une fois réunis, ils puissent fonder une famille. Et pas juste une famille modeste, avec un ou deux descendants : une union réussie produit en général entre trois cents et quatre cents œufs.

L'« appel nuptial », comme on l'a délicatement intitulé, est la sonorité produite par diverses parties du corps qui se frottent ensemble, en espérant que tout se passe pour le mieux, à la façon primitive d'insectes musicalement moins accomplis. Le cri d'amour de la cigale est produit par un système complexe de membranes qui vibrent lorsque le muscle abdominal se contracte ou se relâche. Le son qui en résulte est amplifié par l'abdomen. Il arrive que les résultats soient à casser les oreilles : il existe en Australie une cigale dont les romantiques appels ont été mesurés à 158 décibels, ce qui est approximativement le niveau sonore d'une grenade qui explose. Mais en Australie les distances sont longues, et peut-être ce haut niveau sonore est-il indispensable.

Si tout s'est bien passé pour la cigale mâle à la recherche d'une compagne, les œufs de la femelle passent de trois à six ans sous la terre, ce qui est nettement plus long que la durée de vie d'un adulte, qui ne dépasse pas quelques semaines. Cela semble une période de préparation excessive pour un moment de joie si bref. Cependant ça fait deux millions d'années qu'il en est ainsi, et maintenant les cigales doivent y être habituées.

Le jour où elles se taisent me prend toujours par surprise. Le soleil brille encore, l'air paraît aussi chaud que la veille. Mais le chant de l'été s'est tu, et quand je vais consulter le thermomètre dans le jardin, je suis certain de voir que la température est descendue en dessous de 22 °C. C'est le tournant de l'année, le premier signe annonciateur de l'automne.

Climat

On a souvent dit que le temps est le sujet de conversation préféré des Anglais, ce qui n'a rien d'étonnant dans un pays dont on sait que les quatre saisons peuvent s'y succéder au cours d'une même journée. Mais j'ai été surpris de découvrir que les hommes et les femmes de Provence sont également sensibles au temps, et que les réactions aux idiosyncrasies climatiques sont beaucoup plus prononcées là-bas qu'en Angleterre. L'attitude anglaise vis-à-vis du climat, attitude qui consiste à sourire et à le supporter, n'est pas celle des Provençaux. S'ils doivent affronter plus de deux jours consécutifs d'humidité, ils deviennent moroses, ils s'entassent dans les bars et comptent les gouttes de pluie qui glissent contre la vitre. Un hiver qui continue au-delà de la mi-février, et on parle d'une nouvelle ère glaciaire. (Un hiver doux et bref cause aussi pas mal de soucis, car il n'aura pas été suffisamment froid pour tuer les insectes nuisibles qui reviendront nous tourmenter plus tard dans l'année.) Un petit vent du Nord provoque des attaques de douce démence. Et un été particulièrement sec fait se lever une armée de Provençaux pessimistes, qui vont vous dire qu'à cause de la sécheresse il faut s'attendre à tout, depuis les feux de forêt jusqu'à une invasion de sauterelles bioniques.

Pour leur défense, il faut reconnaître que leur climat est souvent spectaculaire, et peut même être brutal. Les statistiques en donnent un reflet assez exact. La température la plus basse enregistrée à Marseille était de moins 16 °C durant la vague de froid de 1956. Cette vague de froid a tué des milliers d'oliviers qui, normalement, résistent au gel. Officiellement, la température la plus élevée fut enregistrée à Orange : 42,6 °C, en août 2003, température assez chaude, disait-on, pour faire frire le proverbial œuf sur le trottoir, et certainement assez chaude pour se tailler la place d'honneur de la canicule. Ce sont des journées d'une chaleur stupéfiante, des journées de chien ainsi nommées d'après le nom de la principale étoile de la constellation de Sirius, appelée aussi le « Grand Chien ». Et comme rien en France ne peut échapper à une définition précise, nous apprenons que la canicule a son propre calendrier officiel : elle dure du 24 juillet au 24 août. (Elle est interrompue par le traditionnel orage du 15 août, mais pas pour longtemps. La canicule se secoue pour se sécher, et revient, parfois plus chaude que jamais.)

Comme si les températures extrêmes ne suffisaient pas à mettre la patience humaine à bout, il y a aussi le problème des précipitations : elles sont non seulement irrégulières, mais étonnamment abondantes. La hauteur moyenne annuelle à Carpentras (656,9 millimètres) est supérieure à celle de Londres qui, pourtant réputée pour son humidité, ne reçoit que 583,6 millimètres par an en moyenne. La grande différence réside dans la façon dont la pluie choisit de tomber. En Angleterre, elle est plus ou moins régulière tout au long de l'année, et l'eau se présente sous la forme de gouttes de taille raisonnable. En Provence, elle arrive en brefs torrents, peu fréquents mais violents, comme si Dieu lui-même les versait depuis des seaux géants. Le volume et le poids de l'eau sont tels qu'en une matinée la pluie peut aplatir un champ de blé, noyer un vignoble ou inonder tout un village. En 1992, par exemple, Entrechaux, près de Vaison-la-Romaine, a reçu 300 millimètres d'eau en vingt-quatre heures.

Mais il est est rare que les nuages durent longtemps, et rien ne pourrait les chasser plus rapidement que le mistral, l'un des vents les plus célèbres au monde. Il souffle, en moyenne, entre cent et cent cinquante jours par an, souvent deux ou trois jours de suite, et parfois avec une force capable de faire voler les tables des cafés. C'est, en un certain sens, un vent exaspérant. Les portes, les fenêtres et les volets craquent et battent ; les tuiles des toits sont emportées et heurtent le sol ; il est impossible de prendre un repas dehors, sauf si l'on est un adepte du sport consistant à rattraper au vol la nourriture arrachée de votre assiette ; et puis il y a le grondement incessant et énervant du vent qui roule autour de la maison, cherchant un moyen d'y pénétrer.

Mais tout cela est pardonnable. Un jour de mistral nettoie le ciel, le laissant du bleu profond, invraisemblable, sans nuages, d'une carte postale aux couleurs trop crues ; et la nuit il polit tellement les étoiles qu'elles apparaissent avec une clarté presque surréelle. L'air est propre et sec, sans trace d'humidité, la lumière suffisamment vive pour encourager le plus amateur des peintres à sortir sa toile.

En fait, c'est à la lumière – à l'absence de gris – que l'on s'habitue le plus facilement dans le climat provençal. Quelle que soit la saison, sortir de sa maison dans un matin scintillant, quand toute la campagne paraît comme astiquée, donne le moral. On se sent optimiste et en pleine santé. Comme vous le diront, en une journée pareille, les gens du village : « On est bien ici. »

Collet marseillais

A l'origine, le collet était un lacet de braconnier, une boucle de fil de fer destinée à se resserrer autour du cou du malheureux lapin ou du lièvre infortuné. La proie a maintenant changé, et c'est un autre type de braconnier qui agit. Ses victimes ont deux jambes, et son outil de travail est connu sous le nom de « collet marseillais ».

C'est une arnaque à la fois simple et sophistiquée, pratiquée en général le week-end. Voici comment elle fonctionne.

Vous insérez votre carte de crédit dans le distributeur, devant une banque, et vous appuyez sur les boutons appropriés. Rien ne sort. Pas de liquide – et, pire, pas de carte. Cependant, derrière vous, un inconnu amical attend son tour. Il vous apprend que ça arrive souvent avec ces machines, que les cartes sont toujours coincées. Essayez de taper une nouvelle fois votre code, vous suggère-t-il, en général, ça marche. Cette fois-ci, malheureusement non, et, comme on est dimanche, la banque est fermée. Tout ce qui vous reste à faire, vous dit-il, c'est de revenir lundi, quand il y aura à l'intérieur de la banque quelqu'un pour vous rendre votre carte. Comme vous n'avez pas envie de téléphoner pour annuler votre carte et entamer le fastidieux processus consistant à en obtenir une nouvelle, vous décidez de suivre le conseil de l'inconnu amical. Vous le remerciez et vous partez.

Hélas, le lendemain, quand vous revenez, votre carte a déjà été extraite de la machine. Mais pas par la banque : par l'inconnu amical, une fois que la voie s'est trouvée libre. Et ce n'est pas tout ! Sans que vous le remarquiez, il avait regardé par-dessus votre épaule, et mémorisé votre numéro de code. A cette heure, il a pu profiter de votre carte pendant vingt-quatre heures bien agréables, tirant du liquide, dînant, faisant un shopping d'enfer et, de façon générale, passant du bon temps, comme vous le constaterez sur votre prochain relevé.

Quand ça m'est arrivé, je n'ai pu m'empêcher d'admirer l'audace et la maîtrise technique requises pour effectuer un coup pareil. Plus tard on m'a dit que l'idée d'insérer du fil de fer dans le distributeur afin de bloquer la carte était une invention locale. Et donc, même si je suis certain que ça arrive partout dans notre monde sans pitié, en Provence, c'est cette pauvre vieille Marseille qui est montrée du doigt.

Conduite à la provençale

Il existe une différence notable entre les voitures de Provence et celles qui, brillantes et parfaitement astiquées, descendent chaque été de Paris, d'Allemagne ou de Grande-Bretagne. Les véhicules locaux – du moins la plupart d'entre eux – portent des cicatrices : un rétroviseur brisé (l'équivalent pour l'automobile de l'oreille en chou-fleur du boxeur), un pare-chocs tordu, un feu arrière cassé, des éraflures ici et là, des enjoliveurs manquants, parfois le pot d'échappement qui ballotte. Ce sont blessures honorablement gagnées sur les champs de bataille des routes étroites et des parkings bondés, et le conducteur en visite serait bien inspiré de passer au large de ces vétérans qui semblent avoir fait la guerre. Il ne faut pas plaisanter avec eux.

Ce n'est pas que le conducteur provençal soit moins doué ou plus agressif que les autres. C'est juste qu'il est impatient, pressé, et particulièrement optimiste lorsqu'il s'agit de jauger la taille d'une place de parking. Il aime s'insérer dans des fentes que des chauffeurs moins aventureux éviteraient et, s'il commet une erreur d'un ou deux centimètres dans l'estimation d'une place, il ne s'en étonne pas – eh bien, à quoi servent les pare-chocs, si ce n'est à parer les chocs ? En fait, il a une certaine vision de ce que doit être une voiture, une vision qui influe directement sur l'apparence de ladite voiture. De plus, sa technique au volant est souvent entravée par un handicap physique sur lequel nous reviendrons plus tard.

Mais pour commencer, comment voit-il sa voiture ? Non comme une extension de sa personnalité ou comme un reflet de sa fortune, de son statut social et de sa virilité, mais comme une boîte montée sur roues. Elle n'est pas censée attirer les regards admiratifs des étrangers, ni susciter de coups d'œil envieux de la part des voisins. Elle est censée transporter son contenu d'un endroit à un autre, de préférence avec le minimum de frais d'entretien. En d'autres termes, c'est un objet fonctionnel et, tant qu'il fonctionne, pourquoi en faire tout un plat ? Une bosse ici, une rayure là n'empêcheront pas la voiture de remplir son office, alors à quoi bon s'embêter et dépenser de l'argent en chirurgie esthétique ? (A moins, évidemment, qu'on ne puisse prouver que la bosse est la faute d'un autre conducteur, que c'est donc lui qui devra payer pour les réparations, auquel cas ça devient une priorité urgente de les effectuer.)

Cette attitude pragmatique devant le transport personnel est en partie responsable de l'apparence débraillée de tant de voitures et de petites camionnettes. Mais pas uniquement.

L'autre facteur, tout aussi important, tient à ce que l'équipement physique du conducteur provençal souffre d'un énorme manque. La nature, allez savoir pourquoi, ne lui a donné que deux mains, ce qui, visiblement, n'est pas suffisant pour diriger un véhicule, fumer une cigarette et mener en même temps une conversation. Que le chauffeur parle au téléphone, ou avec le passager à côté de lui, il ne peut le faire sans tout un attirail de gestes qui, en Provence, sont indispensables à toute communication verbale. Cela conduit parfois à des pertes de contrôle du véhicule, mais en l'absence d'une troisième main, qu'y faire ? Une éventualité menace : et si les autorités, encouragées par le succès d'une récente campagne contre l'alcool au volant, portaient leur attention sur l'effet dévastateur d'une discussion enflammée ? Les sanctions pour avoir conduit sous l'influence d'une conversation ne seraient peut-être pas aussi éloignées que nous le pensons.

Cours Mirabeau

C'était autrefois l'endroit le plus huppé d'Aix-en-Provence. Le comte de Mirabeau épousa l'aristocratique Emilie de Cove-Marignane au numéro 132 (et l'avenue prit son nom en 1876). La malheureuse Angélique Pulchérie de Castellane-Saint-Juers fut assassinée au numéro 10. Et Cézanne grandit au numéro 55, où son père possédait une chapellerie avant de devenir banquier.

Tout droit et de proportions merveilleuses, le cours Mirabeau suit la règle de Léonard de Vinci selon laquelle « une rue doit être aussi large que ses maisons sont hautes ». Le cours est protégé de la chaleur

de l'été par le dais d'ombre mouchetée fourni par de hautes rangées de platanes. De chaque côté, l'architecture est élégante. Au milieu, il y a des fontaines. Il n'est pas surprenant qu'on ait dit du cours Mirabeau que c'était la plus belle avenue de France, et malgré les horreurs que sont les magasins modernes, il a conservé néanmoins tout son charme.

Le cours fut tracé entre 1649 et 1651, sur l'emplacement des remparts médiévaux de la ville, et il reflète le goût obsessionnel de l'architecte pour le chiffre 4 et ses multiples. Il mesure 404 mètres de long, et 42 de large ; 44 platanes ont été plantés à des intervalles de 10 mètres ; les fontaines sont au nombre de 4. Et pourtant, lorsqu'on le parcourt d'un bout à l'autre, on n'a jamais l'impression de se trouver au cœur d'un projet strictement mathématique. Les arbres contribuent à adoucir les lignes droites, et les trottoirs sont sauvés de la rectitude par les cafés qui s'y étalent.

Tout cela vaut uniquement pour le côté nord. On a l'impression qu'il existe sur le cours Mirabeau une forme de ségrégation commerciale, et sur l'autre trottoir vous ne trouverez rien qui soit aussi accueillant et bon marché qu'une tasse de café. Là – sur le côté qui, de façon assez appropriée, est ombragé – se trouve le domaine des cabinets d'avocats, des banques, des agences immobilières, d'une pâtisserie chic et du tribunal de commerce, à l'entrée gardée par deux statues héroïques et musclées soutenant un balcon.

Les fontaines vont du grandiose au charmant. La première, et la plus grande, à l'extrémité ouest, est la Rotonde, véritablement monumentale : 12 mètres de haut, et un bassin de 32 mètres de diamètre. Mais malgré tout il n'y pas pas beaucoup d'espace libre, car, sur sa plus grande partie, la Rotonde est habitée. Au centre, on peut voir les statues de la Justice, du Commerce, de l'Agriculture et des Arts, qui apparemment ne s'entendent pas très bien, car chacune regarde dans une direction différente. S'ébattant autour du bassin se trouve un petit zoo de lions, de dauphins er de cygnes, ces derniers conduits par des anges avec sur le visage l'expression inquiète que comprendra quiconque a déjà voulu chevaucher un cygne. Et pour que tout ce joli monde reste bien au frais, l'eau du Verdon coule en un flux ininterrompu. (Je me suis souvent demandé comment les sculpteurs ont choisi les sujets de cette fontaine. Les lions et les dauphins sont bien représentés, mais un âne, un ours polaire, une pieuvre, une grenouille, un phoque ou même un lapin seraient les bienvenus.)

En remontant la rue, on arrive à la fontaine des Neuf-Canons, qui servait autrefois de bar aux moutons et aux chèvres. Les troupeaux venus d'Arles s'arrêtaient boire un coup avant de poursuivre leur voyage, et c'est pourquoi le rebord du bassin est si près du sol, une forme encore appréciée, les jours d'été, par les chiens bas sur pattes.

Pour avoir de l'eau bouillante, ou, du moins, de l'eau chaude, il y a la fontaine d'Eau chaude, hérissée de mousse, qui fournit à flot continu une eau à 18 °C. C'est de l'eau thermale, celle qui attirait les Romains à l'époque où Aix s'appelait Aquae Sextiae. Ses qualités curatives étaient impressionnantes. Elle encourageait la fertilité des femmes, elle guérissait les goitres et réduisait les grosseurs douloureuses des écrouelles.

J'ai décidé d'en prendre une dose. Sans trop savoir à quoi m'attendre, j'ai plongé les mains dans le liquide miraculeux et je l'ai goûté. La température était celle d'un bain tiède. Je m'attendais que le goût soit celui de médicaments puissants, et je fus déçu : pas de puanteur pétillante et sulfureuse, pas trace d'alchimie souterraine. C'était juste une eau chaude, plate, apparemment sans rien de remarquable. Cela dit, j'ai, depuis, régulièrement guetté des signes d'écrouelles, et les tests se sont avérés négatifs. Peut-être que ça marche vraiment.

Enfin, au sommet du cours, on trouve la fontaine du roi René, un beau mémorial dressé à un homme aimé de la postérité. C'est le bon roi René qui a introduit en Provence les dindes, le ver à soie et le raisin muscat. Il soutenait aussi les arts. C'était un roi éclairé s'il en fut. (Ainsi qu'un oncle particulièrement généreux : dans son testament, il lègue la Provence – en totalité ! – à son neveu Charles.) Il se dresse au-dessus de sa fontaine, une pile de livres à ses pieds, un sceptre dans une main, un grappe de raisin dans l'autre, les yeux baissés sur la longueur du cours à travers le vert tunnel des arbres. C'est l'un des plus beaux points de vue d'Aix. Une vue, comme le disent les gens du pays, faite pour un bon roi.

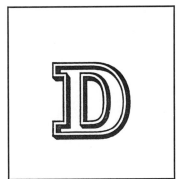

Daube à la provençale

Il est rare que le temps qu'il fait soit mentionné par une recette, ou inscrit sur un menu, et pourtant il contribue énormément au plaisir d'un plat. C'est un fait souvent négligé dans les villes, où les gens passent la plus grande partie de leur vie entre quatre murs et où l'air conditionné et le chauffage permettent un climat intérieur à peu près constant. A la campagne, pourtant, les choses sont différentes. Un de mes amis qui vit à Paris est persuadé qu'il y a plus de variations climatiques à la campagne qu'en ville. Si ce n'est pas le cas, c'est que cet ami est certainement plus conscient du temps quand il vient nous voir. Le vent, la pluie, le soleil, la neige – des éléments éphémères qu'il observe généralement à travers des vitres fermées ou qu'il voit à la météo de la télévision – deviennent soudain présents pour lui, face à face, en vrai. Il reconnaît que ces intrusions naturelles affectent son appétit, dont il affirme qu'il tend à décroître au fur et à mesure que la température augmente. (Même si, pour son déjeuner d'anniversaire, il insiste invariablement pour avoir un cassoulet, plat qui n'est pas le mieux adapté à la mi-août en Provence.)

Avant que le congélateur et la grande distribution n'aient rendu tous les aliments disponibles à peu près toute l'année, notre régime était très lié au climat. Des framboises à Noël ou un faisan en juin étaient des gâteries impossibles. On mangeait selon les saisons. On attendait la première asperge ; on endurait un été sans truffes, et l'attente nous les faisait trouver encore meilleures.

Même si aujourd'hui la Provence est assez bien équipée en congélateurs et en supermarchés, manger selon la saison est encore pour moi le meilleur moyen de manger : une cuisine plus légère au printemps et en été, plus lourde en automne et en hiver. Je trouve étrange que la daube à la provençale soit souvent servie par les restaurant locaux l'été (comme cet autre classique, les pieds et paquets), car j'y pense toujours comme à un plat pour temps froid, un plat solide et réconfortant, qu'on doit servir quand le vent commence à mordre et que le feu ronfle dans la cuisine.

Pour la daube, il nous faut du bœuf, coupé en gros morceaux et mariné pendant trois jours dans du vin rouge. Là-dessus, toutes les cuisinières sont d'accord. Mais elles divergent sur les détails : chaque cuisinière de Provence semble avoir sa recette personnelle. Mon épouse ne fait pas exception. Voici sa daube. Elle est très bonne.

Pour 6 à 8 personnes

2 kilos de bœuf
1 bouteille du meilleur vin rouge
1 gros oignon
2 grosses carottes
3 copeaux d'écorce d'orange
20 grains de poivre
3 cuillers à soupe d'huile d'olive
Quelques baies de genièvre
Clous de girofle/ une pincée de cannelle (facultatif)
Persil/thym/ 2 feuilles de laurier
2 grosses gousses d'ail
20 grammes de bacon en tranches
3/4 de tasse de cognac
1 boîte de purée de tomates

Prendre un grand fait-tout en fonte avec un couvercle, ou une daubière en terre cuite, faire mariner la viande pendant 48 heures dans le réfrigérateur, en la retournant de temps en temps jusqu'à ce qu'elle soit bien noircie.

Faire chauffer l'huile d'olive dans une poêle et faire sauter le bacon tranché. Puis ôter du feu et mettre de côté. Presser le bœuf, le faire sécher et le tremper dans une farine assaisonnée, puis l'ajouter à l'huile chaude. Continuer à tourner jusqu'à ce que la viande soit saisie, puis l'enlever avec une écumoire et la mettre sur un grand plat. (Faire ça par petites quantités afin que l'huile reste assez chaude pour saisir la viande, mais ne la cuise pas.) Faire ensuite sauter les légumes dans la même poêle avant de les mettre dans une casserole propre. Pendant ce temps, faire chauffer la marinade.

Remettre tout le bœuf dans la poêle du sauté, avec son jus. Verser le cognac et allumer, remuer la viande jusqu'à ce que la flamme s'éteigne. Remettre ensuite le tout dans la casserole avec la marinade, les légumes et le bacon. Ajouter la boîte de purée de tomates et mélanger.

Mettre au four à 170 °C pendant 30 minutes pour chauffer, puis baisser la température à 150 et faire cuire pendant 3 heures et demie à 4 heures – ou plus longtemps à température plus basse – jusqu'à ce qu'on puisse couper le bœuf avec une cuiller.

La cuisson finie, laisser reposer le plat au moins une nuit avant de le manger. Une fois refroidi, le mettre au réfrigérateur de façon à pouvoir ôter la graisse du dessus avant de le faire réchauffer. Faire chauffer lentement, et ajouter, selon le goût, des olives en tranches, des oignons en partie cuits, un supplément de bacon tranché, des cèpes, une bonne cuillerée de moutarde, ou un peu de tapenade – les variantes sont infinies.

Ça se congèle très bien.

Les véritables amateurs de *daube* doivent penser à garder un fait-tout – une daubière spéciale – juste pour ce plat. En Provence, une daubière est, par tradition, un fait-tout profond en terre cuite, et dans les meilleures cuisines il n'est jamais lavé après usage.

On le fait sécher au-dessus d'une plaque ou d'une flamme, ce qui transforme les restes de daube en une fine croûte qui imprègne la terre cuite. Ainsi l'esprit de la vieille daube ajoutera à la saveur des daubes à venir, un procédé évolutionniste qui inquiète quelques cuisinières férues d'hygiène. Accoutumées qu'elles sont à l'acier inoxydable, leur instinct les pousse à gratter une daubière bien culottée. Quelle honte !

Dégustations

De temps en temps, même en Provence, le soleil se cache, les nuages s'amassent, et la lumière est réduite à un gris terne et maussade digne de Paris. C'est lors de journées pareilles que les hôtes de la maison, privés de leurs heures nonchalantes au bord de la piscine, tendent à avoir la bougeotte et à devenir nerveux. « Vous faites quoi, *vous*, quand il fait ce temps ? », demandent-ils.

Autrefois je suggérais la lecture, jusqu'au moment où l'évident manque d'enthousiasme de mes visiteurs m'apprit que ce n'est pas ce qu'ils souhaitaient : ils voulaient quelque chose de plus actif, de plus provençal, de plus typique des vacances – quelque chose, en d'autres termes, qu'ils ne pouvaient pas faire chez eux. Ainsi, pas question de lire.

Il y eut ensuite une période où la distraction la plus courante pour tuer une journée morose consistait à visiter les maisons des autres. Le prétexte invoqué était que l'on inspectait ces propriétés en vue d'en acheter une, et les agents immobiliers locaux, optimistes s'il en fut, étaient naturellement ravis de rencontrer des clients potentiels. Malheureusement, une fois retrouvée la vie de tous les jours, l'idée d'acheter une place au soleil était soit retardée, soit abandonnée... sauf par les agents immobiliers qui continuaient à nous bombarder de détails sur des propriétés qu'il fallait absolument qu'on visite pour nos amis, tant elles étaient en tous points parfaites. La goutte d'eau qui fit déborder le vase fut le fait d'un ami dont nous étions certains qu'il avait des intentions sérieuses. Il nous avait dit qu'il cherchait une petit hameau en ruine, isolé et à restaurer. Après trois mois de recherches, nous avons fini par en trouver un. Nous avons appelé notre ami à Londres pour lui apprendre la bonne nouvelle, et nous nous sommes rendu compte qu'il avait complètement oublié son hameau provençal et venait d'acheter une maison dans le Wiltshire.

Aujourd'hui, devenu plus sage et plus prudent, je crois avoir découvert la solution au problème de l'occupation des invités par un jour de grisaille : une dégustation ou, mieux, plusieurs dégustations. Nous avons la chance de vivre dans une région riche en vins et en vignerons. Les vins des côtes du Luberon, des côtes du Ventoux, des côteaux d'Aix sont à notre porte, et les trésors de la vallée du Rhône – le condrieu, l'hermitage, le rasteau, et bien d'autres encore – ne sont pas loin en voiture. Parmi cet énorme choix se trouvent des vins de qualité et de prix divers, depuis les vins de table et les petits vins locaux trouvés dans les caves coopératives jusqu'aux crus élégants de Châteauneuf. En tout cas, c'est plus que suffisant pour satisfaire la plupart des goûts et des portefeuilles.

Un tour des vignobles offre des satisfactions esthétiques et sociales, sans compter le bonus en alcool. Des vins bien conservés sont toujours un plaisir pour la vue, et l'architecture et les jardins, même ceux des châteaux les plus mineurs, sont souvent fascinants. (Evidemment, il arrive que les dégustations se déroulent dans des garages plutôt que dans un domaine seigneurial, mais la variété fait partie du charme de telles expéditions.)

Au fil des années, je me suis aperçu que les hommes et les femmes qui font le vin sont, presque sans exception, des gens extrêmement sympathiques. Après tout, leur travail relève de l'hospitalité, et le simple fait de remplir un verre de vin pour un étranger est le plus agréable des accueils. De là, il n'y a qu'un petit pas à franchir pour en arriver à la conversation. Dans certains cas, ça peut se terminer en amitié. Et, à tout le moins, on est assuré d'une demi-heure éducative et conviviale. Quant aux vins que vous allez goûter – étudiant leur robe, inhalant leur bouquet, avalant ou crachant, au choix –, ils peuvent être fruités et doux, ou sombres et puissants, mais ils seront rarement dépourvus d'intérêt.

On effectue facilement trois ou quatre dégustations dans un après-midi. D'après notre expérience, les invités reviennent à la maison dociles et de bonne humeur, leur voiture remplie de bouteilles, ayant oublié l'ennui d'une journée sans soleil. Mais il est absolument essentiel qu'un membre du groupe – un antialcoolique, ou quelqu'un capable de se réfréner – soit seul à conduire et ne déguste jamais. Il fut un temps, m'a-t-on dit, où, pour un chauffeur, la limite d'alcool autorisée correspondait à un apéritif, une demi-bouteille, et un digestif. Mais ce temps-là est bien fini...

Desserts (les treize)

Le glouton ingénu qui se pourlèche les babines à la pensée de treize desserts sera surpris, et peut-être un peu déçu, lorsqu'il trouvera disposées sur la table ces gâteries typiques de la Provence. Au lieu des modernes extravagances sucrées en Technicolor, meringues, cakes, gâteaux, tartes et chocolat sous toutes les formes imaginables, notre glouton verra une exposition plus sobre, sans crème brûlée ni profiteroles.

Il s'agit du plat final du « gros souper », qui, en Provence, est le repas le plus important de l'année, la veille de Noël. Il est peut-être *gros*, mais il n'est pas *gras*. Il n'y a pas de viande au menu. Le premier plat consiste en poisson, en général de la morue, avec éventuellement un peu d'aïoli et quelques escargots, prélude savoureux au principal événement gastronomique de la soirée, qui vient ensuite.

Symbolisant Jésus et ses douze apôtres, les treize desserts sont essentiellement des fruits et des fruits secs. Une sélection typique comprendrait des fruits frais – pomme, poire, orange, grenade –, des fruits secs – noix, noisettes, amandes, pistaches – et des fruits séchés – figues, dattes, raisins de Corinthe. (On les appelle les « mendiants », car leur couleur évoque celle des vêtements portés par certains ordres monastiques.) Puis viennent deux sortes de nougats, du blanc et du noir, des pâtes de fruits, des confitures, des fruits confits, et enfin la « pompe ». Son nom complet est « pompe à l'huile », ou *gibassier*. Il s'agit d'un pain plat fait avec de l'huile d'olive, de la fleur d'oranger, de l'eau et du sucre, qu'on trempe dans un vin doux avant de le manger.

Toutefois, avant de déguster ces treize desserts, on s'habille chaudement et on sort dans la nuit pour célébrer, comme tout bon Provençal, la messe de minuit.

Dictons

La langue française classique, telle qu'elle est préservée par les immortels de l'Académie française, est sans aucun doute très belle, et c'est un plaisir pour l'oreille. Mais je dois reconnaître que j'aime beaucoup le langage moins formel entendu dans les rues, dans les cafés, et partout où se réunissent les simples mortels. Il n'est sans doute pas toujours grammaticalement correct ni du meilleur goût, mais il peut être coloré, drôle, et parfois plein de sagesse. Par-dessus tout, j'aime les vieux proberbes et les mots peu usités spécifiques d'une région. La Provence en a plus que sa part. Voici quelques-uns de mes préférés.

Bon avocat, mauvais voisin. Un sentiment universellement partagé. Ça me rappelle l'histoire de l'avocat qui tombe d'un yacht dans une mer infestée de requins. Il remonte sans une égratignure. Alors qu'on lui demande comment il se fait que les requins ne l'aient pas touché, il répond : « Question de courtoisie entre collègues. »

Parler pointu. Parler avec un accent affecté ou bizarre (c'est-à-dire non provençal).

C'est un vrai cul cousu. Se dit de quelqu'un qui a le malheur d'être dépourvu de sens de l'humour, incapable de se détendre, et qui devient donc un poids en société. Dans le nord de la France, on l'appellerait sans doute un « pisse-vinaigre ». En Amérique, on dirait un cul serré.

Donner un coup de pied à l'armoire. Une manœuvre effectuée lorsqu'on veut paraître à son avantage : un bon coup dans une armoire, si on vise bien, permet de sélectionner les vêtements les plus luxueux et qui vous vont le mieux, c'est bien connu !

Se toucher les cinq sardines. Se serrer la main.

Partir comme un pet. Partir à une vitesse peu ordinaire, aussi rapidement qu'un pet.

Bon pour le 54. Une expression qui trouve son origine à Marseille, où la vieille ligne de tram 54 s'arrêtait à l'hôpital spécialisé dans les troubles mentaux. De quelqu'un qu'on trouve complètement fou – quelqu'un qui a le malheur de ne pas être d'accord avec vous, par exemple –, on peut donc dire qu'il a droit à un siège dans le tram 54.

Pomme d'amour. Lorsque la tomate, découverte en Amérique chez les Aztèques, est arrivée en Europe au XVIe siècle, on lui prêtait des qualités aphrodisiaques. Naturellement, il lui fallait un nom suffisamment romantique et on l'appela « pomme d'amour », avant qu'elle ne soit rebaptisée comme bonne vieille tomate. Selon ma spécialiste locale en légumes, cette appellation perdure. « Dans le nord, ils cultivent des tomates, me dit-elle. En Provence, nous, on cultive des pommes d'amour. »

Maigre comme un stoquefiche. Vraiment maigre, comme un hareng ou un poisson séché (*stockfish*).

Tafanari. Mot provençal utilisé pour décrire le postérieur, surtout un postérieur de bonnes proportions. Un *tafanari* vraiment substantiel et plantureux est parfois comparé à l'Arc de triomphe monumental de la porte d'Aix, à Marseille. On peut dire aussi : « Il a le cul comme cent limaces », description pittoresque, même si un postérieur de la taille de cent limaces est difficile à imaginer.

Sourd comme un toupin. Sourd comme un de ces pots en terre cuite propres à cent usages qu'on trouve dans les vieilles cuisines provençales. Plus au nord, on dirait « sourd comme un pot ».

Retourner les chaussettes, c'est mourir. Je ne suis pas parvenu à comprendre pourquoi on a choisi les chaussettes pour ce triste euphémisme. Pourquoi pas les bottes, la veste, le corset, le chapeau ? Ça a peut-être un rapport avec les pieds froids qui vont avec la mort.

Le bon Dieu endormi. Si un homme a un coup de chance totalement immérité, ses voisins envieux décident que Dieu était à moitié endormi à ce moment-là. (Si le coup de chance vous arrive à vous, évidemment, c'est parce que Dieu était bien réveillé.)

La terre couvre les fautes des médecins, expression similaire au dicton anglo-saxon : « L'opération a été un succès. Malheureusement, le patient est mort. » Il semble que les médecins, comme les avocats, doivent accepter la diffamation comme faisant partie de leur travail quotidien.

Pour finir, la pingrerie. De quelqu'un qui répugne à sortir son portefeuille, on dit qu'il a des *oursins dans les poches.* Un vrai radin est *généreux comme une noix serrée.* Et pour l'avare ultime : « *S'il me vendait des œufs, je croirais qu'il a enlevé les jaunes.* »

Et maintenant un mot d'avertissement. Certains de ces dictons doivent être utilisés avec précaution. Mieux vaut toujours connaître quelqu'un avant de l'insulter.

« Divin marquis » (le)

Lacoste est l'un de ces nombreux villages très photographiés perchés sur les collines entre Cavaillon et Apt. Il offre des vues magnifiques sur la vallée en direction des pentes du Luberon, au nord, et l'on y trouve des rues pavées de galets, des maisons charmantes et un beau clocher. Les coins pittoresques abondent. Il y a aussi une carrière juste en dehors du village, bien placée pour ceux qui ont besoin de piliers, de tourelles ou d'arcs de triomphe en calcaire pour leurs résidences secondaires. Mais il ne fait aucun doute que Lacoste est surtout connu parce que Donatien Alphonse François, marquis de Sade, a vécu une grande partie de sa vie ici, dans le château qui domine le village.

Construit au XIᵉ siècle, ce château est passé en 1710 dans la famille de Simiane. Près de soixante ans plus tard, Donatien Alphonse en a hérité de son père, ce qui n'aurait pas pu mieux tomber. A Paris, le jeune marquis commençait à avoir toutes sortes de problèmes, et Lacoste lui donnait un asile, un endroit où il pouvait échapper à l'attention des hommes de loi et à celle des parents scandalisés de son plaisir à violer des vierges.

Ne différant en rien des réfugiés d'aujourd'hui qui quittent la ville pour trouver en Provence une existence plus calme, Sade vit que sa résidence à la campagne pouvait être très améliorée et décida d'y effectuer quelques travaux. Grâce essentiellement à l'argent de sa femme, il transforma le château selon ses termes en un « aimable édifice » de quarante-deux pièces, avec une chapelle privée et un théâtre où il mettait en scène ses propres pièces. On imagine les séances de casting.

L'idylle rurale de Sade prit fin en 1778, quand il se retrouva en prison. On l'accusait notamment d'avoir empoisonné une prostituée, d'avoir distribué des « bonbons aphrodisiaques » à des servantes peu méfiantes, et bien pire encore. Et pourtant, en dépit de ses débauches frénétiques, souvent on parle aujourd'hui de lui comme du « divin marquis ».

Ça m'a toujours étonné. De tous les adjectifs qu'on pourrait utiliser pour qualifier Sade et sa vie, « divin » n'est pas celui qui vient immédiatement à l'esprit. Mes recherches m'ont conduit tout d'abord à la faculté de lettres de l'université de Paris. Le professeur Laurence Campa, très serviable, me fit remarquer que le « divin marquis » est une expression utilisée par le poète Guillaume Apollinaire en 1909 dans son introduction à une anthologie des écrits de Sade. Le professeur Campa me dit aussi, cependant, que cette expression existait probablement déjà avant.

Des recherches plus poussées, cette fois dans quelques œuvres de Sade, me donnèrent un autre indice. Dans *Les Cent vingt Journées de Sodome* et

La Philosophie dans le boudoir, dans *Juliette* et dans *Justine*, le mot « divin » revient sans cesse. Sade parle du « plus divin des derrières », de « divin plaisir », « divin inceste » et d'une grande variété d'autres activités et parties du corps « divines ». Il s'agissait visiblement de l'un des mots préférés de l'écrivain, et il a dû déteindre sur lui.

Qu'est-il advenu de son château ? Une partie est encore debout, donnant à Lacoste son horizon caractéristique, mais la demeure n'est plus qu'un squelette, lugubre, et même sinistre. Le château a été incendié pendant la Révolution et pillé par les habitants de la région, qui en ont pris les pierres pour construire des bâtiments plus modestes. Ce qu'il en reste appartient maintenant à Pierre Cardin.

Drailles

Quand on marche régulièrement à travers les collines et les forêts de Provence, il arrive qu'on tombe sur des vestiges de voies de circulation rurales – des chemins enfouis sous la végétation, mais encore discernables, qui semblent aller de nulle part à nulle part. Ce sont des *drailles*, les routes autrefois utilisées par les troupeaux de moutons et de chèvres lors de leur exode annuel, quand ils cherchaient à échapper à la chaleur des plaines pour passer l'été dans les pâturages plus élevés et plus frais de Haute-Provence.

Le cours sinueux de ces chemins, pleins de méandres, apparemment sans but, est dû en partie au relief du pays, et en partie à d'anciennes frontières. Les grands seigneurs de Provence n'étaient pas hommes à accueillir gentiment des envahisseurs qui risquaient de dévorer tout ce qui leur tombait sous les yeux, et les peines subies étaient sévères – jusqu'à la peine de mort – si on pénétrait sur un territoire interdit. En conséquence, le berger prudent s'assurait que son troupeau ne déviât jamais de son chemin.

Parfois, ce devait être un cauchemar. Un document de juin 1753 raconte avec précision qu'un troupeau de 15 809 moutons traversa la Durance afin de gagner ses pâtures estivales. On se demande comment ceux qui comptaient les bêtes réussirent à rester éveillés, et comment diable on a pu persuader cette énorme masse vivante de ne pas s'écarter du chemin tracé.

Pour des troupeaux de cette taille, on avait, évidemment, un système. Une équipe de bergers, travaillant sous les ordres d'un *bayle*, le berger en chef, étaient placés à intervalles réguliers sur toute la longueur du troupeau. Les moutons étaient répartis en groupes de trente têtes, et le trentième de chaque groupe portait une clochette pour faciliter le décompte. C'est ainsi que l'encombrante procession se mettait en route, cliquetante, plus ou moins bien groupée. Il est difficile de dire si cette formation durait tout le trajet, et encore plus difficile de savoir ce qui se serait passé si, à l'arrivée, on n'avait plus compté que 15 808 bêtes.

Dumas et ses melons

Les melons de Cavaillon sont sans doute les melons les plus appréciés de France. Ils « charment la gorge et rafraîchissent l'estomac », selon un admirateur doué pour la poésie. Il n'était pas le seul homme de lettres à apprécier leurs juteuses vertus. Alexandre Dumas, écrivain dont la prodigieuse fécondité était de temps en temps interrompue par le besoin de se nourrir, avait pour eux une telle passion que, en 1864, il passa un accord avec le maire de Cavaillon : des livres contre des melons. Dumas avait entendu dire que la bibliothèque de Cavaillon n'était pas assez riche pour acheter ses livres, et il fit don à la ville des cent quatre-vingt-quatorze volumes qu'il avait écrits alors. Mais ce n'était qu'un début : un très grand nombre d'autres devaient suivre. Il ne demandait en retour qu'une modeste indemnité annuelle, une douzaine de melons par an. Ils lui furent ponctuellement envoyés jusqu'à sa mort, en 1870.

Mais qu'advint-il de ses livres ? Les cent cinquante ans qui ont passé depuis lors ont vu deux guerres mondiales, et d'innombrables bouleversements. La collection de Dumas a-t-elle survécu ? Est-elle rangée dans une vitrine, conservée dans un grenier, ou cachée dans la bibliothèque privée d'un baron local du melon ? Un coup de téléphone à la bibliothèque municipale de Cavaillon m'apprit que les livres – ceux qui avaient survécu, tout au moins – étaient encore dans les archives et pouvaient être consultés sur demande. Et donc, un beau matin d'octobre, je me suis présenté à Mme Mignon, responsable des archives. Elle a sorti les livres de leur lieu de repos afin que je puisse les parcourir.

Il y en avait cinquante-quatre en tout, soigneusement rangés dans un grand carton. En me penchant juste au-dessus, je sentis l'odeur des vieux livres, un parfum légèrement musqué qui me rappela les après-midi de pluie de mon enfance, passés à lire des livres aux pages cornées découverts dans le grenier.

Mme Mignon m'a expliqué que les livres de Dumas n'étaient pas des éditions coûteuses, mais l'équivalent pour le XIXe siècle des éditions bon marché d'aujourd'hui.

Dès le premier coup d'œil, je vis qu'ils faisaient honte aux modernes livres de poche. Tous avaient des couvertures en carton épais ; les pages étaient cousues et non collées ; et la plupart d'entre eux étaient reliés en cuir, avec le titre gravé en lettres d'or fanées. Tous étaient, ce qui n'avait rien de surprenant, ce qu'un marchand de livres aurait décrit comme « légèrement piqués », montrant des signes de l'âge : des pages marbrées et un peu ondulées, tachées de brun et cassantes sur les bords. Mais, même dans cet état, il s'agissait d'une collection qu'aurait convoitéee tout amoureux des livres.

M. Guis, le maire de Cavaillon à cette époque, était visiblement conscient de son devoir d'accorder aux livres de Dumas le respect qu'ils méritaient. Soigneusement collées à l'intérieur de chaque volume se trouvaient des instructions destinées aux lecteurs, leur demandant de traiter les volumes avec soin. *Ne pas corner les pages. Ne pas écrire dans les marges. Demander un marque-page au bibliothécaire.* Malheureusement, il avait omis de préciser *Ne pas garder ce livre*, et la plus grande partie de la collection n'est jamais revenue à la bibliothèque.

Dumas déclara un jour : « L'Histoire est un clou auquel je suspends mes romans. » On dit souvent de lui qu'il est l'inventeur du roman historique. La page « du même auteur » est dense. *Le Comte de Monte-Cristo* et *Les Trois Mousquetaires*, bien sûr, mais aussi *La Dame de volupté*, *Les Frères corses* et *Les Mohicans de Paris*.

Dumas voyageait beaucoup à l'étranger, et ne pouvait s'empêcher d'écrire sur ce qu'il voyait. La Suisse, les bords du Rhin, un voyage de Paris à Cadix, le Caucase sont le sujet d'autres livres. Florence, en particulier, semble lui avoir énormément plu, lui inspirant non seulement *Une année à Florence*, mais aussi le roman *Une nuit à Florence*. A la fin de sa vie, il écrivit aussi un *Grand Dictionnaire de cuisine*. Comment il a trouvé le temps et la force d'être aussi productif, Dieu seul le sait. J'aime à croire que les melons de Cavaillon l'y ont aidé.

Eau-de-vie

Au cours de leur voyage long et parfois traumatisant de la vigne au vin, les raisins passent par l'« égrappoir », qui enlève les tiges et ouvre les grains avant qu'ils ne parviennent dans la cuve. Suit une période de macération et de fermentation, et la rencontre écrasante avec le pressoir. Enfin le vin nouveau est tiré, laissant un épais résidu pulpeux, presque solide, constitué de peaux de raisin et de pépins : le marc. Ce n'est pas très beau à voir, et il est difficile d'imaginer qu'on puisse s'en servir autrement que comme engrais. Mais il reste encore un peu de jus dedans, et une fois qu'il a été distillé il se transforme en eau-de-vie, ou, plus précisément, en eau-de-vie de marc.

Ce n'est pas une surprise : l'occasion de fabriquer un produit toxique à partir des restes des vendanges était, pour beaucoup de vignerons, beaucoup trop tentante pour être négligée. On avait, c'est vrai, besoin d'un alambic pour distiller le marc et le transformer en eau-de-vie, mais si on n'en avait pas un à soi, il y avait toujours l'alambic ambulant. C'était une sorte de brouette alcoolique qui allait de ferme en ferme, distillant sur son chemin, et laissant sans aucun doute derrière elle une traînée de visages réjouis.

Nombre de paysans avaient leur propre alambic, et certains l'ont encore. Mais uniquement dans un but décoratif, vous diront-ils, et pas – *absolument pas* – pour leur usage personnel. La raison pour laquelle ils prennent la peine d'établir ce distinguo date de 1916, année où le gouvernement, flairant une source de revenus inexploitée, se mêla de la distillation, et fit passer une loi la réservant à des entreprises publiquement enregistrées, comme les coopératives. L'alambic ambulant fut mis à la retraite et il ne fut plus nécessaire – tout au moins officiellement – d'avoir un alambic dans sa remise.

Malgré ces origines rien moins qu'élégantes, la famille des marcs a quelques branches aristocratiques, comme le marc de Champagne, le marc de Bourgogne, le marc de Châteauneuf. Il existe un cousin de province moins connu, le marc de Provence, et tandis que j'écris ces lignes j'en ai un petit verre devant moi. C'est une boisson roborative : elle contient 50 % d'alcool, plus que le cognac, le whisky ou le gin. Il s'agit d'un liquide couleur d'or pâle, et très légèrement huileux, dont la surface a un aspect luisant. Le déguster procure une série de sensations qui vont en décroissant. D'abord, un hoquet involontaire lorsque le premier choc du marc atteint le palais, suivi d'un flamboiement dans la gorge, puis un final chaud et persistant qui se répand dans tout le haut du corps. On a l'impression distincte que rien, aussi solide que ce soit, ne peut permettre à une gorgée de marc d'atteindre sa destination au fond de l'estomac. Son pouvoir de pénétration explique pourquoi le marc ponctue souvent un repas long et copieux, suivant la théorie selon laquelle quelques gouttes prises entre les plats vont creuser un trou, et contribuer à dégager la voie pour les plats à venir. J'ai essayé : ça marche !

Le marc a aussi d'autres usages. Si vous souffrez d'une égratignure, d'un piqûre ou d'une morsure, c'est un puissant désinfectant externe. Une dame du village m'a dit que ça nettoie aussi très bien les vitres tachées de gras.

Ecrivains

En tant que source d'inspiration, la Provence a été plus que généreuse pour les peintres. La lumière scintillante, les villages couleur de miel, les couchers de soleil ostentatoires, les oliveraies et les régiments de platanes – tout cela, et bien d'autres choses, ont donné lieu à des croquis et des eaux-fortes, à des toiles, des aquarelles et des photographies exposés dans les galeries d'art et célébrés dans de grands et gros livres.

Les écrivains, même s'ils ne bénéficient pas de la reconnaissance immédiate qui consiste à voir leur œuvre accrochée au mur d'un collectionneur, ont été également inspirés par la Provence. Voici une liste courte, mais révélatrice : Mistral, Daudet, Bosco, Giono, Pagnol, Ford Madox Ford, Camus, Char, Durrell. Tous ont trouvé en Provence quelque chose qui les a aidés à surmonter l'angoisse quotidienne de l'écrivain : la confrontation avec la page blanche.

Quoi donc ? Il y a sans doute autant de théories que d'écrivains. Personnellement, je n'essaierais pas de préciser ce qui a enflammé les autres, surtout des écrivains d'une telle qualité. Mais de façon générale, il n'est pas difficile de voir que la Provence encourage celui qui a la chance − ou le malheur − d'être dévoré du besoin d'écrire.

D'abord, il y a le vaste réservoir que constitue le passé de la Provence, plus de deux mille ans d'histoires et de mythes, sanglants, romantiques, tragiques, comiques, bizarres. De grandes batailles, comme la victoire de Marius, le général romain, une centaine d'années avant Jésus-Christ, au cours de laquelle deux cent mille Teutons furent massacrés et laissés sur place dans les champs à l'est d'Aix, dans une zone connue sous le nom macabre des « Pourrières », ce qui signifie les « champs de rouille ». De belles histoires d'amour (entre deux tueries) depuis l'époque médiévale, où les cours d'amour fleurissaient dans Les Baux. Et aussi des accès de piété, d'art et de crime entre 1309 et 1377, époque où la papauté était installée à Avignon, attirant tant de parasites peu recommandables que Pétrarque décrivit la ville comme le « cul-de-sac des vices, l'égout de la terre ». En se penchant sur les siècles passés, on y trouve suffisamment de matière pour des centaines de livres nouveaux, même si des centaines ont déjà été écrits.

L'idée reçue selon laquelle les écrivains passent leur journée dans l'introspection, à fouiller leur imagination ou à rechercher leur muse, est, bien sûr, en partie vraie. Mais il y a cependant des moments où l'écrivain le plus appliqué se fatigue de son paysage intérieur, et a besoin d'une bouffée d'air extérieur, d'un changement de rythme mental, d'un petit stimulant pour ses fluides créatifs. La Provence, plus que tout autre endroit que je connaisse, peut lui apporter tout cela, sous différentes formes, dont la première est la nature.

Parfois, il m'arrive de trouver l'écriture plus difficile que d'habitude. Les mots extirpés au prix de tant d'efforts meurent sur la page comme des insectes aplatis, et j'ai l'impression que je serai incapable d'atteindre la fin de ma phrase sans buter sur la ponctuation. Ce n'est pas vraiment le blocage de l'écrivain, mais une sorte d'ennui. Heureusement, il existe une cure : deux ou trois heures de marche à travers les collines où, la plupart du temps, j'ai toute la campagne pour moi. L'heureuse combinaison de l'exercice physique, du soleil, de la solitude et d'un paysage magnifique ont un effet si tonique que je peux revenir à mon travail et attaquer de nouveau l'alphabet, si ce n'est avec confiance, du moins avec un optimisme renouvelé.

Pour une inspiration plus vivante, il y a le café, un paradis pour les observateurs et les indiscrets. Je doute qu'il soit dans la personnalité provençale de parler à voix basse, sauf quand la conversation porte sur les impôts. Mais pour presque tous les autres sujets, depuis les petits bobos jusqu'au charme de la fille derrière le bar, ou discute à plein volume, suffisamment fort pour être entendu à trois ou quatre tables de distance. Les histoires du village, les querelles, la perfidie des voisins, le prix des melons, les bizarreries des étrangers, la politique du maire : le café est une mine pour qui s'intéresse aux détails de la vie en Provence. Et visuellement les conversations sont animées, agrémentées de clins d'œil, de hochements de tête, de haussements d'épaules, de moues, d'expression d'étonnement ou de colère, accompagnées, souvent, de manifestations plus ou moins spectaculaires de langage corporel. Cela aussi est précieux à un écrivain, car ces mimiques de toutes sortes peuvent être volées à leurs propriétaires et adaptées à des personnages de fiction. Deux heures dans un café, à faire semblant de lire le journal, sont toujours deux heures utiles.

Il y a aussi l'avantage de la distance, qui offre une bonne dose d'isolement. La Provence est loin des maisons d'édition. Un éditeur impatient basé à New York, Londres ou Paris ne peut pas arriver impromptu pour vérifier si les pages tant attendues ont bien été écrites. L'e-mail, pour ceux qui en ont, est plus facile à ignorer qu'un coup frappé à la porte, et les fax aussi. Et on peut couper le téléphone, ce qui permet à l'écrivain installé en Provence d'exercer en paix son talent de procrastination.

Enfin, les occasions de plaisir déguisées en travail sont presque sans limites. La quête de l'inspiration m'a conduit à des caves à vin, à des chasses à la truffe, à des meules à olives, à des concours de grenouilles et à des élevages d'escargots, à des chapelles cachées dans de grands châteaux, à des tournois de boules, à des carrières de pierre, à des cimetières, à des plages *topless*, à des musées excentriques et, je dois le reconaître, à beaucoup, beaucoup de restaurants. Certains appelleront ça de l'épicurisme. Moi, j'appelle ça de la recherche, associée à un réel plaisir.

« Eh bé », « Hé bé », « Bé oui », etc.

La première fois que je suis venu en Provence, une expression du lexique local m'a rendu perplexe pendant des mois : « Eh bé », ou peut-être « Hé bé ». Je l'entendais tous les jours, parfois abrégée en « bé » et parfois allongée en « Hé bé oui ». Que voulait-elle dire ? Qu'est-ce que c'était, un *hé bé* ? Même si elle semblait revenir toutes les cinq minutes dans la conversation, je ne la voyais jamais écrite. Lorsque j'ai consulté un dictionnaire, c'était donc sur une base phonétique plutôt floue. J'ai commencé par *aibay*, puis *heybay*, puis *ebay*, sans comprendre que l'expression était en deux mots. Le dictionnaire ne me fut d'aucun secours.

L'illumination m'est enfin venue, comme souvent, au cours d'une conversation au café. En entendant le troisième « hé bé » de la matinée, j'ai demandé qu'on me l'épelle, ce qui fut aussitôt fait, avec les accents et tout, au dos d'un rond de verre de bière. Puis mon instructeur, un des serveurs du café, me le traduisit. « Hé » est la version provençale de « hein », qui est utilisé dans le reste de la France comme une interjection à tout faire, ou un point d'interrogation sonore (comme dans « Vous avez aimé le soufflé aux escargots, *hein* ? »). Quant à « bé », c'est tout simplement une abréviation de « bien », qui possède à peu près le même usage vague et divers. Selon l'inflexion, la phrase change de sens, passant de la certitude, à l'hésitation, de la surprise à la résignation. Ça ne veut pas dire que « bé » a remplacé « bien », qu'on entend souvent, avec des prononciations différentes : en Provence, on préfère « bieng » aux versions nordiques, plus fermées.

Escargots

Vous ne serez pas étonnés d'apprendre que la France possède actuellement le record mondial de consommation d'escargots : 25 000 tonnes environ par an. La demande est si grande qu'on doit en importer plusieurs tonnes – de Turquie, de Grèce, de Hongrie, de Taiwan et d'Indonésie –, et je suis surpris qu'un pays si fier de sa gastronomie permette une chose pareille. Pourquoi n'existe-t-il pas un service de marketing des escargots, afin que le pays suffise à tous ses besoins en escargots, et encourage leur reproduction par des aides de l'Etat ? Où sont les nababs de l'escargot, dont la cote de popularité viendrait juste après celle des grands chefs et des footballeurs ? Et qu'en est-il des projets pour cette excitante annonce annuelle : « L'escargot nouveau est arrivé » ?

Peut-être verra-t-on un jour quelques progrès dans ce domaine. En attendant, l'escargot français prospère au moins dans deux régions. En Bourgogne, on trouve l'*Helix pomata*, ou « gros blanc », une créature charnue, le plus gros escargot qu'on puisse voir. Et, en Provence, l'*Helix aspersa muller*, plus petit et, dit-on, plus savoureux que son cousin bourguignon. L'escargot provençal est souvent appelé le « petit-gris » (quoiqu'il soit de couleur brune), et constitue une spécialité locale depuis des milliers d'années. Les fouilles archéologiques autour de Forcalquier, en Haute-Provence, ont montré qu'il existait des élevages d'escargots à l'époque mésolithique (11 000 ans avant J.-C.).

Après ce début prometteur, les escargots ont continué à tenir leur place jusqu'au XVIe siècle, où ils ont entamé un long déclin, disparaissant des livres de cuisine, des recettes et des restaurants. Il n'y a pas d'explication à cela, en dehors de la théorie selon laquelle les escargots en étaient arrivés à être considérés comme une nourriture de pauvres (c'est le cas des huîtres en Angleterre), et donc indignes des tables plus raffinées. Quelle que soit la raison, il y eut une période d'environ deux cents ans pendant laquelle aucun gourmet qui se respecte n'aurait admis un escargot dans son assiette.

Ça a bien changé depuis. Vers le milieu du XIXe siècle, l'escargot a connu une renaissance, en grande partie grâce aux brasseries, qui, à Paris, devenaient de plus en plus à la mode. Souvent, les escargots étaient servis « à la provençale », avec une farce constituée d'ail, de persil et de beurre. Plus tard, cette recette parut aux Bourguignons assez bonne pour qu'ils l'adoptent. Sans aucune vergogne, ces rascals en ont changé le nom en « escargots à la bourguignonne ». Les Provençaux ont répliqué en bricolant leur recette originale, ajoutant de petits cubes de jambon, des anchois écrasés et de la purée d'oseille. La guerre des sauces continue. Aujourd'hui encore, il n'est pas conseillé de se mêler d'une discussion entre Bourguignons et Provençaux amateurs d'escargots.

Depuis son triomphe parisien, l'escargot n'a jamais régressé. Il a pour lui beaucoup d'avantages. Comme il est de la taille d'une bouchée, il est facile à manger. Il se garde bien, sans soins particuliers, et j'en ai pour preuve l'histoire de M. Locard, qui conserva dans sa garde-robe (Dieu sait pourquoi !) un seau d'escargots pendant dix-huit mois avant de les manger. Et d'un point de vue nutritionnel, l'escargot est très sain, peu gras, et riche en azote. En ce qui concerne le goût, il faut se laisser guider par une règle simple : c'est la sauce qui fait l'escargot. Sans sauce, l'escargot, comme c'est le cas de beaucoup de poissons, est fade – à moins qu'il n'ait été élevé selon un régime à base de thym et d'herbes sauvages.

L'idée, d'un escargot naturellement pré-assaisonné, né et élevé, comme les agneaux de Sisteron, au milieu de toutes les plantes qui poussent en Provence, m'intriguait. Remarquerait-on qu'il avait plus de goût ? Pourrait-on le manger sans sauce, ce qui ferait de lui une nourriture plus commode ? Par une froide journée de décembre, alors que je sortais en voiture du village de Cadenet, je me suis dit qu'il était temps de trouver réponse à mes questions. Une pancarte en bord de route dirigeait les passants sur un étroit chemin caillouteux au bout duquel se trouvait un élevage d'escargots.

J'aurais dû me douter qu'il serait fermé. On était en hiver, époque durant laquelle l'escargot n'est pas des plus actifs, économisant ses forces pour la période allant de mai à août, où il mange voracement et se reproduit comme un étalon. L'élevage ne rouvrirait qu'au printemps. Je me promis de revenir.

Mais, à ma seconde visite, tous mes espoirs de découvrir des escargots naturellement parfumés ont disparu : l'élevage avait été vendu, et jusqu'à maintenant rien n'indique que les nouveaux propriétaires veuillent se lancer dans les escargots. C'est vraiment très dommage, car ça laisse la porte ouverte aux affairistes dont les escargots – et l'éthique – ne sont pas ce qu'ils devraient être. Je pense ici à la pratique honteuse consistant à acheter des coquilles vides d'escargots français, à les remplir d'escargots étrangers de qualité inférieure (noyés dans une sauce trop aillée) et à les faire passer comme des spécialités produites sur place. Il est temps que quelqu'un à Bruxelles soit alerté de ce scandale. Il y a sûrement, parmi cette multitude de bureaucrates, un ministre avec des escargots dans son porte-documents.

Espigaou

L'*espigaou* est l'un des aspects les moins agréables de la campagne provençale, et tous les chiens en promenade (et leurs propriétaires) doivent y faire attention. Pendant l'été, tandis que la chaleur monte et que les champs sont de plus en plus secs, les extrémités de certaines mauvaises herbes tombent sur le sol. Elles sont petites, pointues et très acérées – une forme parfaite pour pénétrer dans les coussinets des chiens. Ça ne fait pas plus mal qu'une piqûre d'épingle et, quand ça leur arrive, la plupart des chiens n'y prennent pas garde. Ce n'est qu'au bout de quelques heures que des troubles commencent à se manifester.

L'*espigaou* s'enfonce à l'intérieur de la chair et disparaît, n'y laissant qu'une trace minuscule. Le chien commence à boiter. Le bout de la patte – et parfois tout le membre inférieur – se met à enfler. Mais le propriétaire, qui ne comprend pas et cherche la cause du problème, ne voit rien.

Le remède, c'est une visite chez le vétérinaire, qui devra anesthésier le chien, et ôter l'*espigaou* chirurgicalement. Il vaut mieux prévenir que guérir, et ce n'est pas compliqué : une inspection de la patte après chaque promenade est recommandée. Si votre chien est d'une race ébouriffée, lui raser les pieds peut être une bonne solution.

Estrangers

Jusqu'à la seconde moitié du XXe siècle, la marche du progrès, en Provence, a été essentiellement confinée à la côte et aux plus grandes villes. L'arrière-pays restait inexploré, sauf pour les touristes les plus aventureux. Les routes étroites ralentissaient les trajets, le manque de pancartes routières le rendait incertain et souvent hasardeux. La vie des habitants des villages et des hameaux éloignés ressemblait beaucoup à ce qu'elle était depuis des générations. Les étrangers étaient rares, et souvent regardés avec beaucoup de méfiance.

Il paraissait tout à fait normal de passer sa vie et de mourir à quelques kilomètres de l'endroit où l'on était né. Les voyages ne menaient pas plus loin que le marché de la ville la plus proche, ou qu'un village voisin pour un mariage ou un enterrement. Soumise aux lois d'airain de l'héritage, la propriété passait des parents à leurs enfants, puis aux enfants de ceux-ci, et ça provoquait souvent (c'est encore le cas aujourd'hui) de furieuses querelles à l'intérieur des familles. Néanmoins, les membres d'une même famille avaient tendance à rester sinon ensemble, du moins dans la même commune.

Tout ça a changé, mais l'étranger – ou, pour lui donner son nom provençal, l'*estranger* – est encore un homme marqué, même s'il est français. J'ai entendu les gens de Roussillon, sur la face nord du Luberon, décrits comme des *estrangers* par les habitants de Cucuron, sur la face sud. Il n'y a pas plus de trente kilomètres entre les deux villages, mais parfois il n'en faut pas autant pour devenir un *estranger*. Mettons, par exemple, que vous habitez dans la plaine. A trois kilomètres de là se trouve un hameau perché sur une colline. Là, imaginez-vous, se trouvent des voisins ; ils n'habitent peut-être pas tout à côté, mais ce sont quand même des voisins. Loin de là ! Ce sont « les gens du haut ». Et alors que cette étiquette peut sembler peu amicale, elle est presque chaleureuse comparée aux deux initiales brutales qui s'attachent à tout passant inconnu : c'est un EP, ou « étranger provençal ».

Vous constatez donc que, selon la provenance de l'étranger, il y a des degrés dans l'étrangéité. Les plus étrangers, ceux dont l'exotisme est tel qu'ils semblent venir d'un autre pays, sont généralement identifiés par leur race comme les Parisiens. Mais à la différence des Anglais, qui adorent donner des surnoms aux étrangers, les Provençaux – la plupart d'entre eux, tout au moins – ne cèdent pas à la tentation d'insulter les visiteurs, se contentant d'appeler un Belge un Belge et un Allemand un Allemand. (Même si, très rarement, vous entendrez un Anglais être appelé un *rosbif.*)

Comme les familles se dispersent, que les tribus villageoises disparaissent et que la population, dans l'ensemble, devient plus mobile, je suppose qu'il est inévitable que l'*estranger* devienne bientôt une espèce en voie de disparition. M. Farigoule, mon mentor, est convaincu qu'un jour les bureaucrates de la Communauté européenne (qu'il appelle « nos amis les cons de Bruxelles ») condamneront le mot comme discriminatoire. En attendant, dit-il, nous devons continuer à prendre du plaisir à traiter les habitants des villages voisins avec la saine dose de suspicion traditionnelle.

Eté

Il n'est pas encore midi. Il fait déjà trente degrés, et la température monte encore. L'été s'est installé. On déguste des figues fraîches, toutes chaudes de soleil, au petit déjeuner. Les chiens somnolent à l'ombre. On perçoit à la terrasse du café un brouhaha estival de langues : les hennissements des Anglais, les aboiements des Allemands, les marmonnements des Hollandais. De brefs mais somptueux étalages de roses. Les champs sont de toutes couleurs : mouchetures de la lavande, or des tournesols, jaune pâle du blé, vert bouteille des vignes. On nage dans l'obscurité. L'odeur du romarin s'élève du barbecue. L'air est comme un bandage sec et brûlant. Parfois, on souhaiterait que le soleil prenne un jour de congé. C'est l'été.

Etoilés

Visiter la France procure de nombreux plaisirs, qui n'échappent pas, on s'en doute, à notre estomac voyageur. Où qu'on aille, on est rarement loin d'un bon repas, qu'on est sûr de déguster avec un minimum d'effort. Evidemment, on peut se faire aider par des dizaines de guides. Nombre d'entre eux, malheureusement, essaient de combiner informations gastronomiques et envols littéraires, et le lecteur affamé, avide de faits, est obligé d'extirper d'une prose fleurie le plat du jour. C'est pour cette raison que j'en suis arrivé à préférer les recommandations laconiques de ce classique rouge et rebondi, le *Guide Michelin*, qui en est à sa 106ᵉ année.

Plus de neuf mille hôtels et restaurants y sont actuellement répertoriés, avec une admirable concision et une absence presque totale de points d'exclamation. Quand il y a des commentaires personnels, ils sont brefs, et le ton général du guide est retenu, pratique, sans exagération. Il est donc surprenant que, chaque année, la parution de ce sobre ouvrage suscite un tel vacarme dans la presse nationale. On échange avec violence des opinions contradictoires, les récriminations volent, des réputations sont créées, d'autres sont ternies – et tout ça à cause de l'étrange petit emblème devenu le symbole internationalement reconnu d'une performance en cuisine digne d'être remarquée : l'étoile Michelin.

Ça ne ressemble en rien à une étoile, mais plutôt à une grosse cocarde, ou à un macaron stylisé, et, dans les cercles gastronomiques, on l'appelle le « macaron ». (Même si, des chefs prestigieux, on dit toujours qu'ils sont « étoilés », et pas « macaronés ». Sans doute pour des raisons de dignité professionnelle : ça ne ferait pas bien d'être considéré comme un petit pain !) De quelque manière qu'on l'appelle, l'étoile représente une distinction prestigieuse : on fait la fête quand elle est accordée, et on est morose, voire désespéré, quand elle est retirée.

Traditionnellement, les étoiles brillent surtout à Paris et dans ses environs, et sont correctement décernées dans la Bourgogne et la région lyonnaise, et sur la Côte d'Azur. Jusqu'à une époque récente, la Provence était plus connue pour son solide aïoli et ses encore plus roboratifs pieds et paquets que pour le type de plats imaginatifs et raffinés qui font pleurer de joie les inspecteurs Michelin, et offrent des étoiles au chef. Mais ça a changé.

En feuilletant la dernière édition du *Guide Michelin*, j'ai compté le nombre d'étoiles attribuées à la Haute-Provence, au Vaucluse et aux Bouches-du-Rhône. Même si je savais que, d'une façon générale, ça avait progressé au cours des dernières années, j'en ai trouvé un nombre à la fois surprenant et impressionnant : vingt-quatre étoiles, réparties entre vingt restaurants.

J'ai pour ambition de les visiter tous. Jusque-là, j'en suis à neuf, ce qui, en terme de stastistiques, peut être qualifié d'échantillonnage significatif. C'est suffisant, en tout cas, pour en tirer quelques conclusions.

Le première, et la plus évidente, c'est que, en Provence, nous sommes gâtés par le climat, ce qui permet de manger dehors pendant plusieurs mois de l'année, de mai à la mi-octobre, et même souvent plus tôt et plus tard. J'écris ces lignes en hiver, mais mes souvenirs de l'été sont toujours vifs. Un chaud soleil, de la fraîcheur à l'ombre, des nappes mouchetées de lumière : telle est la terrasse de La Fenière, entre Lourmarin et Cadenet. Je revois aussi la vaste cour de l'hôtel de l'Europe, à Avignon ; le jardin entouré de murs du Moulin, à Lourmarin ; le jardin plus petit et plus intime de La Petite Maison, à Cucuron. Il y a quelque chose de spécial dans le fait de manger en plein air une nourriture délicieuse, et magnifiquement présentée.

Ça influe certainement sur l'ambiance. J'émets cependant une petite réserve contre le système Michelin : la récompense d'une étoile peut parfois pousser à une solennité un peu excessive, transformant ce qui doit être un moment agréable en un rituel guindé. Les conseils du maître d'hôtel sont dispensés à voix basse, presque murmurés. Le plat arrive sous un dôme d'argent. Les ingrédients sont récités comme on reçoit une bénédiction. Dans tout le restaurant, les chuchotements remplacent les conversations.

Il semble ne pas en être ainsi quand on mange dans un jardin plutôt que dans une salle. Les clients, les sommeliers, les serveurs, sont plus détendus. On est habillé plus simplement. On voit parfois un chien sous une table, plissant le museau et roulant des prunelles dans l'espoir que quelque chose, une croûte, une tranche d'agneau bien rose, une bouchée de fromage, croise son chemin. L'ambiance est plus celle d'un pique-nique de luxe, hautement civilisé, que celle d'un restaurant guindé.

Mais l'hiver finit par arriver, et il faut rentrer à l'intérieur et se passer des avantages du soleil et de l'air frais. Même ainsi, je trouve que nos établissemens locaux étoilés Michelin sont nettement moins solennels que leurs équivalents plus au nord ; c'est dû, j'en suis sûr, au tempérament provençal, qui ne se sent pas à l'aise dans la formalité excessive. Je suis heureux de pouvoir dire que, pour l'instant, mes théories ne sont qu'à demi vérifiées : il me reste encore onze restaurants à tester !

Ex-voto

O Seigneur, entends nos prières
Pour ceux qui sont en mer.

William WHITING, 1825-1878.

Les pêcheurs et les marins d'autrefois, qui n'avaient que quelques centimètres de bois et quelques bandes de toile pour les séparer de l'éternité, effleuraient sans doute la mort et la catastrophe plus que n'importe quel autre groupe de civils. Chaque année, inévitablement, apportait son lot de tragédies. Mais chaque année voyait aussi ses sauvetages miraculeux, souvent célébrés par des ex-voto.

L'expression latine complète est *ex voto suscepto*. Une traduction grossière donnerait : « sauvé en conséquence d'un vœu », et on peut imaginer les vœux faits par les hommes de mer désespérés s'accrochant à une épave et espérant, contre tout espoir, une aide surnaturelle. Pour les heureux survivants, l'ex-voto était un moyen concret de dire merci et d'honorer leur vœu. Cette tradition existe toujours. Elle s'est même développée au fil des années, incluant maintenant les périls des airs et de la route : les accidents d'avion, de voiture, de moto, se sont ajoutés aux tempêtes et aux naufrages d'origine. Pour les voir tous, les anciens et les nouveaux, rassemblés en une collection fascinante, il faut prendre son souffle et faire l'ascension de la colline de la basilique Notre-Dame-de-la-Garde, à Marseille.

Notre-Dame est localement connue comme la « Bonne Mère », et sa statue dorée, qui mesure presque dix mètres de haut, se dresse au sommet de la tour, bénéficiant de la plus belle vue sur Marseille : les toits de la ville, le Vieux-Port, la Méditerranée, les îles du Frioul et le château d'If. La basilique, même selon les canons parfois surchargés de l'architecture religieuse, est un ouvrage particulièrement orné. Il y a des dômes massifs incrustés de mosaïques, des colonnes de marbre rouge et rose cerclées de bronze doré, une corniche dorée décorée de pierres précieuses, un tabernacle avec une porte d'argent et d'or – et une cloche, dans la tour, qui pèse huit tonnes. La cloche – allez savoir pourquoi ! – s'appelle Marie-Joséphine, et son battant Bertrand.

Au milieu d'une splendeur aussi élaborée, les ex-voto apportent une touche d'humanité bienvenue. Il n'y a pas de règles concernant la forme d'un ex-voto. Il s'agit d'une expression personnelle de reconnaissance, et il peut se présenter comme une effigie de fer-blanc ou de cire, une scène peinte, un collage d'objets, une plaque, une mosaïque – tout ce qui évoque la façon dont on a échappé à une catastrophe.

Comme on peut s'y attendre dans une église proche de la mer, des centaines d'ex-voto montrent des bateaux en détresse, la plupart peints dans les sombres couleurs d'une tempête de force 10. Certains vaisseaux coulent par la proue, d'autres par la poupe. Les mâts sont brisés, les voiles en lambeaux. Des vagues hautes comme des gratte-ciel sont suspendues, prêtes à les écraser, au-dessus des passagers terrifiés, dont certains retiennent leurs chapeaux hauts de forme tout en affrontant leurs derniers instants sur un pont ravagé. Et pourtant, grâce à la Bonne Mère, au moins une poignée d'âmes fortunées représentées dans ces peintures doit avoir survécu.

D'autres, peut-être moins artistes, ont exprimé leur gratitude de façon plus discrète, et les scènes de naufrages sont sûrement moins nombreuses que les simples plaques de marbre gravé qui s'alignent le long des murs de la basilique. Très sobres, à peine plus grandes que des cartes postales, elles portent en général des messages brefs – souvent « Merci », ou « Merci, Bonne Mère », parfois sans même un nom ni un détail. J'ai cependant remarqué trois plaques provenant de la même famille, chacune avec une date différente.

Avec les années, les ex-voto ont pris des formes plus modernes et parfois plus originales. Les médailles encadrées et les ancres miniatures rivalisent maintenant avec les ceintures de sécurité, le casque d'un soldat de la Première Guerre mondiale, une casquette de marin avec son pompon violet, et le drapeau du général de Monsabert, commémorant la libération de Marseille en août 1944. Et partout – suspendues au plafond dans des caissons de verre – des maquettes de yachts, de bricks, de trois-mâts, de bateaux à vapeur, de paquebots, de schooners et plusieurs escadrilles de l'armée de l'air. On trouve, je ne sais pourquoi, une maquette du *Mayflower*, des remorqueurs, un cargo de la P & O, une minuscule Peugeot 206. Enfin, afin de ne pas oublier le moyen de transport moderne le plus dangereux, une plaque annonce que la Bonne Mère est la patronne de tous les motards.

C'est la plus extraordinaire des expositions : en partie musée, en partie galerie d'art, en partie reliquaire. C'est aussi une leçon d'histoire rappelant que la Méditerranée, qu'on imagine normalement aussi lisse et bleue que sur les images d'Epinal, a ses côtés sombres : turbulente, destructrice et mortelle. J'ai quitté la basilique profondément reconnaissant de n'avoir jamais été tenté de partir en mer.

Fanny

Je pense toujours à Fanny comme à l'une des grandes héroïnes de la mythologie provençale, au même titre que la Laure de Pétrarque ou que la Mireille de Mistral. Ce rapprochement peut sembler sacrilège, mais j'ai pour excuse que Fanny, tout au moins dans les cercles sportifs, est peut-être encore plus célébrée que les autres, et qu'elle est toujours très présente parmi nous : on invoque son nom chaque fois qu'on joue aux boules.

Comme beaucoup d'héroïnes mythiques, Fanny a des origines assez obscures. Selon certains, elle aurait vécu à Lyon, et aurait été une groupie du jeu de boules – le genre de fille que l'on voit aujourd'hui traîner autour des footballeurs. Selon d'autres, elle était serveuse dans un café de l'Isère. Selon les Provençaux – et pour moi leur parole est parole d'évangile –, elle travaillait dans un bar surplombant le boulodrome de La Ciotat, là où la pétanque a été inventée.

Les joueurs de boules ne sont pas tous d'accord sur l'origine de Fanny, mais ils sont unanimes sur le rôle qu'elle occupe dans ce sport : elle est là pour apporter réconfort et consolation à un joueur qui a perdu sur le score humiliant de 13 à 0. Quant à la délicate question de la forme que doit prendre le réconfort, on s'accorde pour dire qu'un baiser est un lot de consolation convenable. Mais où le donner ? A l'origine, on visait la joue. Au fil des ans, cependant, cette cible a changé – changement encouragé, dit-on, par un dysglissement délibéré de la garde-robe ayant laissé exposé le derrière de Fanny. Je ne vous en dis pas plus.

On se rappelle aujourd'hui Fanny dans la terminologie du jeu de boules : *faire Fanny*, *baiser Fanny*, ou *embrasser Fanny*, toutes expressions qui signifient « perdre 0 à 13 ». Et son derrière a été commémoré dans tous les bars sportifs de Provence sous la forme de statuettes ou de sculptures murales, attendant le baiser du perdant. Comme bien d'autres choses dans l'existence, la consolation n'est plus ce qu'elle était !

Voir : Pétanque.

Félibrige

Le clou ultime a été enfoncé dans le cercueil du dialecte provençal lorsqu'il a été officiellement décidé que le français serait en France la seule langue légale. Jusque-là, le provençal avait été l'un des sept principaux dialectes du langage occitan, et était beaucoup parlé dans le Sud. Ce devait être une source de frustration considérable pour les bureaucrates parisiens, qui n'en comprenaient pas un mot. Pas plus que ceux qui parlaient le provençal ne comprenaient les bureaucrates. La situation n'était pas nette et gênait la passion des autorités pour la centralisation. A quoi bon faire des lois et des édits qui n'étaient pas compris par une grande partie de la population du Sud ? C'était comme de chanter pour des sourds. Et la décision fut prise – ratifiée par un décret de 1793 : le provençal ne pourrait être utilisé ni à l'école, ni dans les administrations, ni dans la presse, ni dans l'armée. Il faudrait parler français.

Mais il faut du temps pour tuer une langue, et le provençal a réussi à survivre. Il est passé naturellement d'une génération à la suivante, encouragé, je le soupçonne, par une saine répugnance à ce qu'une bande de mouches du coche parisiennes vous dise quoi faire (un sentiment qui existe encore, et qui est très fort à Marseille). Puis, en 1854, le provençal bénéficia d'un soutien fameux : Frédéric Mistral et six autres poètes se rassemblèrent pour former un mouvement littéraire destiné à « sauvegarder la langue provençale ». Mistral nomma le mouvement le Félibrige, ses membres étant des Félibres – un mot du folklore provençal.

Le Félibrige était une tentative courageuse, et ça l'aida énormément que Mistral reçoive le prix Nobel de littérature, en 1904. Mais, malgré tout, la sauvegarde du provençal était une cause perdue, peut-être parce qu'elle relevait plus de la nostalgie que de préoccupations contemporaines : en termes pratiques, elle n'était plus utile. Elle avait aussi contre elle la loi du pays, et la poésie l'emporte rarement contre la politique.

Aujourd'hui, il est rare d'entendre parler le provençal, sauf par des octogénaires. En dehors de ça, il est utilisé lors de certaines cérémonies, comme la messe de la truffe, à Richerenches, et lors de la réunion annuelle de sociétés traditionnelles. Quelques mots de provençal se sont frayé un chemin dans la langue française – *santon*, *cabanon*, *jarre*, *piston*, par exemple –, mais il n'est souvent pas besoin d'aller plus loin que le village provençal le plus proche pour trouver les traces les plus visibles de l'ancienne langue.

Après avoir réussi à éliminer le dialecte du langage de tous les jours, la bureaucratie, dans son infinie sagesse, lui permet maintenant d'effectuer un retour discret, sous la forme des noms de villages originaux en provençal. On les voit, de plus en plus nombreux, reproduits sur de jolis panneaux apparaissant à l'entrée de villages, comme s'ils avaient été jumelés avec eux-mêmes. Ainsi Ménerbes est maintenant officiellement annoncé comme Ménerbo ; Richerenches est aussi Richarencho ; Lauris Lauri, et Vaugines Vaugino.

C'est très bien pour l'instant, mais pourquoi se limiter aux noms des villages ? Pourquoi ne pas utiliser les voyelles merveilleusement roulantes du provençal – ces *ouns*, ces *aouns*, ces *uios*, ces *ieous*, ces *ais* – dans d'autres domaines relevant de l'information du public ? Prenons par exemple les humbles toilettes publiques. Combien il serait plus poétique si ces commodités sans prix étaient connues sous leur nom provençal, le *cagadou*. Le même principe pourrait s'étendre à tout le village ; le parking, la mairie, l'église, la fontaine, le bistrot, tous ces noms utiles mais quelque peu prosaïques pourraient bénéficier de la touche du charme linguistique d'autrefois. Voilà qui serait un plaisant rappel du Félibrige, avec un avantage supplémentaire : ce serait incompréhensible aux Parisiens.

Fer forgé

Pendant des siècles, quand c'est l'homme et l'animal qui effectuaient le travail du tracteur d'aujourd'hui, chaque village de Provence digne de ce nom possédait sa propre forge. Les chevaux et les ânes avaient besoin de sabots, les paysans d'outils, les escaliers de balustrades, les cheminées de plaques et de chenets, les portes de verrous, et c'est le forgeron du village, mi-technicien, mi-artiste, qui fabriquait tout ça.

Aujourd'hui, il faut avoir de la chance pour trouver une forge dans un village. Il est plus que probable qu'elle a été transformée en station-service, et que le forgeron est mort depuis longtemps. Mais je suis heureux de pouvoir dire que son fils spirituel, le ferronnier, est encore très présent parmi nous. Notre homme de fer local, Olivier, a son atelier à la sortie du village, où il a de la place pour s'étendre, et avec lui ses massifs ouvrages en cours : portail double à moitié terminé, barbecue de la taille d'un mouton, table d'extérieur assez longue pour accueillir un régiment, squelette d'une treille de vingt mètres. Ils sont là, arrosés au jet de temps en temps jusqu'à ce qu'ils aient acquis la patine de rouille qui, bien traitée et cirée, leur donnera l'air d'avoir été fabriqués par l'arrière-grand-père d'Olivier.

A l'intérieur de l'atelier, c'est le grésillement des étincelles, l'odeur du fer rouge, et un étalage d'éléments divers au travail compliqué : du fer en boucle et en pointe, arrondi ou aplati, tordu comme du sucre d'orge ; des grappes de raisins de fer et des vrilles de fer, des ananas de fer et des glands de fer – un amas qui semble dépourvu de sens. Et cependant, au moins pour le ferronnier, il y a une logique dans tout ça. Ces fragments représentent la touche finale, et finiront par décorer les pièces plus imposantes qui attendent à l'extérieur.

Un bon ferronnier ne se contente pas de créer, mais il restaure. Il n'y pas pas longtemps, on nous a montré les vestiges de ce qu'on nous dit avoir été une gloriette, une sorte de pergola datant du XIXe siècle. A mes yeux ignorants, c'était un bazar, un fatras de baguettes et d'enjolivures de fer effondrées en tas sur le sol. Pour le ferronnier, c'était – ou ça pouvait devenir – une élégante décoration pour notre jardin. Il emporta ce fatras et commença à le trier, s'apercevant au passage qu'il manquait plusieurs morceaux. Il les a remplacés, retrouvant non seulement la forme et la dimension du travail d'origine, mais aussi sa finition inégale, légèrement piquetée. Aujourd'hui la gloriette se trouve dans le jardin, et il est impossible de dire où finissent les parties anciennes et où commencent les parties neuves.

Pour moi, le plus grand charme du travail du ferronnier ne réside pas dans son habileté technique, ni même dans l'originalité de ses dessins, mais dans ce que lui-même considérerait sans doute comme un léger défaut. J'aime les petites imperfections, les rides dans le fer, la légère trace d'un marteau, la surface qui n'est pas très lisse, l'angle pas tout à fait exact. On ne les voit que si on regarde de très près. Et si je les aime, c'est que qu'ils ont été faits par un homme, et pas par une machine.

Fêtes votives

Il y a tellement de saints en France, depuis Alphonse jusqu'à Zita, que chaque village de Provence, si petit soit-il, a son propre saint patron. Et la coutume veut que la fête du saint soit marquée par une célébration – la *fête votive* –, occasion pour tous les habitants du village d'oublier leurs dettes et leurs différends, de manger, de boire et de danser ensemble, et s'adonner à ce que les anthropologues, avec leur don pour les expressions pompeuses, nomment la « cohésion sociale ».

La fête votive est une coutume charmante, mais elle n'est plus ce qu'elle était. Les fêtes des saints ne sont plus observées de façon aussi rigide qu'autrefois, peut-être parce que la religion a moins d'influence. C'est peut-être aussi juste une question de météo. Prenons un village dont le patron est saint Cédric. Sa fête, le 7 janvier, tombe en pleine période d'hibernation et, si cohésion sociale il y a, elle se déroule à l'intérieur. En effet, les heures de jour sont limitées et les températures sont souvent en dessous de zéro : ce ne sont donc pas les meilleures conditions pour s'amuser dans les rues. Saint Cédric serait-il opposé à ce que les villageois repoussent sa fête jusqu'au printemps ou à l'été ? Sûrement pas.

Une autre raison pour faire la fête par beau temps tient à ce que les villages, eux non plus, ne sont plus ce qu'ils étaient. A une certaine époque, les habitants de la plupart d'entre eux y étaient nés, et passaient leur vie plus ou moins attachés à leurs racines. Dans une société devenue plus mobile, ce n'est plus le cas. Les gens partent. Au lieu de se marier avec le garçon d'à côté, la fille du boulanger épousera un jeune homme de Clermont-Ferrand, et partira vivre en Auvergne. Au lieu de travailler sur la terre familiale, le fils du paysan trouvera un travail chez Eurocopter, à Marseille, et ira habiter là-bas. Au lieu de rester dans sa vaste et vieille maison du village, le notaire, à sa retraite, déménagera pour un appartement à Aix. Peu à peu, la population native du village se rétrécit.

Les anciens habitants sont remplacés par des étrangers – c'est-à-dire par des gens qui viennent d'au-delà d'un rayon de cinquante kilomètres. Ces nouveaux venus sont souvent des villageois à temps partiel, habitant leurs résidences secondaires uniquement pendant l'été. La fête annuelle, si on veut qu'elle attire du monde, doit avoir lieu quand ils peuvent s'y joindre. La fête votive en elle-même a donc changé. Ce qui autrefois était une fête intime uniquement destinée aux plaisirs des habitants installés depuis longtemps accueille maintenant des étrangers accompagnés de leurs amis. Plus on est de fous, plus on rit, car une fête réussie est généralement considérée comme une bonne chose pour le moral et l'économie du village.

A tel point que les villages ont l'esprit de compétition : c'est à celui qui organisera le plus beau spectacle et qui attirera la foule la plus dense. De petits cirques et des foires ambulantes, des feux d'artifice, des groupes de rock locaux, des tombolas dotées de prix, des stands de vin et de fromage, des tournois de boules – et, si le budget du village le permet, mon attraction favorite, le dîner communal.

Idéalement, il se tient à l'extérieur. Il y a des ampoules dans les platanes, de longs tréteaux sur la place, une petite estrade de fortune, et un espace libre pour danser. On s'assoit là où l'on trouve une place, ce qui peut être à côté du maire, ou entre un couple d'Allemands et une famille suédoise. Les verres sont remplis et les présentations sont faites, en dépit, parfois, de problèmes linguistiques. (Un problème qui, comme vous vous en apercevrez, devient de moins en moins grave au fur et à mesure que la soirée avance et que le vin coule.) Au menu, il peut y avoir de l'aïoli, des pizzas, de la paëlla, ou un choix de viandes qui crépitent sur le barbecue. Les pieds solidement plantés sous la table, les noceurs prennent des forces en vue des festivités énergiques qui les attendent.

A ce stade de la soirée, le groupe de rock est silencieux, les musiciens apaisent leur soif, font des flexions dans leurs pantalons de cuir et mettent la touche finale à leurs tatouages autocollants. Pendant le dîner, la musique est assurée par un autre orchestre, des virtuoses de l'accordéon, qui jouent une sélection de vieux succès, et l'inévitable *paso doble*. Ah, le *paso doble* ! C'est le moment qu'attendent quelques couples d'un certain âge pour s'emparer du parquet salon et faire une démonstration de boucles et de piqués, les têtes se balançant d'un côté et de l'autre, tandis qu'ils glissent avec précaution autour des enfants et des chiens qui se sont égarés loin des tables. Les spectateurs plus jeunes s'observent et attendent, impatients, d'entendre les vibrations des batteries et des guitares.

Enfin, une fois les assiettes vides, le dîner cède la place aux visites de table en table. Les dames du village comparent leurs impressions sur la mode, jugeant le *look* d'une ou deux étrangères : la hauteur de leurs talons, la longueur de leur jupe, le plongé de leur décolleté. Les maris évitent sagement tout commentaire, préférant discuter des projets de l'OM pour la prochaine saison ou de l'état de leurs vignes. Pendant ce temps, précédés par une série de rots et de grincements électroniques lorsqu'ils accordent leur ampli, les rockers attaquent leur premier morceau, mettant fin à toutes les conversations dans le voisinage direct de la scène.

Et la soirée continue, bruyante et bon enfant, comme doit l'être une fête. Ce n'est peut-être plus la fête traditionnelle d'il y a cinquante ou soixante ans, quand ce sont les villageois eux-mêmes qui faisaient l'animation et que tout le monde connaissait tout le monde. Et ça a certainement peu à voir avec saint Cédric, ou tout autre saint patron. Mais même ainsi, c'est un moyen agréable de passer une soirée d'été, et de célébrer la chance qu'on a de se trouver là, dans la chaleur de la Provence.

Fontaines

Quel équivalent leur trouver aujourd'hui ? La fontaine, à sa grande époque, ne servait pas uniquement de source d'eau claire et fraîche : elle était aussi un centre social actif. C'était l'endroit où l'on rencontrait des voisins (et alors, généralement, on discutait des faits et gestes, des qualités et des défauts de ceux qui n'étaient pas là), où l'on se mettait au courant du cours de l'huile d'olive et du blé, où l'on flirtait, où l'on échangeait des insultes avec les passants, où l'on papotait, où l'on flânait, où, l'été, on se détendait et où, de façon générale, on passait agréablement le temps tout en effectuant une tâche quotidienne. Et c'était bien une tâche quotidienne, car à une époque où le stockage de l'eau en était encore à un stade primitif, une citerne était un luxe, et son contenu était trop souvent stagnant et non potable. Le XXe siècle était donc bien entamé que la fontaine restait un élément vital de l'existence d'un village provençal. Elle était souvent dotée de son propre employé municipal, le fontainier, chargé de veiller sur elle.

Généralement, le style de la fontaine reflétait la fortune et les ambitions artistiques de la commune. A Saignon, par exemple, la fontaine est très élaborée. Il s'agit d'une sculpture de M. Sollier. S'élevant à partir d'une base hexagonale, une colonne supporte un bassin petit mais orné, et au-dessus du bassin se dresse la statue d'une jeune femme filtrant dans sa cruche de l'eau puisée dans un torrent. Pas mal pour un village de moins de mille habitants ! Certaines villes, ou villages, profitaient de leurs fontaines pour y graver des événements locaux du passé. C'est la raison pour laquelle j'ai été étonné de voir qu'à Forcalquier la fontaine Saint-Michel est décorée de ce qui ressemble beaucoup à une gravure érotique. Personne malheureusement ne sait si elle est historiquement exacte ou si, simplement, le sculpteur gribouillait sur la pierre en attendant l'inspiration.

On voit aussi des fioritures décoratives plus modestes – certaines bizarres, certaines ingénieuses, certaines dotées d'un plaisant sens de l'humour – à l'embout de la fontaine, au point où l'eau apparaît. Elle jaillit de la bouche d'angelots, de diables et de nymphes, de gargouilles et de cygnes, de dauphins et de lions, et d'innombrables visages humains. Si la fontaine s'égoutte depuis plusieurs siècles le long d'un menton de pierre, on y voit souvent une luxuriante barbe de mousse. Sur d'autres visages, l'eau se projette à travers un petit tube de fer qui pointe de la bouche. Il évoque un cigare pendouillant, plutôt inattendu entre les lèvres d'un chérubin.

Au plus fort de l'été provençal, le clapotement de l'eau et les rides scintillant à sa surface sont comme des aimants pour les touristes exténués par la chaleur. C'est peut-être à l'attention d'un tel public qu'on voit de temps en temps des messages gravés à un endroit ou à un autre de la fontaine. En voici un de Clovis Hugues, l'enfant terrible de Ménerbes : *C'est l'eau, qui nous donna le vin.* Un autre d'un Provençal ano-

nyme : *Eici l'aigo es d'or* (« L'eau, c'est de l'or »).
Et pour finir, provenant sans aucun doute d'un descendant moderne de l'ancien fontainier, une pensée moins poétique : « Ne pas utiliser l'eau pour laver les voitures. »

Fruit confit

Il s'agit de l'un des trios les moins connus et les plus inattendus de l'histoire de la Provence : celui formé par les deux frères en piété, les papes Clément VI et Urbain V, et par le marquis de Sade, qui était tout sauf pieux. Que diable pouvaient-ils avoir en commun ?

Ce qu'ils avaient en commun, c'était une sucrerie. Tous trois étaient amateurs de fruits cristallisés, et depuis le xive siècle il n'y a pas de meilleur endroit pour trouver ces friandises sucrées que la ville d'Apt, qui s'autoproclame « capitale mondiale du fruit confit ». Ça a commencé avec une poignée de familles, leurs chaudrons, quelques cerises, des figues et des abricots mûris au soleil dans les champs des alentours. Peu à peu c'est devenu une industrie, et à la fin du xixe siècle, dix usines, à Apt, employaient huit cents personnes et produisaient chaque année 165 000 kilos de fruits confits.

Ces chiffres ont beaucoup diminué aujourd'hui, sans doute à cause de l'énorme concurrence avec d'autres formes de sucreries. Aujourd'hui, quelqu'un qui est accro au sucre bénéficie d'un choix presque illimité, des céréales du petit déjeuner aux glaces, du chocolat aux chewing-gums. Mais, heureusement pour les artisans d'Apt, il y aura toujours des gourmets qui préféreront un arôme naturel à un additif artificiel, et pour ces connaisseurs de douceurs il n'y a rien de tel qu'un fruit cristallisé cuit selon la tradition, abondamment enrobé, superbement collant.

Si elle n'est pas tout à fait un art, la technique de cristallisation du fruit requiert certainement un talent supérieur, qui nécessite du temps, de la patience et une grande attention aux détails. En théorie, le procédé est simple : l'eau contenue dans le fruit est remplacée, par osmose, par du sucre destiné à le conserver. Quand c'est fait correctement, le résultat est doux et ferme, et garde la forme, la couleur et la saveur du fruit original. Et pour le faire correctement, il faut de l'habileté et de la patience.

Le fruit est plongé rapidement dans de l'eau bouillante et laissé à refroidir avant d'être de nouveau immergé, cette fois dans du sirop. Après avoir bouilli trois ou quatre minutes, le fruit est vidé de son sirop, et refroidi encore une fois. Ce processus se répète une douzaine de fois, et chaque fois on augmente la concentration de sucre dans le sirop. (C'est cette augmentation progressive qui permet au fruit de garder sa forme et de rester tendre ; trop de sucre trop rapidement ajouté ratatinerait la peau et durcirait la chair.) Après cette série de bains de sirop, pouvant prendre, selon le fruit, des semaines ou des mois, on effectue une dernière séance de séchage, pendant plusieurs jours, dans une chaleur très douce. Comme vous le voyez, ce n'est pas pour une cuisinière impatiente !

Le plus grand des confiseurs qui travaillent toujours à Apt est Kerry Aptunion, une entreprise industrielle située tout près du centre de la ville. Une des plus anciennes maisons indépendantes est celle de Léopold Marliagues, fondée en 1873, et toujours dirigée par la même famille, qui utilise des méthodes ancestrales, allant jusqu'à brûler les queues et les noyaux de cerises pour chauffer les serres.

Comme pour tout ce qui se mange en France, on doit, quand on goûte des fruits confits, garder présents à l'esprit certains détails. « Il ne faut pas passer d'un abricot à un citron, puis revenir à une figue. » Un certain ordre doit être respecté. On commence par les goûts les plus subtils – abricots, prunes, figues, ananas, melon – avant de passer aux fruits plus acidulés. Cela permet un « véritable crescendo de saveurs ». On ne peut pas en dire autant des cornflakes présucrés.

G

Cette lettre ajoute un parfum provençal à des mots que des puristes mal informés pensent devoir se terminer par un « n ». On trouve ainsi, parmi bien d'autres, *bieng* et *paing*, *ving* et *copaing*, *raising* et *fing*. Quelques années passées à entendre les mots prononcés avec cette résonnance supplémentaire suffisent pour que d'autres prononciations, privées de ce suffixe réduit à une lettre, paraissent incomplètes et assez étranges. Dans la région, on dit de quelqu'un qui souffre de ce défaut de prononciation qu'il « parle pointu », c'est-à-dire qu'il parle comme un Parisien.

Gaulage

C'est un acte de violence commis contre un arbre : les branches sont frappées avec un bâton pour en faire tomber le fruit. Technique de jardinage datant sans doute d'avant l'invention de l'échelle, le gaulage est encore pratiqué dans les zones les plus reculées de Provence. C'est quelque chose de très pittoresque. On étend autour du tronc un filet ou une bâche destinés à recueillir le fruit, et les joyeux batteurs d'arbre se mettent au travail, secouant les arbres pour en faire tomber les fruits. Il s'agit, m'a-t-on dit, d'une expérience cathartique, d'une excellente occasion de se défouler avec un risque minimal de blessure, même s'il arrive qu'on soit provisoirement aveuglé par un abricot dur qui vous atterrit sur l'œil. Mais, de façon générale, il s'agit d'une méthode charmante, quoiqu'un peu bruyante, pour récolter les fruits et les fruits secs.

Le gaulage était utilisé aussi pour les oliviers, jusqu'à ce que le progrès amène l'invention du peigne à arbre, un objet qui ressemble à un râteau miniature, avec un manche court. Les dents du peigne sont en plastique souple, bon à la fois pour les olives et pour l'arbre, et passer ce peigne dans les branches de l'arbre s'avère remarquablement efficace. Les olives tombent en pluie de grosses gouttes vertes, en parfait état. Cela me semblait le moyen idéal de dépouiller un arbre de ses fruits – doux, efficace, silencieux. C'était compter sans le goût des Provençaux pour les gadgets, en particulier les gadgets bruyants. (Je crois que ce goût du bruit commence très tôt chez les garçons, avec les mobylettes qui, quand on enlève le silencieux, pétaradent comme un bébé Ferrari.)

Au mois de novembre dernier, j'ai appris le perfectionnement le plus récent du peigne. Frédéric, le jeune homme qui s'occupe de nos oliviers, est arrivé avec son équipe pour commencer à cueillir les fruits, ce qui représente en général deux ou trois jours d'une activité silencieuse. Cette fois-ci, ce fut différent. Même de très loin, j'entendais un claquement régulier, comme si on heurtait deux morceaux de bois, un bruit capable, à la longue, de rendre fou. En arrivant au sommet de la colline, j'ai vu Frédéric debout à côté d'un arbre avec ce qui ressemblait à une canne à pêche, dont l'extrémité était cachée par les branches les plus hautes. En me voyant venir, il appuya sur un bouton, le claquement s'arrêta, et il s'écarta de l'arbre pour me montrer fièrement son nouveau jouet : le peigne mécanique. Comme je l'ai rapidement appris, il était non seulement *mécanique*, mais aussi *télescopique*, le peigne fixé à l'extrémité d'un long manche réglable permettant d'accéder sans l'aide d'une échelle aux olives les plus hautes. C'est plus facile que de peigner à la main, aussi délicat avec les olives, pratique et moderne, et ça fait ce *clac clac clac* si satisfaisant ! Aucun doute : il s'agit du triomphe de la technologie de la cueillette des olives, le gaulage du XXIᵉ siècle, bruit compris. Je dois avouer que je déteste ça !

Génoise

Traditionnellement, les maisons de Provence, avec leurs murs épais et leurs petites ouvertures, étaient destinées à rester fraîches l'été, et protégées, l'hiver, du froid du mistral. Mais il était très rare qu'elles soient construites en prévision des jours de pluie ; en Provence la pluie, quand elle tombe, est souvent violente, suffisamment forte pour ravager presque tout ce qui se trouve sur son passage. C'est le toit de la maison qui supporte le plus gros des pluies diluviennes, mais la façade sans protection souffre elle aussi, de même que les linteaux et les volets. Et quiconque met le nez à la porte d'entrée est instantanément transpercé.

Il en était ainsi du moins jusqu'au XVIIIᵉ siècle, avant que les maçons italiens viennent chercher du travail en Provence. Ils ont apporté avec eux une solution élégante aux problèmes des murs dégoulinants et des volets voilés par l'eau. Ils ont ajouté quelques tuiles supplémentaires au rebord du toit, l'élargissant d'une cinquantaine de centimètres tout autour de la maison, formant des avancées. De cette façon, l'eau de pluie est écartée et tombe à une bonne distance des murs, des portes et des fenêtres. Cette technique, même si elle ne met pas entièrement à l'abri de l'eau, représente à coup sûr un grand progrès.

L'avancée du toit était soutenue en dessous par une *génoise* – des rangs de tuiles incurvées sortant du mur, les espaces vides entre elles remplis par du plâtre ou du ciment. Le nombre des rangées était – il l'est sans doute encore toujours – une indication sur la fortune et le standing. Deux rangs pour une modeste bastide, trois pour un bâtiment plus élaboré, et quatre en cas de fortune exceptionnelle et de somptuosité architecturale. La génoise produit un effet sobre mais décoratif, une élégante transition entre le toit et la maison.

Mais les connaisseurs de génoises auront remarqué que fleurissent depuis quelque temps des imitations de toutes sortes destinées à des bâtisses qui ne sont pas faites pour les accueillir. En Provence, les propriétaires de villas ou de maisons récentes ont adopté ce classique de l'architecture du XVIIIe siècle, avec une omission importante : ils ont laissé vides les interstices entre les tuiles de la génoise, économisant la dépense consistant à les remplir de plâtre. Le résultat n'est pas heureux, donnant l'impression d'un toit inachevé et invitant à des commentaires acerbes de la part des puristes, qui adorent se gausser des ornements qui font faussement provençal.

Gestes

Comme quiconque a passé plus de cinq minutes dans un café de village pourra vous le dire, le Provençal aime vivre en société et a la langue bien pendue. Le silence qui dure et la conversation concise ne sont pas pour lui, et jamais il ne se limitera à un seul mot quand dix peuvent faire l'affaire. Je crois qu'on peut dire de lui qu'il n'a pas de problème de communication verbale. Les mots, cependant, ne lui semblent pas suffisants. De temps en temps, il éprouve le besoin de les accompagner d'une sorte de ponctuation physique, d'un soupçon de mise en scène. Il trouve donc nécessaire d'orner sa conversation d'un deuxième vocabulaire, un vocabulaire de gestes.

Quelques-uns d'entre eux vous sembleront familiers, car on en voit des versions affadies dans d'autres régions de France. Mais ce n'est qu'en Provence qu'ils auront une telle saveur, exécutés avec un tel souci du détail. Même un haussement des épaules, sans doute le plus courant des réflexes spasmodiques français, est plus sophistiqué et plus impressionnant quand il est effectué par un Provençal. Le haussement traditionnel n'est rien de plus qu'un rapide mouvement des épaules ; le haussement provençal met en jeu la mâchoire (qui doit être jetée en avant avec une moue), les sourcils (qui doivent se lever au maximum), les mains (qui doivent se tendre, paumes vers le haut, en même temps que les épaules se lèvent) – sans oublier l'effet sonore (une exhalaison forcée d'air entre les lèvres) pour que la performance soit parfaite jusqu'au bout.

Presque aussi populaire que le haussement d'épaules vient l'index brandi, en signe de désaccord et de reproche. Sous sa forme la plus simple, c'est-à-dire tendu à hauteur d'œil, il agit comme une interruption silencieuse : il est impossible de l'ignorer, et il peut interrompre une conversation au milieu d'une phrase. Pour exprimer le désaccord, il est agité de gauche à droite à la façon d'un métronome. Pour un désaccord violent, ou pour insister particulièrement sur le point de vue du propriétaire du doigt, l'index picote la poitrine de l'adversaire comme un oiseau en colère. Il n'est pas toujours long, ce doigt querelleur, mais il est très efficace.

Nous en arrivons maintenant à la main qui s'agite, un cas où deux gestes semblables peuvent avoir deux significations entièrement différentes. Le premier sert à indiquer l'absence d'une information précise en réponse à une question, comme « Que va donner la récolte de melon cette année ? ». La réponse, qu'elle soit positive ou non, sera atténuée par la main. Tendue devant le corps, la paume vers le bas, à la hauteur du coude, la main se balance doucement, comme pour indiquer le degré d'incertitude pour toutes choses qui impliquent la nature. (Ce geste, souvent, est accompagné par un demi-haussement utilisant une seule épaule.) On se sert d'une variante subtile pour répondre à une question plus personnelle à propos d'une date précise, telle que : « Quand pensez-vous pouvoir venir déboucher la fosse septique ? » C'est une question difficile, car les Provençaux détestent être coincés par des dates. Dans ce cas la réponse, que ce soit « cet après-midi » ou « mardi prochain », sera accompagnée d'un désaveu muet : la main, cette fois-ci, est plus discrète, plus basse, proche de la jambe ; on la voit trembler pendant quelques secondes révélatrices. L'étudiant en langage de la main sait alors immédiatement que la date donnée sera presque certainement sujette à un délai supplémentaire. Une fois, j'ai commis l'erreur de faire remarquer ça à notre maçon, et, même après des années, chaque fois que nous évoquons des dates de fin de travaux, il garde les mains dans les poches.

Enfin, voici un geste encore plus visible mais qui n'a pas de traduction polie, même si sa signification laisse peu de place au doute. Sous sa forme la plus libérée, il consiste en l'un des deux poings serré, le bras tendu, l'autre main s'appliquant, sonore, sur le biceps. Ce qui, bien entendu, n'est possible que si l'on dispose de l'espace nécessaire à cet ample mou-

vement. Ce geste peut cependant s'adapter à des circonstances plus à l'étroit. La main gauche reste
proche du corps, avancée paume fermée vers le haut,
tandis que la main droite s'en approche et saisit fermement le poignet. Et dans des conditions extrêmes,
quand on a à peine la place de respirer, la même
manœuvre peut être faite en utilisant l'index de
chaque main. Ce n'est peut être pas aussi satisfaisant
que l'insulte dans sa totalité, mais c'est mieux que
rien : après tout, c'est l'intention qui compte.

Gibassier

Dans la vitrine du pâtissier, à côté des autres
gâteaux et de leur perfection glacée et sucrée, le
gibassier semble être le survivant d'une bagarre. Son
profil est un peu écrasé, sa forme un peu irrégulière,
sa surface déchirée de profondes balafres. On pourrait
facilement le négliger au profit de quelque chose de
plus doux et de plus chocolaté, de plus séduisant.
Mais ce serait dommage, car le *gibassier* a une saveur
bien à lui.

Il est gonflé, en forme de disque, comme une crêpe bien rembourrée, et son goût vient d'un mélange de sucre, d'huile d'olive, d'eau de fleur d'oranger et de zestes d'orange. Il est léger, subtil, très particulier. A cause de l'huile d'olive, on l'appelle parfois une « pompe à l'huile ». Si vous voyez quelque chose qui y ressemble et qui s'appelle une « pompe », vous devez savoir qu'il ne s'agit sans doute pas du vrai *gibassier*, mais d'un gâteau fait avec du beurre au lieu de l'huile d'olive, et qui pourrait bien contenir toutes sortes d'ingrédients non autorisés, comme des raisins, de l'anis, des fruits confits, des amandes pilées et Dieu sait quoi d'autre. Aussi délicieux que ce gâteau puisse être, ce n'est pas un véritable *gibassier*, mais un cousin à lui, plus voluptueux.

Gibier d'été

Je me rappelle la première fois que j'ai entendu cette expression. C'était un matin de juillet. J'étais assis devant le café du village, regardant l'air chaud trembler au-dessus des pavés, quand j'ai vu plusieurs personnes descendre ensemble la rue. C'étaient des touristes. Ils portaient des vêtements neufs, pimpants, aux couleurs vives ; leur peau était de cette couleur rose qui précède le bronzage ; ils arboraient d'impénétrables lunettes noires branchées.

La garçon a posé mon café sur ma table, et a levé les yeux pour les observer. « Le gibier d'été est arrivé », conclut-il en hochant la tête.

On donne beaucoup de surnoms aux touristes, et tous ne sont pas flatteurs, mais c'était la première fois que je les entendais comparés à des animaux sauvages, et ça m'a donné à réfléchir. Il y a des ressemblances évidentes : les touristes ont tendance à se déplacer par petits groupes, leur migration est saisonnière, ils s'envolent si on les traite mal et, pour se nourrir, ils se réunissent en des points précis. Mais je n'arrive pas à trouver une autre espèce qui soit aussi abondante.

En 2003, année où ont été effectuées les statistiques les plus récentes, les trois départements de la Provence ont reçu près de 16 millions de touristes : 2,2 millions d'entre eux ont été en Haute-Provence, 4,4 dans le Vaucluse, et 8,8 dans les Bouches-du-Rhône. Et même s'il y eut quelques arrivées précoces à Pâques, et quelques retardataires à Noël, la grande majorité est venue durant l'été.

Certains, en lisant cela, seront horrifiés. Il y a beaucoup de snobisme attaché à la notion de voyage, et nous connaissons tous des gens qui se sentiraient insultés si on disait d'eux qu'ils sont des touristes. Ils se voient comme des citoyens du monde, des citoyens mobiles, civilisés, sophistiqués, aimables, éclairés ; ils pensent être une bénédiction pour les destinations qu'ils choisissent. Les touristes, ce sont la populace. Ce sont eux qui encombrent les routes, qui vident les étagères des boulangeries, qui monopolisent les restaurants, qui souillent la campagne de leurs déchets et, de façon générale, sèment partout le chaos.

Pour tout dire, en Provence, on ne fait pas cette distinction. Des touristes de toutes sortes et venus de tous pays sont généralement traités avec politesse et bonne humeur, et pas uniquement parce qu'ils dépensent de l'argent. La plupart des Provençaux sont fiers de leur région, et contents qu'elle attire tant de visiteurs. Et, comme n'importe quel hôte, ils espèrent que leurs visiteurs de l'été remporteront chez eux des souvenirs agréables.

Mais que faire avec ces 16 millions de bouches supplémentaires à nourrir chaque année ? Il arrive, je dois le reconaître, que l'invasion de juillet et août soit excessive. Les villages les plus célèbres du Luberon – Gordes, Bonnieux, Ménerbes, Roussillon – grouillent de ce que l'on appelle parfois les hirondelles de l'été : Anglais, Américains, Allemands, Suédois, Hollandais. Le marché hebdomadaire, en particulier à Apt et à Lourmarin, devient si congestionné qu'il n'est pas rare que l'on se surprenne à mettre dans le panier de quelqu'un d'autre le fromage que l'on vient d'acheter. Dans les cafés, les réserves de rosé baissent dangereusement. Se garer devient une expérience crispante.

On peut cependant éviter ça, soit en faisant ses courses dans la fraîcheur du matin, avant 10 heures, soit en partant pour les collines. Vingt minutes de voiture en dehors de la plupart des villes ou des villages conduisent dans une campagne vaste et magnifique. Là, aucune trace des bâtiments qui attirent le tourisme de masse : pas de lotissements, par de parcs à thèmes, pas d'hôtels de trois cents chambres et très peu de visiteurs. En Provence, même en juillet et en août, de vastes zones restent désertes. Le silence, un privilège en péril dans le monde moderne, est absolu. On a la place de respirer, et l'air est pur. Et les millions de visiteurs de l'été semblent loin, bien loin.

Herbes de Provence

En Grande-Bretagne, on prononce le « h ». Aux États-Unis, il est muet, et la curieuse prononciation des Américains suscite souvent des remarques désobligeantes de la part des Anglais. En fait, ce n'est qu'au XIXᵉ siècle que les Britanniques ont adopté le « h » dur, sans doute pour qu'on évite de les prendre pour des cockneys londoniens (qui ont l'habitude d'avaler leurs « aitches »). Les Américains continuent de pratiquer la prononciation d'origine, *à la française*.

De quelque façon qu'on prononce leur nom, les « herbes de Provence » sont fameuses. Elles sont évocatrices de collines ensoleillées, et de repas simples pris en plein air. Elles voyagent bien, car on n'est pas forcé de les utiliser fraîches ; elles peuvent passer des mois, voire des années, sur des étagères. Elles gardent, une fois sèches, la plus grande partie de leur saveur et de leur arôme, ce qui les rend populaires auprès des propriétaires d'épiceries, de delicatessen,

de boutiques de spécialités, de magasins d'alimentation, d'étals de marchés, de stands de souvenirs. J'en
ai vu vendues dans des aéroports et dans des stations-
service en bord d'autoroute ; en petits pots de terre,
en flacons de verre, en pochons de tissu, en sachets
décorés. Parfois, le passage du temps en a rendu le
contenu aussi impalpable que de la poussière, et il
n'a plus que peu de ressemblance, en odeur comme
en saveur, avec les herbes d'origine. Et très souvent,
hélas, il ne s'agissait même pas, au départ, des herbes
d'origine !

La plus grande partie – estimée à 80 % – des
plantes aromatiques vendues en France vient d'ailleurs. Le laurier vient de Turquie, la marjolaine
d'Egypte, le thym du Maroc et d'Espagne, le romarin
d'Espagne, et un conditionnement peu scrupuleux en
a fait des « herbes de Provence ». Naturellement, les
herboristes de Provence ont pris cela très mal, et se
sont défendus. Le 28 novembre 2003 a été introduit
le « label rouge », une garantie légale de provenance
peu différente du système de l'appellation utilisé pour
les vins. Il est évidemment exigé que les herbes viennent de Provence et, de plus, une recette spécifique
doit être suivie : 19 % de thym, 26 % de romarin,
3 % de basilic, 26 % d'origan et 26 % de sarriette
(mais il n'est pas précisé laquelle des vingt sortes de
sarriette est exigée). Ce mélange est approuvé par le
palais officiel, et en achetant un article qui porte le
label rouge, on peut être certain d'avoir quelque
chose d'authentique.

Mais comme pour tout ce qui, en Provence, touche
à la nourriture, il y a de violentes querelles. Nombreuses sont les cuisinières qu'on ne prendra jamais
à mélanger les herbes, et qui préfèrent une herbe par-

ticulière pour un plat particulier : le romarin pour l'agneau, le genièvre pour le gibier et le bœuf, la sauge pour le porc et les pommes de terre, le fenouil pour le poisson, le thym pour le lapin et les viandes grillées, l'estragon pour le poulet et le veau, le laurier pour le poisson et le bœuf, le basilic pour les tomates et la soupe au pistou, la sarriette pour les fromages. J'ai lu dans un livre de cuisine provençal cette phrase merveilleusement bêcheuse : « Il est hors de question de mélanger les herbes. »

Personnellement, je suis un mélangeur. Sur le gril, je trouve qu'un assortiment d'herbes rend meilleure n'importe quelle chair – qu'il s'agisse de poisson, de volaille ou de viande. Et comme si je ne commettais pas suffisamment d'hérésies, je garde près du barbecue un sac rempli de rognures de notre haie de romarin, et j'en jette des poignées directement sur les braises, quelle que soit la grillade. Ça sent merveilleusement bon, et ça me rappelle avoir fait, il y a quelques années, la visite d'un grand magasin d'alimentation prétentieux, bien loin d'ici, à Long Island. J'ai trouvé là-bas des brins de romarin, pas plus longs que mon petit doigt, enveloppés individuellement sous Cellophane et vendus un dollar et demi le brin. Ce n'était probablement même pas du romarin de Provence.

Normalement, la plupart des herbes sont réservées à la cuisine, mais il leur arrive de vagabonder dans les cabinets médicaux. Le millepertuis, mélangé à de l'huile, est un baume classique contre les brûlures. L'origan, utilisé sec, est un puissant désinfectant naturel, et on dit qu'il a aidé des gens à survivre à la peste. L'extrait de romarin est bon pour le cuir chevelu et pour les indigestions. Le thym sauvage combat les toux persistantes et l'asthme. Le basilic adoucit les douleurs gastriques. Le genièvre atténue les crises de rhumatisme. La sarriette – curieuse combinaison de vertus ! – augmente la libido et guérit de la diarrhée. Il existe, semble-t-il, des cures d'herbes pour toutes les maladies, sauf pour la préférée des Français, l'hypocondrie.

Hiboux et hérons

S'il existait un prix pour l'oiseau le plus prétentieux et le plus visible en Provence, il devrait être décerné à la pie, ce charognard noir et blanc. Même pendant la saison de la chasse, lorsque la plupart des oiseaux prennent prudemment le chemin d'Aix ou d'Avignon, en route vers une relative sécurité, on voit des pies partout. Elles se rassemblent au milieu de la route, se chamaillant les restes d'un rat des champs écrasé. Elles se cachent à côté du bac à ordures, au cas où une friandise putride aurait échappé à un sac plastique. Elles hantent les vignobles, espérant trouver un petit cadavre bien pourri. Et je suis sûr que c'est leur régime toxique qui les protège du fusil des chasseurs. Je n'ai pas encore trouvé de livre de cuisine donnant une recette de ragoût de pie, pour l'excellente raison que la première bouchée serait sans doute la dernière. La mort, ou le dégoût, rendrait la deuxième impossible.

Bizarrement, on voit rarement des pies près de notre maison. On m'a dit que c'est parce qu'elles ne veulent pas pénétrer sur le territoire des hiboux, et que nous avons des hiboux. Le hibou, parfait contraire de la pie, est un oiseau qu'en général on entend, mais qu'on ne voit pas. Les nuits d'été, quand l'obscurité a fini par tomber, on entend souvent la voix de notre hôte le hibou – *hoo-hoo-hoo-hoo* – en provenance du platane du jardin. C'est un chant clair, calme, généralement très apaisant. Par une chaude nuit, cependant, il y avait en lui une note d'urgence, d'agitation – *hoo ! hoo ! hoo !* Et pas uniquement ça : le hululement se déplaçait, venant de divers endroits du jardin. Nous avons imaginé que le hibou était dans les affres des amours, et n'y avons plus pensé jusqu'au lendemain matin, quand nous avons découvert un visiteur dans la cuisine.

Il était debout sur le sol, sous une fenêtre que nous avions laissée entrouverte. Il avait à peu près la taille d'une cannette de bière, avec de grands yeux jaunes et une paire de mignonnes petites oreilles. C'était un bébé hibou. Apparemment, sa mère l'avait perdu la nuit d'avant et ce que nous avions entendu, c'étaient les hululements d'une mère hibou inquiète à la recherche de son bébé. Mais qu'allions-nous faire de lui ? Trouver rapidement quelques vers ou un cadavre de campagnol pour son petit déjeuner ? Le remettre dans le platane ? Et s'il tombait ? Savait-il voler, ou avait-il réussi à escalader le mur jusque dans la cuisine ? Nous avons passé la plus grande partie de la matinée dans une contemplation impassible, essayant d'imaginer comment le rendre à sa famille.

Nous avons finalement décidé de le laisser sur un rebord de pierres basses, dans la partie la plus ombragée du jardin – un endroit où il ne risquait rien, et où une mère attentive le verrait aussitôt. De temps en temps nous jetions un coup d'œil par la fenêtre, et il nous regardait à son tour, sans ciller de ses yeux jaunes. A un moment donné nous avons cru qu'il était parti, mais nous nous sommes rendu compte qu'il avait grimpé dans un pot de fleurs et s'était installé au milieu des géraniums. Sa mère ne donnait pas signe de vie. Nous commencions à penser que nous allions devoir l'adopter, et nous apprêtions à appeler le vétérinaire pour lui demander des conseils sur l'éducation d'un hibou orphelin. Mais au cours de l'après-midi, sa mère a dû venir le sauver et le remmener chez lui, et cette nuit-là nous avons entendu que tout allait bien. Le hululement avait regagné le platane, retrouvant son rythme naturel et serein.

Plus tard je me suis aperçu que notre jeune visiteur était un moyen-duc, et nous espérons qu'une fois adulte il restera chez nous. C'est plus que je ne peux en dire de notre autre hôte volant habituel, qui vient souvent au petit déjeuner quand il pense que personne ne le regarde : le héron cendré. Il vient en général très tôt le matin, juste au lever du soleil, sans doute parce qu'il pense que les poissons rouges du bassin seront endormis, et pas encore sur leurs gardes. Il se perche sur le bord du bassin, tend le cou vers le bas et regarde attentivement dans l'eau. Vu de derrière, il ressemble à un homme efflanqué et myope à la recherche d'un petit objet qu'il aurait laissé tomber. Il reste complètement immobile jusqu'à ce qu'un poisson sans méfiance s'approche de lui. Alors il attaque. Son cou semble s'allonger de quelques centimètres supplémentaires, et son bec part comme un flèche, ne faisant rien de plus qu'une ride à la surface de l'eau avant de ressortir en tenant, s'il a eu de la chance, une victime qui se tortille.

Si je ne le dérangeais pas, je suis sûr qu'il considérerait le bassin comme son bar à sushis personnel, et que, sans doute, il se perfectionnerait, passant du poisson rouge à la carpe, plus grosse et plus chère. Mais j'aimerais empêcher ça, et je peux heureusement compter sur l'aide de nos chiens. Il n'y a rien qu'ils n'aiment plus que de menacer un intrus, et ils ont découvert que le héron n'est pas seulement inoffensif (pour eux) mais plutôt timide : un aboiement, et il décolle, ses ailes battant l'air et ses pattes grêles pendantes tandis qu'il vole bas sur le champ, telle une vision préhistorique, les chiens le poursuivant, enthousiastes mais sans espoir.

Hier

On rencontre en Provence deux visions différentes du passé récent : une vision romantique et une vision pratique. Chacune d'elles est couramment illustrée par l'immobilier.

Les adeptes de l'école romantique sont en général des couples plus jeunes et plus riches, récemment arrivés d'une ville d'Europe plus septentrionale. Ce sont des accros à « hier », et ils aimeraient que leur vieille ferme provençale reste, dans la mesure du possible, « authentique ». Des ouvertures minuscules, des plafonds bas, un sol inégal, des escaliers mortellement raides, une plomberie excentrique, des tuiles qui battent sur le toit, des cheminées qui fument – ils ne voient pas tout cela comme une brutale régression, mais comme l'expression certaine du charme qui fait tant défaut à leurs appartements fonctionnels de la ville. C'est la vie à la campagne, dans toute sa désuétude nouvelle pour eux.

Les invités vont et viennent, essayant de montrer de l'indulgence pour tout ce qu'on leur demande de supporter. Quand ils s'aperçoivent qu'ils partagent leur chambre avec une chauve-souris, ils sont surpris, mais ne se plaignent pas. Il survivent à des commotions multiples chaque fois qu'ils oublient de se baisser pour passer des portes faites pour la petite taille des gens du Moyen Age. En serrant les dents, ils se débattent avec les complications de toilettes qui ont deux fois leur âge, et d'une cuisinière imprudemment sauvée d'une décharge. Et pourtant, loin de s'en excuser, leurs hôtes semblent être très fiers de ces obstacles à une existence civilisée. Visiblement, ils se délectent des joies de ce qu'ils appellent la vie rustique.

Pendant ce temps, les anciens propriétaires de la ferme, un vieux couple qui a passé sa vie en Provence, se répandent en bénédictions. Ils ont vendu à un très bon prix, et se sont installés dans une petite villa moderne avec doubles vitrages, chauffage central et cuisine équipée, la « cuisine américaine » dont ils rêvaient. Ce ne sont pas des accros à « hier » : ils se rappellent trop bien comment c'était. Ils se souviennent comment, enfants, ils utilisaient les toilettes extérieures avec un mistral qui menaçait de les arracher au siège ; ils se rappellent le défi logistique consistant à obtenir assez d'eau chaude pour un bain, un seau à la fois ; le sol de pierre glacé pendant tout l'hiver, les fuites dans le toit, le sifflement du vent à travers des fenêtres mal ajustées, la corvée quotidienne qu'était l'existence. C'était charmant ? Allons donc !

Entre ces deux extrêmes, il existe ces maisons à la perfection exaspérante que l'on voit dans les magazines, des monuments dressés à un certain type de goûts, en général un mélange d'architecture ancienne et de confort du XXIe siècle : un couvent de nonnes transformé avec, peut-être, une piscine couverte. Selon ma théorie, personne, en fait, n'habite dans ces extraordinaires établissements. Ils ne sont là que pour être photographiés. Ils ne trahissent aucun signe de vie et, en tout cas, ils ne sont pas habités par des couples avec des enfants, des chiens et des amis aux habitudes normalement salissantes. Peut-être, de temps en temps, des décorateurs ou des photographes y passent-ils une nuit, mais ils ne laissent aucune trace.

J'ai eu un jour l'occasion de visiter un endroit de ce type, en compagnie des anciens propriétaires, le fermier et sa femme. Nous avions été invités à voir les changements effectuées dans une vieille et vaste bergerie, transformée à prix d'or en l'équivalent provençal d'un loft de Manhattan. Tout s'est bien déroulé jusqu'au moment où l'on nous a montré un coin du salon transformé en complexe médias, où, selon nos hôtes, ils allaient passer confortablement plus d'un hiver à regarder la télévision et à écouter de la musique. Nous étions tous favorablement impressionnés par l'alignement reluisant des gadgets high-tech. Mais c'est autre chose qui attira le regard de la femme du fermier. « On ne dirait vraiment pas, dit-elle au nouveau propriétaire, que c'est là que l'oncle Bruno s'est suicidé. Vous avez bien lessivé les dalles, au moins ? »

Hiver

Des amandes oubliées, noires sur les branches dépourvues de feuilles. Des ceps de vigne taillés tendant leurs mains tordues à travers la terre brune et nue. Des couchers de soleil d'hiver, blafards et panoramiques, suivis d'une lune sanglante et basse. De la vapeur qui monte de la croupe d'un cheval. Les champs sont blancs de la roquette sauvage. Des buissons d'ajoncs brillants de leurs pointes d'un jaune acide, et un unique bourgeon violet, optimiste, sur un massif de romarin. Des panaches de fumée dans le lointain, qui montent tout droit dans l'air calme. Une peau de glace translucide sur la mousse de la fontaine. Le bruit sec des coups de feu, à l'aube et au crépuscule. Des grognements, des hurlements et le tintement des clochettes des chiens de chasse. La terre gelée qui craque sous les pas. La toux d'un tracteur qui démarre. Des bûches de cèdre qui crachent dans la cheminée. Le silence d'une campagne amortie par la neige. Les senteurs de la saison : l'air glacé au parfum de feu de bois ; l'odeur épaisse, presque pourrie, de la première truffe ; l'esssence huileuse des olives que l'on presse. C'est l'hiver.

Huile d'olive

En général, on doit payer un prix pour nos plaisirs et, dans la vie, il est rare de trouver une chose agréable qui ne cause pas, un jour ou l'autre, de l'obésité, de l'essoufflement, une cirrhose du foie, des brûlures d'estomac, des douleurs aux articulations, des caries, la goutte ou des palpitations. Mais on peut aujourd'hui faire cette révélation : riches d'une expérience de plus de deux mille ans, les médecins et les savants s'accordent à dire qu'une dose quotidienne d'huile d'olive est bonne pour la santé.

Non seulement elle est dépourvue de LDL (le mauvais cholestérol), mais elle permet d'augmenter le taux de HDL (le bon cholestérol). Elle facilite la digestion, ce que les Français appellent pudiquement le « transit intestinal ». Elle contient de la vitamine E et de l'acide oléique, qui aide à la croissance osseuse. Et, si on en croit les générations passées, elle peut prévenir les pellicules, le dessèchement de la peau, les rides, la constipation et l'excès de pression sanguine. Prises avant qu'on ne touche à la bouteille d'alcool, deux cuillers à soupe d'huile d'olive tapissent l'estomac, diminuent les effets de l'alcool et réduisent les risques de gueule de bois (et ça, j'en ai fait l'expérience).

Seulement 3 % environ de l'huile produite autour du bassin méditerranéen vient de Provence. Les fabricants locaux d'huile d'olive ont cependant délibérément privilégié la qualité au détriment de la quantité, et l'huile provençale est, à mon avis, aussi bonne que sa rivale la plus fameuse, celle de Toscane. Je dois honnêtement avouer que je parle de façon intéressée, car je suis moi-même un des plus petits producteurs d'huile d'olive au monde. Nous avons deux cents oliviers sur le terrain qui entoure la maison, et l'huile qu'ils produisent a – tout au moins pour moi, propriétaire admiratif et partial – le goût du soleil liquide.

La récolte commence peu après la mi-novembre, quand les petites *cailletiers* sont mûres. C'est au cours des semaines qui précèdent Noël que nos autres variétés, l'*aglandau* et la *picholine*, sont cueillies – soit on peigne l'arbre, soit on le gaule – et portées au moulin de pressage. Il s'agissait autrefois d'un procédé pittoresque – des meules de pierre géantes, ou des cylindres en forme de cône, des trémies de bois, d'énormes filtres circulaires en chanvre – et on pouvait assister à chaque étape de la transformation des olives en l'huile. Maintenant, on a plus de chances de trouver un matériel aux lignes épurées en acier inoxydable ; les olives rincées entrent par une extrémité, et l'huile en ressort par l'autre, sans que l'on voie rien de ce qui se passe entre-temps. C'est moins romantique, mais plus hygiénique.

Il faut environ cinq kilos d'olives pour produire un litre d'huile, et l'huile de la première pression à froid, sans être chauffée ni bénéficier d'adjuvants chimiques, est un produit parfaitement pur. (A la différence des huiles végétales, qui contiennent des toxines et doivent être traitées avant de pouvoir être consommées par l'homme.) Mais il y a pureté et pureté, et nous en arrivons maintenant à la notion intéressante des degrés de virginité. Presque toutes les huiles pressées à froid sont classifiées comme vierges. Mais parmi elles, on peut dire de certaines qu'elles atteignent l'apogée, le pinacle de la virginité, et, de celles-ci, on dit fièrement qu'elles sont extra-vierges.

La première fois que j'ai rencontré cette expression, c'était sur une bouteille d'huile de Lucques. *Extra-vierge* : plus je regardais ces mots, plus ils me paraissaient étranges. La virginité est une condition physique, une chose simple qui ne requiert pas de qualificatif. Comment une chose pouvait-elle être *extra-vierge* ? Si c'était possible, est-ce qu'on pouvait dire d'une femme qu'elle était extra-enceinte ? Et extra-mort ? Pensant ne pas m'en laisser conter, je décidais qu'*extra-vierge* était une hyperbole romantique, le genre de chose qu'un serveur italien murmure à l'oreille d'une jolie cliente en lui préparant sa sauce de salade.

Evidemment, je me trompais. Il existe, en fait, trois degrés de virginité, selon le pourcentage d'acides gras dans l'huile. Moins de 1 %, et l'huile peut légitimement être dite *extra-vierge* ; entre 1 % et 1,5 %, l'huile est dans la catégorie *vierge fine* ; au-dessus de 1,5 %, et jusqu'à 3,5 %, l'huile devient *vierge ordinaire*. Mais, comme il n'est pas poli de dire d'une vierge qu'elle est ordinaire, vous ne verrez jamais le mot *ordinaire* sur une bouteille d'huile qui se respecte, mais juste *vierge*.

Comme le vin, l'huile d'olive doit être conservée dans un endroit frais et sombre (mais pas dans un réfrigérateur). A la différence du vin, elle ne s'améliore pas avec l'âge, mais elle est meilleure juste après le pressage. Quant aux méthodes pour l'apprécier, les plus simples sont les meilleures. Les Corses vous diront de verser quelques gouttes d'huile sur la paume d'une main, de plonger le doigt dans cette flaque miniature et de le lécher. Ou de prendre un morceau de baguette fraîche, de creuser dedans un trou avec le pouce, de le remplir d'huile, de humer et de finir par manger le pain. Quelques gouttes sur une pomme de terre chaude, c'est très bon aussi. Et, suivant le conseil d'un très vieux gentleman de Haute-Provence, j'ai aussi pris l'habitude de boire un petit verre d'huile d'olive tous les matins avant le petit déjeuner. Il m'a dit que j'y gagnerais vingt-cinq ans de vie.

Il existe assez de recettes de cuisine utilisant de l'huile d'olive pour remplir une bibliothèque – depuis la mayonnaise jusqu'à la crème glacée, en passant par des centaines de plats. Fait encore plus remarquable, je n'ai jamais entendu quiconque se plaindre d'un excès d'huile d'olive dans son régime alimentaire. La police des régimes, à la recherche des symptômes alarmants de toutes sortes, a été incapable, jusque-là, de trouver une raison valable pour empêcher qu'on ne prenne toute l'huile d'olive qu'on veut, et chaque fois qu'on en a envie. Pour une fois, semble-t-il, il est possible d'abuser d'une bonne chose.

If (château d')

Tout a commencé en 1516, juste après que François Ier eut battu à Marignan les troupes du duc de Milan. Cherchant un lieu de repos et de détente après la bataille, il décida d'aller à Marseille, qui se trouvait tout près de là.

Pour commencer, il fut étonné de trouver Marseille dépourvue, même en ces temps de guerre, de protection du côté de la mer : rien n'était prévu pour arrêter une flotte ennemie. Mais le roi remarqua qu'il y avait, juste en face du port, et presque à portée de canon, une parfaite barrière potentielle, le minuscule îlot d'If, qui était désert. En y ajoutant un fort et une batterie d'artillerie lourde, ce morceau de rocher pourrait facilement devenir la première ligne de défense de Marseille. Joignant l'action à la pensée, François Ier manda sa galère personnelle et partit inspecter le site.

Et, sur place, il eut une deuxième surprise : il découvrit que l'îlot n'était pas entièrement désert.

Il y avait un unique habitant, extraordinaire, qui broutait paisiblement le peu d'herbe ayant réussi à pousser dans des conditions si difficiles : un rhinocéros adulte, un peu fatigué par le voyage, mais, en dehors de ça, en parfaite santé.

En ces jours fastes, les chefs d'Etat aimaient échanger des cadeaux impressionnants, et plus ils étaient inhabituels, mieux c'était. C'est pourquoi le maharadjah de Guzerat, après s'être creusé la tête pour trouver quelque chose qui puisse convenir à Emmanuel le Magnifique, roi du Portugal, lui avait envoyé un rhinocéros. Emmanuel, sans aucun doute impressionné mais ne sachant peut-être pas trop quoi faire d'un animal domestique gros comme un char d'assaut, décida, à son tour, d'impressionner le pape. Il envoya le rhinocéros à Rome, avec une halte à If pour permettre à son présent de se remettre des fatigues du voyage.

Le rhinocéros fut expédié, et la construction du fort commença. Il fallut quinze longues années pour l'achever – un délai auprès duquel les entrepreneurs provençaux d'aujourd'hui paraissent travailler à la vitessse de l'éclair. Une fois terminée, c'était une forteresse de luxe, avec tous les accessoires : trois tours, un donjon, des cellules plus ou moins austères et inconfortables, et une garnison de soixante hommes. Les habitants de Marseille, se sachant sous la protection d'une installation militaire de pointe, pouvaient maintenant dormir sur leurs deux oreilles. Mais, ironie du sort, les temps, en quinze ans, avaient changé, et la forteresse possédait tout – sauf des ennemis. Personne ne cherchait à s'emparer de Marseille, tout au moins pour l'instant. Les troupes de la garnison admiraient le paysage et se tournaient les pouces.

Pas pour longtemps. On a toujours, dans une société ouverte et démocratique, besoin d'un endroit bien gardé pour y enfermer les gens, et quel lieu convenait mieux que cette petite île ? Trois cents mètres de long sur cent quatre-vingts mètres de large, entièrement entourée d'eau, c'était l'endroit idéal. Le château fut donc transformé en Alcatraz de l'époque – une prison antiévasion destinée aux voleurs, aux vagabonds, aux incorrigibles, aux bons à rien, aux opposants, aux semeurs de troubles, et à quiconque ne plaisait pas aux autorités. Un pauvre diable, M. de Niozelles, passa six ans à l'isolement pour avoir omis d'ôter son chapeau en présence de Louis XIV.

Il existait deux types de logements. Ceux de la classe économique ne pouvaient s'attendre à autre chose qu'à des murailles et des sols nus, et aux repas les plus frugaux. Les détenus plus riches pouvaient passer leur temps de captivité *à la pistole* : ils payaient pour leurs aises, y compris une nourriture meilleure et des chambres meublées (chacune avec vue sur mer), et étaient en général bien traités. Mirabeau, par exemple, emprisonné à la demande de son père irrité, dut même éprouver un petit pinçon de regret quand ses six mois s'achevèrent. Il était devenu l'ami du gouverneur général de la forteresse, et avait séduit la jeune femme du geôlier. D'autres eurent moins de chance, en particulier les trois mille cinq cents protestants qui attendaient d'être envoyés sur les galères. La plupart moururent avant d'avoir pu prendre la mer.

Le prisonnier le plus célèbre n'a pas existé. Edmond Dantès, comte de Monte-Cristo, fut condamné par son créateur, Alexandre Dumas, à quatorze ans. Il s'évada en se faisant passer pour un cadavre – dissimulé dans un sac qui fut jeté à la mer – avant de nager cinq kilomètres jusqu'au rivage. Cette évasion est commémorée chaque année par le « Défi de Monte-Cristo », une course à la nage entre le château d'If et la plage du Prado. (En 2004, il y eut quatre cents participants, et le gagnant effectua la traversée en 54 minutes et 10 secondes.) L'histoire de Dumas a inspiré aussi vingt-trois films et un petit ajustement dans l'architecture du château d'If : les visiteurs verront une cellule spécialement fabriquée pour Dantès, avec le vrai trou par lequel son corps de fiction allait rendre visite à l'abbé Faria. Et comme, dans la fiction, tout est possible, peut-être fumait-il un de ces cigares qui portent son nom, un cigare de La Havane, où son histoire était très populaire parmi les ouvriers des manufactures de tabac.

Il paraît incongru qu'une histoire si triste soit située dans un endroit aussi magnifique. Les prisonniers devaient souffrir d'autant plus qu'ils bénéficiaient de la vue la plus stupéfiante sur Marseille, et il n'y a pas meilleur moyen que le bateau pour pénétrer au cœur de la ville. En arrivant sur le Vieux-Port depuis le château d'If, on voit tout ce qu'il y a à voir : l'énorme statue de la Vierge sur le beffroi de Notre-Dame-de-la-Garde, dorée et brillant dans le lointain ; ce qui était autrefois la plus belle résidence privée de Marseille, le Pharo, ancienne maison de villégiature de l'impératrice Eugénie ; les grands forts de Saint-Jean et de Saint-Nicolas ; et, derrière eux, des yachts et des bateaux de toutes tailles, par centaines, sagement ancrés, alignés, des hectares de propriétés foncières flottantes. C'est une vue impressionnante, joliment mise en valeur par la taille des bâtiments autour du quai, qui sont relativement bas et d'une discrétion plaisante. On a résisté à la tentation de construire des boîtes en ciment de trente étages, et la vue générale du port n'est sans doute pas très différente de ce qu'elle était à l'époque de Dumas. Je peux l'imaginer assis devant l'un des cafés, un verre à portée de main, finissant rapidement un roman avant d'aller déjeuner.

Inconnus (les petits)

C'est une expression prisée par les gentlemen spécialisés dans la restauration des vieilles demeures provençales. Les architectes et les maçons l'utilisent sans cesse, les électriciens souvent, et même les peintres, quand ils ne trouvent plus d'autre excuse, se réfugient derrière elle. Et pourquoi ? Parce qu'il s'agit de l'ultime échappatoire, une clause qui dit tout et rien à la fois, qui s'applique également au temps et à l'argent. Fondamentalement, il s'agit d'un transfert de responsabilité sur une génération antérieure d'ouvriers, qui – ça tombe bien – sont maintenant morts. Voilà comment ça fonctionne.

La première chose à comprendre, c'est qu'une vieille maison ne pourra jamais se trouver équipée de quelque chose d'aussi moderne qu'un tableau avec le schéma des branchements – même dans le cas où elle a déjà eu l'électricité. Il n'y aura pas non plus de plan montrant où se trouvent les tuyaux, les canalisations et les conduits. En ce sens, la maison dans son ensemble est un *inconnu*. Tout ce qu'on en sait, c'est ce qu'on en voit : les dalles du sol, les poutres du plafond, les murs épais et qui semblent solides.

Rassuré par leur apparence compacte, on décide d'y percer quelques ouvertures. Une ou deux fenêtres supplémentaires, quelques arches pour passer d'une pièce à l'autre : rien de très compliqué. C'est du moins ce qu'on imagine. La première attaque au marteau-piqueur est lancée dans l'enthousiasme. Mais, soudain, le travail s'arrête. On vient de découvrir le premier *petit inconnu*. Le mur n'est pas aussi solide qu'il y paraît. Il a été *mal fait* par un vaurien du XVIIIe siècle. Le cœur en a été rempli de sable et de petits gravats, et si un marteau-piqueur le menace à nouveau, il risque de s'effondrer, mettant en péril l'élégant plafond.

Et à propos d'élégant plafond, comment se fait-il que, jusque-là, personne n'ait remarqué ces sinistres traces de termites sur les poutres ? Ou la tache permanente de moisissure – là, là où le plâtre s'écaille – dans la cuisine ? Et quelle est cette odeur étrange et désagréable ? Un par un, les *petits inconnus*, souvent pas si « petits » que ça, se manifestent à votre attention, accompagnés chaque fois d'un haussement d'épaules compatissant. Vous demandez combien ça coûtera pour les réparer, et le temps que ça prendra. Une fois de plus, un haussement d'épaules. C'est justement le problème avec les *inconnus*. On ne sait jamais. Bientôt, les devis d'origine ne sont plus qu'un agréable souvenir comparés au coût éventuel des travaux à venir. Et l'idée que ceux-ci soient achevés au printemps a cédé la place à l'espoir qu'ils puissent l'être pour Noël.

Il y a aussi les *inconnus* mineurs qui tiennent plus à des causes naturelles qu'à des vices de structure. On découvre un nid de frelons sous les tuiles du toit, et le travail s'arrête jusqu'à ce que les pompiers arrivent à la rescousse. Les racines d'un vieux platane ont pénétré dans la fosse septique. Des chauves-souris se sont installées dans l'ancien conduit d'aération. Ou, surprise la plus désagréable, les chèvres vous ont laissé un héritage.

Autrefois, il était courant que, l'hiver, les chèvres soient abritées pour la nuit, soit dans un appentis extérieur, soit dans la maison elle-même. Comme on peut s'y attendre de la part de chèvres enfermées, elles laissaient sur le sol des traces de leur passage. Et elles se frottaient contre les murs, formant sur le plâtre ou les pierres un enduit invisible constitué d'huiles naturelles. Quand ils ont été soumis à ce régime pendant deux ou trois décennies, les murs et les sols sont imprégnés d'*eau de chèvre*, et il n'y a pas d'autre solution que de démolir et de reconstruire. Nettoyer au Kärcher, passer de la teinture, sabler, repeindre tache après tache – rien n'y fait. Il subsistera toujours un souvenir dans l'air. C'est pourquoi, lorsqu'on visite de vieilles propriétés, il faut toujours se fier à son nez. Parce que souvent, très souvent, ce qu'on achètera, c'est ce qu'on a senti.

Initiales

Pour des raisons qui tiennent sans doute de la mode et du statut social, nous avons permis à nos vêtements et à nos accessoires de se laisser envahir par les initiales d'inconnus. Les G et les C de Gucci et de Chanel, les D de Dior, les F de Fendi, les LV de Louis Vuitton – ils sont partout, comme une éruption coûteuse, et ils tendent à devenir de plus en plus grands, de plus en plus criards, de plus en plus voyants. S'ils continuent à croître et à se multiplier, les plus petites rues de Paris et de New York ne seront plus peuplées d'hommes et de femmes vêtus avec plus ou moins d'élégance, mais par des alphabets sur pattes. Une idée qui donne le frisson.

C'est donc avec soulagement que je me tourne vers les temps plus discrets du XIXe siècle en Provence, une époque où les initiales connaissaient leur place, leur rôle, et leur propriétaire. C'était l'âge d'or des monogrammes. Ils étaient élégamment réalisés à la main, et relevaient de l'art plus que de la publicité. On les trouvait sur les portails en fer forgé, sur les plaques de cheminée en fonte, sur les draps et les taies d'oreiller, sur les chemises et sur les robes, sur les nappes et sur les mouchoirs, et même sur les torchons. Ils étaient souvent magnifiques et parfois très raffinés. Pour le linge, ils étaient en général blanc sur blanc, des initiales en relief aussi agréables au toucher qu'une carte de visite gravée.

Le rôle de ces initiales était très simple : il s'agissait de marquer sa propriété, ce qui, pendant des siècles, a été une préoccupation importante pour les Provençaux. Ça a commencé avec l'eau et la terre – deux sujets de dispute très courants, encore aujourd'hui –, et ça s'est répandu partout. Lorsque la passion des initiales était à son maximum, peu de choses échappaient à la marque du propriétaire. Les seaux servant à porter de l'eau, les cageots pour ramasser les raisins et les olives, les échelles pour cueillir les cerises, les planches à pain, la vaisselle, l'argenterie, les tombes – si l'on avait pu monogrammer les champs et les puits, il ne fait aucun doute qu'on l'aurait fait aussi.

Aujourd'hui, c'est probablement sur les stands et dans les boutiques des marchands de tissu qui viennent chaque week-end au marché de L'Isle-sur-la-Sorgue que l'on trouve la plus belle collection d'anciens monogrammes provençaux. Une grande partie de ce qu'ils vendent est usé et trop fragile pour être utilisé autrement que comme décoration ; mais un monogramme peut être un ornement pour un coussin, ou agrémenter la couverture d'un album de famille. Et de temps en temps, on tombe sur une belle paire de draps inutilisés du XIXe siècle, encore dans leurs plis d'origine, ornés d'un ruban, tissés dans ce solide mélange de lin et de coton appelé « métis ». C'est une étoffe épaisse, faite pour résister aux brutales techniques de lavage d'autrefois, assez solide pour passer d'une génération à la suivante. Avec un peu de chance, ces initiales si soigneusement cousues seront les mêmes que les vôtres, et, pendant les cinquante prochaines années, vous aurez le plaisir très intime de dormir entre des draps personnalisés.

Insectes

En dehors de la cigale – et peut-être du moustique de Camargue, cette bestiole énorme et hideuse –, on s'intéresse peu aux insectes de Provence. Ils constituent pourtant, à la fois par leur taille et leur diversité, une population impressionnante. Il existe dans le seul Luberon plus de seize mille espèces différentes : la moitié de la totalité des espèces trouvées dans l'ensemble de la France. Il est vrai qu'il faut être mordu d'insectophilie pour être excité à l'idée de rencontrer cinquante-trois sortes de fourmis. Mais en quelle autre région, aujourd'hui, a-t-on la chance de pouvoir parcourir des collines qui abritent deux mille sortes de papillons ? Si la plupart des autres espèces sont invisibles, tout au moins à nos yeux, il est toujours agréable de voir voleter des papillons. Après tout, ce sont les insectes qui alimentent en nourriture les oiseaux qui nous alimentent en musique.

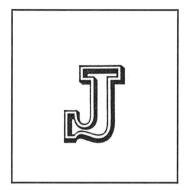

Jardins

En hiver, souvent, les températures tombent en dessous de zéro. L'été, il leur arrive de monter au-delà de 35 °C. Il n'est pas rare d'avoir plusieurs semaines d'affilée sans une goutte de pluie. Les types de sol varient, de la glaise au sable en passant par la terre et les fragments de calcaire, parfois sur la même parcelle. Avec des conditions pareilles, un jardinier a de quoi perdre le moral.

Et pourtant il y a toujours eu en Provence des jardins de toutes sortes. Autrefois, il n'était pas question de ces chefs-d'œuvre artistiques – avec leurs plantations élaborées, et leurs points de vue soigneusement ménagés – que sont les parcs des châteaux, mais de jardins *utilitaires*, de jardins productifs, de jardins qui travaillaient pour gagner leur vie. Ils se trouvaient habituellement près des maisons ; avec un peu de chance, ils étaient irrigués par une source, fertilisés par les ressources naturelles, et destinés à la nourriture. On devait y trouver un assortiment de haricots,

d'oignons, de poireaux, de choux, de lentilles, d'épinards, de salades et, évidemment, de l'ail. Un jardin d'agrément était hors de question : qui avait suffisamment de temps ou, denrée encore plus précieuse, suffisamment d'eau, pour les gâcher en les occupant à des choses aussi frivoles que des parterres de fleurs ou des allées ? Sauf de rares privilégiés, on ne connaissait pas les allées ni le concept de jardin d'agrément.

Ces privilégiés étaient les propriétaires des vastes domaines, les « grands seigneurs ». Ils avaient l'argent nécessaire, l'eau et la main-d'œuvre, et, quand ils ne se battaient pas entre eux, ils souhaitaient admirer, des fenêtres de leurs châteaux, quelque chose de plus élégant que des rochers et des broussailles. C'est ainsi que, dès le XVIᵉ siècle, la Provence a commencé à voir la création de jardins destinés à l'œil plus qu'à l'estomac. On a aplani des terrasses, planté des arbres d'ornement, installé des fontaines, construit des arcades et des balustrades, placé des statues aux endroits stratégiques. Ce n'était qu'un début.

Pendant les trois siècles qui ont suivi, la main verte a laissé des traces en Provence de Manosque jusqu'à Marseille, des jardins suspendus d'Ansouis juqu'au parc botanique de Fonscolombe. Il s'agit de jardins *à la française*, stricts et symétriques ; on y trouve des jardins botaniques et des jardins floraux ; des labyrinthes et des grottes ; des parterres, des topiaires, et d'interminables allées de platanes ; des lacs, des cascades, des canaux, des bassins – les façons dont la nature a été sculptée, cajolée, disciplinée sont extraordinairement diverses. Et le potager, le simple jardin de légumes d'autrefois ? Est-il parvenu à survivre au milieu de toute cette splendeur ? Eh bien, oui. Il existe toujours, même s'il s'agit maintenant plus d'un passe-temps que d'une nécessité. Il a perdu de son prestige. Aujourd'hui, quand quelqu'un vous invite à voir son jardin, ce n'est pas pour qu'on s'extasie devant ses poireaux, mais pour qu'on s'émerveille devant ses roses.

Il est amusant de penser que ces dernières ont peut-être été fournies par un descendant de ces pionniers de l'horticulture qui, il y a bien longtemps, faisaient pousser des légumes devant leur porte. Les temps et les goûts ont changé, les jardins d'agrément sont devenus plus populaires, et qui alors était mieux placé que le paysan pour les approvisionner ? Il possédait la terre, la science et le talent nécessaires à la culture. S'il acceptait de remplacer les légumes par des plantes et des fleurs (et même par des arbres), il pouvait s'installer comme jardinier professionnel. C'est ce qu'il a fait, et on voit que nombre de grandes pépinières de Provence sont des entreprises appartenant aux mêmes familles depuis des générations.

Leur succès au cours des dernières années doit beaucoup à cette puissante et coûteuse pulsion humaine : l'impatience. Comme chacun le sait, impatience et jardinage ne font pas bon ménage. Mais quand un homme veut, à partir de rien, créer un jardin dont il pourra profiter de son vivant, que peut-il faire ? Il ne va pas attendre vingt-quatre ans que ses pousses deviennent des arbres et que ses plantes s'étendent. Pas s'il peut aller chez le pépiniériste et trouver des cyprès de six mètres de haut, des oliviers vieux de cent ans, des lauriers-roses de la taille d'un homme, des buissons en pots déjà taillés en cône et en sphère, des plants de lavande de la taille de hérissons géants, des buissons de roses – un jardin instantané, prêt à être transporté et installé en échange d'un chèque. Comme me le dit un jour un pépiniériste en regardant ce qui semblait une petite forêt emportée sur l'un de ses camions : « Pas de doute. On en a fait, des progrès, depuis les choux. »

Jarres

Au commencement, il y avait la poterie. Elle servait aux Provençaux à conserver leurs graines, leur eau, leur huile, à faire la cuisine, à manger et, s'il leur arrivait de la casser, elle était facile à remplacer. On ne manquait pas de glaise ni de potiers.

Puis, le progrès aidant, la poterie céda la place à la verrerie de grande production, à l'acier inoxydable et à la matière plastique. Mais, comme cela arrive souvent, le passage d'un siècle ou deux eut pour effet de réévaluer le statut des objets quotidiens et l'humble pot, autrefois purement utilitaire, est devenu quelque chose de décoratif. Les poteries, à condition qu'elles soient suffisamment anciennes, ont quitté la cuisine et les placards pour prendre place, soigneusement éclairées, dans le magasin d'antiquités. La jarre en est un bon exemple.

Il ne fait pas de doute que c'est plus qu'un simple pot de forme ronde, à la fois par la taille et par le travail. Elle mesure en général 75 centimètres de haut ; son extrémité supérieure est recourbée vers l'extérieur pour constituer un rebord arrondi circulaire. Souvent, on a laissé, de façon pittoresque, couler par-dessus ce rebord le vernis appliqué à l'intérieur, et il forme une frise irrégulière contrastant avec la texture et la couleur de la terre. C'est un effet discret, mais très attrayant. Si elle vous plaît, la jarre peut être à vous pour quelques centaines d'euros, sans doute plus qu'a jamais pu rêver le potier qui l'a fabriquée.

Les jarres sont très à la mode comme ornement de pelouses et de terrasses, ou éparpillées autour des piscines ; elles sont souvent plantées de géraniums qui se répandent par-dessus bord. Elles ont un défaut, source de coûteuses lamentations pour qui n'a pas l'habitude de la poterie ni des hivers de Provence : elles supportent mal le gel. Elles s'écaillent, se craquellent, parfois elles éclatent. Mais aucun doute : quelqu'un, quelque part, travaille déjà sur la jarre du XXIe siècle, faite de la plus fine des fibres de verre.

Julien (le pont)

Chaque fois que je vois ce petit pont parfaitement conservé, j'ai du mal à imaginer qu'il est vieux de deux mille ans. J'ai encore plus de mal à imaginer que n'importe quel bâtiment du XXe siècle puisse être encore debout et puisse encore servir d'ici deux mille ans.

Les Romains avaient un génie particulier pour combiner, dans tout ce qu'ils construisaient, l'utilitaire, l'élégance et la solidité. Bien sûr, nombre de bâtiments romains n'ont pas subsisté, mais c'est en général qu'ils ont subi des siècles de destruction et de pillages. (Voler les pierres d'un pont afin de construire sa maison a longtemps été, en Provence, une façon traditionnelle de faire des économies.) Mais les structures qui ont survécu – les aqueducs, les amphithéâtres, les arcs de triomphe, les ponts – sont assez nombreuses pour prouver le travail magnifique dont étaient capables les Romains quand ils ne marchaient pas contre les hordes barbares.

Le pont Julien se trouve juste en dehors de la RN 100, qui mène d'Apt à Cavaillon. Il a été construit afin de permettre à ceux qui empruntaient la voie Domitienne, reliant autrefois l'Italie à l'Espagne, de traverser le Calavon. Pour un pont, il n'est pas très long : moins de cinquante mètres. Mais il a des proportions merveilleuses. Il est fait de trois arches reposant sur deux piliers. Grâce au savoir-faire des Romains, ces piliers ont été percés afin de permettre l'écoulement de l'eau en cas de crue, même si je n'ai encore trouvé personne qui se rappelle la dernière crue du Calavon. En fait, le pont mériterait une rivière plus puissante. Quel qu'il ait pu être autrefois, le Calavon, aujourd'hui, n'est guère plus qu'un petit ruisseau.

Peu importe. Le pont Julien est toujours là, et il fait encore son devoir de pont, assez solide pour supporter des machines que les anciens Romains n'auraient jamais pu imaginer : des Renault, des Citroën, des Peugeot, des caravanes, et très probablement l'habituel camion en excès de charge qui a perdu son chemin. Tous, chaque jour, traversent le Calavon et, sans doute, tous ignorent que ce qui les sauve d'un bain de pieds, c'est une technologie vieille de deux mille ans.

Kaki

On situe d'ordinaire en Chine les origines du kaki, un membre juteux de la famille des plaqueminiers. La façon dont il a émigré – comment il a effectué ces énormes bonds vers d'autres continents et d'autres pays – fait l'objet de débats à chaque réunion d'amateurs de kakis. Certains vous diront qu'il a quitté l'Extrême-Orient avec le contre-amiral Perry, qui l'introduisit en Californie en 1856. C'est un non-sens, répondront les autres : on le trouvait dès le début du xviie siècle en Virginie, où le voyageur William Strachey le décrit comme « fort succulent ». Un peu plus tard, il arriva en Europe, rapporté peut-être par le botaniste Joseph Banks, qui s'était embarqué pour un tour du monde avec le capitaine Cook. Ce qui est sûr, c'est que, par un chemin ou par un autre, le kaki est parvenu en Provence et s'y est bien adapté.

C'est un fruit qui ne possède pas une forme unique. Il existe des kakis ronds, des kakis coniques, des kakis aplatis, des kakis à peau fine ou des kakis bosselés. La couleur varie du rouge au jaune orangé et, descendu de son arbre, le kaki ressemble à une tomate charnue plus grosse que la normale. Le degré de douceur varie, mais normalement le kaki est très sucré avec une saine dose de vitamine C. C'est un fruit délicieux à manger frais.

Mais c'est la vue d'un arbre à kakis en hiver qui rend ce fruit si particulier et si mémorable. En une saison où la plus grande partie de la campagne est terne et dénudée, l'arbre à kakis se dresse comme s'il était éclairé artificiellement. Les branches sont totalement dépourvues de feuilles, mais les fruits sont toujours là. Ils pendent en grosses gouttes de couleur – c'est la façon qu'a la nature de décorer le paysage au moment de Noël. Quand le sol est couvert de neige, le rouge du kaki sur un fond blanc choque presque par son côté vivant. Et au clair de lune, l'hiver, on jurerait que le fruit est lumineux. On ne le cueille jamais sur l'arbre : mieux vaut le laisser briller jusqu'à l'arrivée des pluies, au nouvel an.

Kir provençal

La plupart des gens ont goûté au classique « vin blanc cassis », un verre de vin blanc sur une cuillerée à soupe de crème de cassis. Cette boisson est sans doute plus connue sous le nom de kir, d'après le chanoine Kir, maire de Dijon, qui est crédité de son invention.

Je m'étais égaré dans la partie sauvage au nord du mont Ventoux – une zone dont on dit que Dieu l'a oubliée – et arrêté dans un minuscule village isolé, pour essayer de retrouver mon chemin. C'était un jour d'hiver, il faisait un froid piquant, et les habitants semblaient hiberner. Les volets étaient fermés, les rues désertes et même les chats du village se cachaient. La seule maigre trace de vie provenait d'une guirlande d'ampoules de couleur clignotant au-dessus de la porte de ce qui s'avéra être le bar du village.

C'était un bar semblable à des centaines d'autres dans la Provence rurale. Un poste de télévision bêlant dans un coin, des petites tables, des chaises dures, différentes marques de pastis occupant la plus grande partie de l'étagère sur le mur du fond, une machine à café, un distributeur de cacahouètes, une assiette de plastique contenant un œuf dur solitaire – et l'aubergiste, un jeune homme plongé dans *L'Equipe*. Nous avions l'endroit pour nous.

Appuyé à côté de l'œuf dur, on voyait un petit écriteau artisanal en carton rigide. L'illustration montrait une poignée de grains bleu-gris tombant en cascade dans un verre à vin. Les mots griffonnés en dessous, dans une encre d'un bleu-gris assortie au dessin, annonçaient « Le véritable kir provençal », au prix de 1 euro. C'était la première fois que j'entendais parler de ça, et j'ai demandé au jeune homme qu'elle était la différence avec un kir traditionnel. Sans doute parce qu'on était dans un jour à se laisser engourdir, il prit son temps pour me répondre.

La famille de sa femme possédait quelques arpents de vigne près du village, et son beau-père était très fier du vin qu'il produisait. Malheureusement, ledit beau-père avait un palais en bois, et sa fierté était tout à fait injustifiée. Son rouge était buvable, mais tout juste. Son blanc était un breuvage amer, piquant, qui ressemblait plus à du vinaigre qu'à du vin. Même presque glacé, il faisait grincer les dents ; on frissonnait à chaque gorgée. L'ennui, c'est que le vieil homme insistait pour que ses vins soient vendus dans le bar et, pour la paix des ménages, son gendre se sentait obligé d'en prendre quelques caisses chaque mois. Là était le problème. Comment se débarrasser de cette terrible bibine sans choquer – voire empoisonner – ses clients ?

Il était évident qu'il fallait en modifier le goût. Ou, encore mieux, trouver le moyen de le dissimuler entièrement. On fit des expériences sur le vin avec du sirop de menthe, de l'anisette, on l'épiça de cannelle, on y ajouta du marc : c'était de pire en pire. Arriva le tour de la crème de cassis. Peu à peu, on augmenta la dose, passant de la cuiller à soupe habituelle au double, voire au triple. Et ça marcha. La touche finale consista à donner à cette concoction un nom qui la distinguât du kir normal.

Coup de chance : le kir provençal, bien que trop doux pour la plupart des hommes, s'avéra populaire auprès des jeunes filles, des vieilles femmes et des rares touristes passant par le village. Par curiosité, j'ai demandé au jeune homme de m'en préparer un, et il m'a regardé en avaler une gorgée.

Ça m'a rappelé le Ribena, une boisson anglaise que les mères administraient à leurs enfants, persuadées qu'elle contenait une bonne dose de vitamine C. C'était poisseux et écœurant, mais je dois reconnaître que je ne percevais plus la moindre trace de vin. J'ai félicité le jeune homme pour sa réussite.

« Et voilà, c'est ça, le marketing », conclut-il.

Korthals de Provence

En 1901, M. Charles Prudhommeaux fonda un club réservé aux propriétaires de chiens d'une race très particulière. Pour mémoire, donnons à cette race son nom complet et encombrant : le griffon d'arrêt à poil dur korthals. En d'autres termes, un pointer à poil dur, élevé à l'origine par monsieur E.K. Korthals. Pour ceux qui aiment les chiens à barbiche et moustache, les chiens hirsutes et très affectueux lorsqu'ils sont mouillés, il n'y a pas meilleure race. Ça fait plus de vingt-cinq ans que nous possédons des korthals, et nous sommes donc habitués à en voir autour de nous. Ça va jusqu'à l'addiction. Pour nous, habiter une maison dépourvue de l'une de ces créatures aimables et velues serait comme d'habiter une maison où manquerait un meuble important.

Les korthals aiment l'humidité. Montrez-leur un marécage, une tourbière, une mare ou, si vous n'avez rien de tout ça sous la main, un fond de fossé boueux, et ils se trouvent dans leur élément. C'est peut-être la rareté de ces agréments en Provence qui fait que l'on y voit peu de korthals, en dépit du fait que ce sont de formidables chiens de chasse, dont le museau est comme un radar détectant le gibier à plume.

Pour trouver un éleveur de korthals, j'avais toujours pensé qu'il fallait aller plus au nord, vers les régions plus humides de France.

Mais, une fois de plus, la Provence m'a surpris.

Nous venions de perdre un korthals, mort après plusieurs années passées avec nous. Pour mon anniversaire, mon épouse avait décidé de lui trouver un successeur, et en avait découvert un dans l'endroit le plus inattendu. Un éleveur accrédité était installé à une heure de route de chez nous, à Marseille. Sa femelle venait de faire onze chiots, et ma femme avait choisi l'un d'eux lors d'une visite clandestine. C'est ainsi que, le jour même où les chiots ont été assez grands pour quitter le giron familial, nous sommes allés chercher mon cadeau d'anniversaire.

C'était la première fois que je visitais un élevage, et je m'attendais à quelque chose de rural – sinon un domaine de plusieurs hectares, du moins une maison avec un jardin de bonne taille. Mais, au fur et à mesure que nous nous approchions de la banlieue de Marseille, un véritable sac de nœuds, les maisons devenaient plus petites et les jardins se réduisaient de plus en plus à des vestiges, à peine assez grands pour un chat, et inimaginables pour une portée de jeunes chiens. Nous avons fini par arriver. Il n'y avait pas trace du moindre jardin, si minuscule fût-il. La maison était construite au-dessus d'un garage, avec un escalier étroit menant à une terrasse couverte. Ils étaient là : un grouillement de chiots, leur mère, et une caille tremblante, qui faisait des allers-retours nerveux derrière les barreaux d'une cage en bois.

L'éleveur, en short et débardeur, vint nous accueillir.

« La voilà, dit-il en soulevant ce qui ressemblait à un gros hamster. Tous les papiers sont prêts, et elle a été tatouée. Je vous présente Sony. »

Quelques explications sont nécessaires pour quiconque n'a jamais été exposé aux complications du système du pedigree en France. Des documents en trois exemplaires donnant des détails essentiels comme la date de naissance et le nom des parents et de l'éleveur sont obligatoires. Ensuite, il faut un code personnel, généralement tatoué à l'intérieur de l'oreille du chien. Ce code est enregistré et stocké dans un ordinateur central, ainsi que le nom et l'adresse du propriétaire. Chaque année on prend une lettre de l'alphabet, et les chiens nés au cours de l'année doivent avoir un nom commençant par la lettre officielle. Notre chiot, né dans l'année des S, avait été baptisé Sony. (Comme nous ne voulions pas que notre chien porte un nom sorti d'un feuilleton télé, nous l'avons immédiatement changé, par contrat non officiel, en Nelly.)

Elle avait six semaines et déjà beaucoup de charme. L'éleveur l'a posée à côté de la cage de la caille. Toutes deux se regardèrent sans grand intérêt. « J'aime les habituer aussi rapidement que possible à l'odeur du gibier, a expliqué l'éleveur. Vous avez de la chance, votre chienne a un odorat exceptionnel, aucun oiseau ne lui échappera. »

Nelly aboya, s'allongea et s'endormit.

Je dis à l'éleveur combien nous avions été surpris de trouver un éleveur de korthals aussi au sud, et ça sembla lui rappeler un détail important. Ses chiens, nous dit-il, n'étaient pas de simples korthals, mais des korthals de Provence ; pour tout dire, des *korthals de Marseille*. Il nous jeta un regard entendu, comme si nous savions exactement de quoi il s'agissait.

« Ils ont le caractère marseillais, un peu spécial, ajouta-t-il. Pas comme ces chiens du Nord. »

Après avoir passé trois ans avec Nelly, nous savons maintenant ce qu'il voulait dire. Selon un processus génétique mystérieux, elle semble avoir de nombreux traits de la personnalité marseillaise classique. Elle fait du cinéma : une petite épine dans la patte devient aussi dramatique qu'une amputation ; elle se jette sur la nourriture comme si elle jeûnait depuis plusieurs semaines ; et nos visiteurs sont soumis, via sa truffe, à une inspection corporelle approfondie. Elle est exubérante, traitant les autres chiens avec l'équivalent canin de grandes tapes dans le dos et de coups de coude dans les côtes. Elle est très vocale, avec un répertoire qui va de l'aboiement normal à une large collection de piaulements aigus quand elle ne peut pas attendre une seconde de plus sa promenade du matin. Elle est autoritaire : elle est le plus jeune de nos trois chiens, mais c'est elle le patron. Pour utiliser un euphémisme que j'ai souvent appliqué à des personnalités débordantes, elle est *dynamique*. Et elle est, sans le moindre doute, le plus beau cadeau d'anniversaire que j'aie jamais reçu.

Lactaires

C'est l'automne, et la forêt fourmille d'étranges silhouettes courbées. Des seaux, des corbeilles, ou des sacs plastique à la main, elles fouillent dans les sousbois, à la recherche de champignons. Avec de la chance, elles tomberont sur un champignon orange, avec des taches grises, très apprécié par les cuisinières provençales : le *pinen*, connu aussi sous le nom de *Lactarius deliciosus*, lactaire délicieux, ou tout simplement lactaire.

La famille des lactaires est vaste. Il en existe plus d'une douzaine de variétés, et la plupart d'entre eux sont si durs et si amers qu'ils sont immangeables. Mais le délicieux mérite vraiment son surnom et, bien préparé, il peut être excellent. On le trouve sous les pins, souvent sur des terrains sablonneux – des conditions courantes dans le Luberon. Il a un chapeau concave, de cinq à quinze centimètres de diamètre, et une tige courte. Coupé en tranches ou écrasé, il libère une sorte de pus laiteux, de couleur orangée.

Que cela ne vous dégoûte pas. Coupez votre lactaire en fines tranches, faites-les frire avec de l'huile d'olive, de l'ail et du persil, et voilà : c'est aussi goûteux qu'un bon steak. Il y a pourtant un effet secondaire étrange qui peut être inquiétant si on n'est pas au courant. Un plat de lactaires peut produire une urine rouge, phénomène qui en général n'est pas mentionné dans la recette.

Lauzes

Le calcaire du Luberon est parfois – et injustement – surnommé le marbre du pauvre. Il est évidemment moins coûteux que le marbre, et certainement moins doux, possédant une texture plus poreuse, légèrement abrasive. Mais il a bien des qualités. C'est une pierre plus chaude, plus douce que le marbre, et qui se coupe facilement. Elle vieillit bien, devenant plus sombre avec les années, passant d'une pâle teinte mastic à un gris patiné. Et, dans le Luberon tout au moins, elle a le grand avantage d'être abondante. Il y en a littéralement des montagnes.

Une de ses caractéristiques a attiré des générations de maçons : elle tend à se détacher des falaises et des collines en copeaux plats et massifs – comme des dalles irrégulières – qui sont appelés « lauzes ». Les lauzes sont utilisées pour les murs en pierre sèche, dans les bories, et posées sur le bord des toits comme poids supplémentaire afin que les tuiles ne soient pas emportées par le mistral. Il arrive, très rarement, qu'on voie une vieille église avec un toit entièrement en lauzes, datant de l'époque où les pierres taillées et le ciment n'avaient pas pris le dessus.

Certaines de ces vieilles plaques sont plus authentiques que d'autres. Il arrive parfois que des lauzes apparemment anciennes et battues par les saisons sortent tout juste de la carrière, et aient été prématurément vieillies par des applications judicieuses de suie. On appelle ça la maçonnerie cosmétique, et elle est populaire chez ceux qui veulent pour leur maison un vernis d'histoire instantanée.

Lavande et lavandin

Sans elle, que deviendrait le commerce des cartes postales ? Alignements infinis, champs immenses, avec ou sans vénérable bâtisse dans le fond, ou paysan rayonnant au premier plan : la lavande est le drapeau de la Provence. Un musée lui est consacré (à Coustellet), des foires et des festivals la célèbrent et une appellation d'origine contrôlée distingue les meilleures variétés des autres, moins parfumées. Il ne fait pas de doute qu'elle procure certains des points de vue les plus ravissants de l'été. Mais elle est beaucoup plus que ça. La lavande est utile.

Effectuons une transition, qui peut paraître osée, du haut pays de Provence jusqu'à votre machine à laver : l'essence de lavande est couramment utilisée par des géants de l'hygiène comme Procter et Gamble, Henkel et Colgate, pour leurs produits de nettoyage. Et, depuis que les Romains en ont ajouté à l'eau de leurs bains, la lavande et ses extraits se sont frayé un chemin dans les savons, les gels, les crèmes, parfumant l'air et la peau de leur fragrance particulière, propre, astringente.

Ce que nous appelons de la lavande est, très souvent, du lavandin. Il s'agit d'un hybride (parfois connu sous le nom de « bâtard de lavande »), un croisement entre la lavande fine, qui pousse à plus de six cents mètres d'altitude, et la lavande aspic, qui pousse à moins de six cents mètres. Si l'on en croit les nez professionnels des experts, le lavandin n'a pas un bouquet aussi raffiné ni aussi complexe que la lavande fine, mais il donne plus d'essence. Et comme il pousse à plus basse altitude, il est plus facile à cultiver. Tout cela explique qu'il soit beaucoup plus courant. Mais l'aristocrate de la famille sera toujours la lavande fine, la super-bleue, la seule lavande qui bénéficie d'une AOC. Et encore, pas toute la production : seules les variétés haut de gamme, qui poussent à plus de huit cents mètres, et dont le rendement, selon les standards industriels, est modeste. Il faut

130 kilos de fleurs pour donner un seul litre d'huile essentielle, et la production totale de cette essence destinée aux connaisseurs ne dépasse pas 25 tonnes par an. Les producteurs de lavande sont rarement riches.

L'œil et le nez ne sont pas les seules parties du corps qui tirent bénéfice d'une bonne dose de lavande, et les Français, champions du monde de l'hypocondrie, n'ont pas tardé à découvrir ses qualités médicinales. Certaines, il faut l'avouer, ne résisteraient pas à une vérificacion scientifique moderne. Dans *Flora Laboratory*, un livre publié en 1722, nous apprenons que dix gouttes de lavande, ajoutées à une liqueur adaptée, feront des merveilles pour les « vapeurs hystériques ». Quatre ou cinq gouttes, avec une cuiller à soupe de vin, aident contre les migraines, et fortifient l'estomac. Et, « bien mélangée avec de l'huile de Saint-Jean, c'est un liniment excellent contre les rhumatismes, la paralysie et les convulsions. Ça tue non seulement les vers, mais aussi les animaux nuisibles et les insectes ». Les enflures et les contusions, les épanchements et les luxations, la nausée, le vertige, les flatulences, la laryngite, la jaunisse, la grippe, l'asthme, la coqueluche, rien ne résiste à un traitement de lavande.

Sous certaines formes, ce remède miracle universel se laisse administrer avec plaisir. Pendant la floraison, on peut voir (et entendre) des abeilles tourner au-dessus des champs de lavande, volant d'un plant à l'autre à leur manière engourdie, sans hâte. Il en résulte un miel magnifiquement parfumé qui possède, inutile de le préciser, des qualités curatives. Je recommande aussi les crèmes glacées à la lavande. Il n'existe pas de moyen plus délicieux de se protéger contre une soudaine attaque de vapeurs hystériques.

Comme il se doit pour une plante de carte postale, la lavande provençale atteint son maximum durant les mois où les touristes sont le plus nombreux, en juillet et en août. La date de floraison dépend de l'altitude : plus le champ est bas, plus tôt il sera en fleur. Ce qui veut dire que les amateurs de lavande peuvent commencer par le pied des collines du Luberon au début de juillet, puis arriver sur le plateau de Valensole à la mi-août, des tapis magnifiques se déroulant devant eux au fur et à mesure de leur quête.

Bien après que la couleur de la lavande s'est fanée, son odeur reste. De petits bouquets de lavande, suspendus dans une armoire ou posés dans un tiroir, ajoutent aux vêtements, aux draps et aux serviettes un souvenir subtil et évocateur des beaux jours. Une brassée de lavande sèche jetée sur un feu aidera à oublier l'hiver. Et ainsi, d'une manière ou d'une autre, on peut faire durer la lavande de la fin de l'été au début de l'été suivant.

Librairie Le Bleuet

A notre époque de concurrence, il ne suffit pas d'écrire des livres. L'écrivain, si l'éditeur se sent optimiste, devra quitter sa mansarde et aller dans le vaste monde pour faire la promotion de ce qu'il a écrit. La tournée promotionnelle, adorée par certains auteurs, vouée aux gémonies par d'autres, fait maintenant partie du métier, et voilà seize ans que j'en effectue. Je suis arrivé l'autre jour à un total de vingt-six tournées, dans onze pays différents, ce qui signifie des visites dans au moins trois cents librairies, de

Tokyo à Monaco, via Martha's Vineyard et Winnetka. Je crois que je peux affirmer sans forfanterie que, lorsque j'en vois une, je reconnais une bonne librairie, et la librairie Le Bleuet, à Banon, est parmi les meilleures que je connaisse.

Banon est un endroit inattendu pour trouver une telle maison remplie de trésors littéraires. C'est un village qui compte moins de mille habitants, perché au sommet d'une colline de Haute-Provence. Joël Gattefosse, le propriétaire de la librairie, a abandonné voilà une quinzaine d'années son premier métier de charpentier et d'ébéniste pour devenir libraire, et, quand on aperçoit sa librairie, on peut se douter de son ancienne occupation. Un tas de livres en bois, de la hauteur d'un petit arbre et magnifiquement gravés, se dresse devant l'entrée.

A l'intérieur, il y a entre cinquante et soixante mille volumes, répartis sur deux étages. On y trouve tous les sujets possibles : philosophie, voyage, classiques et contemporains, fiction et non-fiction, cuisine, photographie, voile, boules – rayon après rayon, on avance, fasciné. Il y a des dictionnaires et des encyclopédies, des guides et des livres pour enfants, des manuels de développement personnel, des romans policiers, des belles lettres. Il y a même une section consacrée aux livres en anglais. C'est un paradis pour le lecteur, clair et aéré, un lieu dans lequel chacun peut passer des heures de bonheur. L'endroit connu, et c'est justice, comme « une librairie pas comme les autres ».

Banon est peut-être un village particulièrement lettré, pourtant les seuls autochtones auraient du mal à faire vivre une librairie de cette importance. Mais on sait que les Français sont prêts à faire de la route pour satisfaire leur appétit de livres, comme ils font de la route pour soutenir un chef célèbre.

Il y a d'autres raisons, moins intellectuelles, qui justifient un crochet par Banon. La route qui y mène, à partir d'Apt, traverse un paysage spectaculaire, magnifique à tout moment de l'année, mais particulièrement par un matin d'hiver, quand les champs sont blancs de givre et que les collines semblent flotter dans un océan de blancheur. Et puis les fromages de Banon – « de chèvres et de brebis satisfaites » – valent en eux-mêmes le détour. Enfin, il y a les saucissons.

A moins d'une minute à pied de la librairie Le Bleuet se trouve la charcuterie de Maurice Melchio, un homme extrêmement affable et une force créatrice parmi les fabriquants de saucissons. Dans la boutique de M. Melchio, on trouve un bon choix de fromages, de miel et de vins locaux. Mais là où il se distingue vraiment, c'est avec son anthologie de saucissons artisanaux, en particulier un que je n'ai jamais vu ailleurs. C'est la « brindille », un modèle étroit, pas plus large que mon pouce, et presque aussi long que mon bras, quelque soixante centimètres de pur porc. Il en existe sept sortes différentes parmi lesquelles : aux noix, aux pignons de pin et à la sarriette. M. Melchio devrait aussi avertir qu'une tranche ou deux ne suffisent jamais. Et si vous avez parmi vos amis des connaisseurs de saucissons, M. Melchio peut vous aider en envoyant ses « brindilles » par la poste. Il a tout un stock de tubes longs et minces, parfaits pour mettre les saucissons au courrier.

Voir : Banon.

Marchés

Il y a quelques années, on a annoncé que, pour la première fois, plus de la moitié de la nourriture achetée en France provenait des supermarchés. On a vu là un jour de tristesse pour les estomacs français, une tendance irréversible, et un coup mortel à la manière ancienne de faire ses commissions. On a entendu des prédictions alarmistes. Les petites épiceries allaient disparaître. Les bouchers et les boulangers étaient menacés. Les fabricants de fromage, les poissonniers, les cultivateurs de toutes sortes, depuis les producteurs d'asperges jusqu'à ceux d'olives, seraient obligés, à moins de couler, de vendre leurs produits à de grandes chaînes. Et, inutile de le dire, les marchés souffriraient aussi. Qui allait faire l'effort de trimbaler un panier à provisions d'étal en étal, alors qu'il était possible de glisser de rayon en rayon en poussant un chariot ? L'aspect pratique, disait-on : voilà l'avenir.

Mais la voie de la facilité ne suffit pas pour détruire une institution, et les marchés de Provence non seulement survivent, mais se développent, comme ils le font depuis près de cinq cents ans. Le marché d'Apt fut autorisé par le bon roi René, et il se tient, tous les samedis matin, depuis 1523. Apt fut suivi par Roussillon en 1567, Gordes en 1774 et, depuis, par d'innombrables villages. Si l'on est prêt à faire le tour de la Provence, on peut trouver un marché différent chaque jour de la semaine, toute l'année.

Au départ, il existe deux types de marché. Le premier est le marché hebdomadaire typique, un grand magasin mobile et étendu où, en même temps que ses saucisses, son miel et son pain de campagne, on peut acheter des tenues de camouflage, des couteaux de chasse, des poêles pour faire les omelettes, des gadgets de cuisine, de jeunes plants, des soutiens-gorge grande taille, des casquettes (en laine ou en coton, selon la saison), des T-shirts, des lapins vivants, des CD et des pastilles vosgiennes contre la toux. Tout cela, et encore bien d'autres trésors, est disponible toute l'année.

Le second type de marché est saisonnier, généralement plus limité en produits, et relativement nouveau : c'est le marché paysan, qui a fait son apparition en Provence il y a quelques années. Au début, il ne s'agissait que de quelques paysans se réunissant sur le parking du village pour vendre leurs fruits et leurs légumes à l'arrière de leur camionnette. Depuis, les marchés paysans ont pris de l'ampleur et durent maintenant du printemps jusqu'à l'automne.

Les marchés plaisent pour différentes raisons, certaines pratiques, d'autres sociales, ou même instructives. A la différence des courses effectuées dans les supermarchés, il y a quelque chose de personnel dans le fait de faire son marché. Les vendeurs sont aussi les fournisseurs, et souvent même les cultivateurs. De plus, ils sont sur place, et personnellement responsables de leurs produits. S'ils vendaient des produits qui ne sont pas parfaits, ils se feraient conspuer – longuement, et de façon sonore – par la plus exigeante des clientes, la ménagère provençale. Elle considère les légumes fatigués, les fromages rassis ou le poisson douteux comme un affront personnel, et ne craint pas de partager son mécontentement avec ses amies (avec quiconque, à vrai dire, se trouve à portée de voix). En conséquence, ceux qui tiennent régulièrement un étal sont soumis, chaque semaine, à des contrôles de qualité effectués en public. S'ils ne les passent pas de façon satisfaisante, c'est à leurs risques et périls.

Un aspect plus positif de cette situation est que cela encourage entre le vendeur et l'acheteur une relation qui répond à un besoin aussi ancré dans l'âme française que l'anarchie et l'hypocondrie. Ce besoin existe chez tous ceux qui se considèrent comme des gourmets, c'est-à-dire la plus grande partie de la population adulte. C'est le besoin pour eux d'avoir le soutien d'une équipe de fournisseurs gastronomiques, des spécialistes qui, au moment approprié de l'année, leur procurent des mets plus frais, plus rares, plus gros ou plus succulents que ceux qu'on trouve dans les rayons des supermarchés. Et, sur les marchés, ces spécialistes, chaque semaine, vous appellent par votre nom et, vous en êtes convaincu, vous réservent leurs meilleurs produits. Il ne faut pas longtemps avant que nous ne commenciez à les considérer comme des intimes.

Evidemment, ils en savent plus que vous sur les produits dont ils sont spécialistes, et c'est là qu'intervient l'aspect instructif. Si vous souhaitez passer un diplôme ès marchés, vous pouvez, au cours d'une seule matinée, suivre une série de conférences brèves, mais pleines d'enseignements. Ceux qui tiennent les étals seront vos professeurs, et ils seront heureux de vous parler de l'origine et des vertus de tout ce qu'ils vous ont vendu, vous fournissant même des recettes. C'est ainsi que j'ai appris qu'on doit n'acheter un poisson que s'il a l'œil encore brillant, ce qu'il faut mettre dans la farce d'une fleur de courgette, comment faire cuire un double magret de canard, la meilleure façon de conserver l'huile d'olive, la méthode la plus efficace pour éplucher les piments, les propriétés fortifiantes d'une petite dose de limonade dans l'eau d'un vase de fleurs coupées, les qualités nutritives des amandes fraîches, et l'aspect attrayant que doit avoir une tapenade. Essayez d'apprendre tout ça dans un supermarché !

Mais tout cela, si utile et intéressant soit-il, n'est qu'une partie de cette façon si agréable de passer la matinée sur un marché. Il y a une atmosphère particulière les jours de marché – une bonne humeur cancanière – et il est rare de croiser un visage morose. Il est tout aussi rare de voir quelqu'un de pressé. A vrai dire, j'ai même vu cette chose extraordinaire : des Français se mettant en une file sagement ordonnée, prêts à se plier à cette institution anglo-saxonne, la queue. Ils profitent de cette attente pour se tenir au courant du dernier épisode de la saga du village (il s'y passe toujours quelque chose), pour juger le nouveau facteur ou échanger de sages réflexions sur le temps qu'il fait. Le sujet abordé n'a pas d'importance. L'important, c'est le contact social, qui ajoute à la matinée un petit plaisir supplémentaire.

Pour finir, quelques informations. Voici, pour les amateurs, une sélection quotidienne de quelques-uns (ils n'y sont pas tous) des marchés qui se tiennent chaque semaine en Provence. En général, ils commencent à 8 heures, et remballent à l'heure du déjeuner.

Lundi. – Cavaillon, Cadenet, Fontvielle, Forcalquier, Goult, Lauris, Mazan, Nîmes, Saint-Didier, Saint-Saturnin-lès-Avignon, Tulette.

Mardi. – Aix-en-Provence, Beaumes-de-Venise, Caderousse, Caromb, Cucuron, Fontaine-de-Vaucluse, Gordes, La Tour-d'Aigues, Mondragon, Saint-Saturnin d'Apt, Tarascon, Vaison-la-Romaine.

Mercredi. – Aigues-Mortes, Bagnols-sur-Cèze, Buis-les-Baronnies, Entraigues, Gargas, Malaucène, Mérindol, Rognes, Roussillon, Saint-Martin-de-Castillon, Saint-Rémy-de-Provence, Salon, Sault, Le Thor, Valréas, Velleron.

Jeudi. – Aix-en-Provence, Ansouis, Aubignan, Les Baux, Beaucaire, Cairanne, Caumont-sur-Durance, Mallemort-du-Comtat, Maussane-les-Alpilles, Mirabeau, Nyons, Oppède-le-Vieux, Orane, Le Pontet, Robion, Villeneuve-lès-Avignon.

Vendredi. – Bonnieux, Carpentras, Châteauneuf-du-Pape, Courthézon, Eygalières, Fontvielle, Lagnes, Lourmarin, Pertuis, Suze-la-Rousse, Visan.

Samedi. – Apt, Beaumont, Cheval-Blanc, Crillon-le-Brave, Mornas, Oppède, Pernes-les-Fontaines,

Richerenches, Sainte-Cécile-les-Vignes, Saint-Martin-de-la-Brasque, Sommières.

Dimanche. – Aigues-Mortes, Châteaurenard, Jonquières, L'Isle-sur-la-Sorgue, Mormoiron, Sorgues.

Et si ça ne vous suffit pas, il se tient aussi, chaque année, des foires spécialisées consacrés aux asperges, aux fleurs, à l'ail, aux truffes et aux vins. Courage et bonne chance.

Marseillaise (la)

La plupart des hymnes nationaux, en dépit de leurs nobles intentions – ou peut-être à cause d'elles –, ressemblent à des chants funèbres et sont plutôt ennuyeux. Ils évoquent pour moi de mauvais cantiques : des paroles de plomb, et des mélodies pesantes et vite oubliées. *La Marseillaise*, tout au contraire, est très émouvante, à la fois par ses paroles et par son air. C'est l'un des plus beaux hymnes nationaux, même si à l'origine elle n'a rien à voir avec Marseille.

Date : 25 avril 1792. Lieu : Strasbourg. La France vient de déclarer la guerre à l'Autriche. Le baron de Dietrich, maire de Strasbourg, débordant de patriotisme, reçoit des invités. Parmi eux se trouve Claude-Joseph Rouget de Lisle, jeune officier féru de musique. Au cours de la soirée, le baron lui adresse une requête : « Monsieur de Lisle, vous qui parlez la langue des dieux, vous qui jouez sur la lyre d'Orphée, donnez-nous un chant de bataille pour tous les soldats qui ont répondu à l'appel de leur patrie en danger. »

Pendant la nuit, Rouget de Lisle se rendit à cette requête, et composa le « Chant de bataille de l'armée du Rhin », énergique et violent. « Le jour de gloire est arrivé, L'étendard sanglant est levé. Entendez-vous dans nos campagnes, Mugir ces féroces soldats, Ils viennent jusque dans nos bras Egorger nos fils, nos compagnes. » Ce n'était que le début, suivi par un refrain entraînant :

Aux armes, citoyens !
Armez vos bataillons !
Marchons, marchons !
Qu'un sang impur
Abreuve nos sillons !

Evidemment, les paroles étaient adaptées à l'époque. Mais ce qui, sans aucun doute, fit l'immédiate popularité du chant, c'était sa mélodie. Dès la première écoute, elle restait gravée dans l'esprit, accrocheuse, inoubliable. En moins de trois mois, le chant était sur toutes les lèvres, en grande partie grâce à un bataillon de volontaires venus de Marseille, qui la chantaient en entrant dans Paris au mois de juillet. Les Parisiens l'appelèrent *La Chanson des Marseillais* ou, plus simplement, *la Marseillaise*, et ce nom, depuis, lui est resté.

En 1795, *la Marseillaise* fut décrétée hymne national. Peu après, l'homme à qui son patriotisme l'avait inspirée, le malheureux baron de Dietrich, fut guillotiné. Quant à Rouget de Lisle, plus tard, on lui dressa une statue réalisée par Bartholdi, l'auteur de la statue de la Liberté.

Martigues (être de)

Martigues, un joli port situé entre Marseille et la Camargue, est localement célèbre pour deux raisons. La première, c'est que chaque année, en juillet et en août, s'y tient un festival de la Sardine, et qu'une sardine fraîche de Martigues vaut le détour.

La seconde raison de cette célébrité est le sujet de multiples histoires, qui n'ont rien de flatteur. En voici deux exemples.

Un habitant de Martigues, à cheval sur sa mule, emporte au moulin deux gros sacs de blé. Il en a un en travers des épaules, l'autre est fixé à sa poitrine. Quelqu'un lui demande pourquoi il est ainsi harnaché, et il répond qu'il ne voulait pas trop charger sa mule.

Un groupe d'habitants de Martigues se rend à Marseille parce qu'on leur a dit qu'ils y verront un poisson d'une taille prodigieuse, dont la tête se trouve dans le Vieux-Port et la queue au château d'If, à plusieurs kilomètres.

D'après ces exemples, vous comprenez que les bonnes gens de Martigues ont la réputation d'être un peu simples d'esprit. Cette calomnie dure depuis plusieurs siècles. Si un homme (en général un Marseillais) dit d'un autre : « Il est bien de Martigues », ça veut dire qu'il a tendance à croire tout ce qu'on lui raconte. Inversement, quand on veut mettre l'accent sur sa propre sagacité, on peut glisser cette phrase dans la conversation : « Je ne suis pas de Martigues. »

Mas

Dans la hiérarchie des bâtiments de Provence, le mas vient juste au-dessus de l'oustau, qui est une petite ferme. Le mas est – ou était à l'origine – quelque chose de plus important, un ensemble de bâtiments agricoles comprenant une ferme, basse et rectangulaire, des étables, une bergerie couverte, une magnanerie pour les vers à soie, et une cave. Normalement, le mas faisait face au sud, ou faisait un angle en direction de l'est, afin d'être protégé du mistral. Il n'y avait pas d'ouvertures sur la façade nord, et on se servait des arbres pour contrôler le climat.

Au nord, des rangées serrées de cyprès constituaient un tampon contre le vent ; au sud, des platanes donnaient de l'ombre. L'intérieur était fait de pierre et de tuile. L'hiver, avant le temps du chauffage central, ça devait être très inconfortable : on devait avoir l'impression de vivre dans un énorme réfrigérateur. Il n'est pas étonnant qu'on ait construit des cheminées avec suffisamment d'espace de part et d'autre du foyer pour que le paysan et sa famille puissent s'y asseoir et se réchauffer.

Mais, aussi inconfortable qu'il ait pu être, le mas traditionnel est un bâtiment élégant, parfaitement adapté à son cadre. Il est en harmonie avec la campagne environnante, presque comme s'il était né de cette terre rocailleuse. Comme tant de choses en Provence, il est très pittoresque. A lui seul, son nom évoque les images d'une vie rurale idyllique au sein d'une nature majestueuse. C'est pourquoi les agents immobiliers s'en sont emparés avec un tel enthousiasme et un dédain aussi cavalier pour l'exactitude. Aujourd'hui, quand les chasseurs de maisons entendent parler d'un bâtiment décrit comme un mas, la seule chose dont ils puissent être certains, c'est qu'il y aura un toit en tuile, mais peu ou pas du tout de logement pour leurs moutons, leurs chevaux, leurs colombes ni même leurs vers à soie. *Caveat emptor.*

Melons

En 1895, un journaliste qui traversait la ville s'est rendu cher à des générations de producteurs locaux de melons lorsqu'il a déclaré : « Il n'existe qu'un seul melon, celui de Cavaillon. » Cette réputation flatteuse a persisté, et Cavaillon est, comme Le Puy et ses lentilles ou Castelnaudary et son cassoulet, l'une des villes de France dont le nom est attaché à une spécialité.

Cette excellence n'a pas pas été obtenue en un jour. Les premiers melons sont arrivés à Cavaillon voilà plus de cinq cents ans, en provenance du domaine papal de Cantalupo, en Italie. Cavaillon paraissait une destination naturelle : à l'époque, il s'agissait aussi d'une possession du pape, et le climat, sec, chaud et ensoleillé, semblait fait pour les melons. Les descendants de ces premiers cantalupos ont prospéré. Cavaillon était parti pour des siècles de culture du melon.

Aujourd'hui, le cantalupo a depuis longtemps été remplacé par le charentais, et l'élite du melon de

Cavaillon a sa propre organisation, la Confrérie des Chevaliers de l'ordre du Melon. Il existe aussi un Syndicat des Maîtres Melonniers de Cavaillon. Un festival du Melon se tient au mois de juillet, et alors le centre de la ville a l'odeur d'un melon géant. Enfin, comme on pouvait s'y attendre, tout le processus du choix et de la consommation des melons a été analysé, discuté et codifié avec l'attention au détail que les Français portent à tout ce qui touche à la nourriture.

Les spécialistes du melon – et, en Provence, ils sont nombreux – vous diront que le melon a trois saisons réparties sur cinq mois. Les premiers melons sont mûris à la mi-mai dans des serres chauffées ; durant la deuxième saison, de la mi-mai à la mi-juin, les serres ne sont plus chauffées. Les melons les plus juteux et les plus parfumés sont ceux de la longue troisième saison, lorsqu'ils poussent en plein champ, sous le chaud soleil de l'été.

On choisit un melon en l'inspectant, en le soulevant, en le tapotant et en le reniflant. Un melon possède un mamelon sur le dessus et un *pécou* – une queue au-dessous. Ce *pécou* doit être de la même couleur que le reste du melon. Une petite fente teintée de rouge autour du *pécou* est un signe certain de maturité : c'est la « goutte de sang » qui a été formée par le sucre suintant du melon, et cristallisée.

Examinons ensuite l'écorce. La nature a commodément divisé le melon de Cavaillon en segments délimités par des lignes gris-bleu. Un bon melon doit avoir dix segments, ni plus, ni moins. C'est un « melon de 10 ». Prenez-le et soupesez-le dans vos mains. Il doit être dense et lourd. Tapotez-le. Il doit sonner le creux. Pour finir, posez le nez sur le *pécou* (jamais sur le mamelon), et humez son odeur sucrée.

Si le melon a passé ces trois tests, il est maintenant bon à consommer. Préparez-le vous-même. Il existe littéralement des dizaines de possibilités. Un melon peut être mangé en début de repas – avec du jambon de Parme, du crabe, du homard, en salade avec des avocats et du céleri, en coulis avec de la feta, ou frit et parfumé à l'anis. Comme plat principal, il convient très bien aux fruits de mer, pour accompagner un mulet, des langoustines ou des gambas. Ou avec de la viande – rôti de porc, poulet –, coupé en fines tranches pour accompagner un rosbif. En dessert, il est sublime avec du chocolat, du miel, aspergé de beaumes-de-venise, ou en soupe sucrée.

On peut aussi le manger tout seul, avec juste une pincée de poivre. C'est ce que je fais.

Mistral

Il y a Frédéric Mistral, poète provençal lauréat du prix Nobel. Il y a la Chilienne Gabriela Mistral, elle aussi, coïncidence étonnante, poète et lauréate du prix Nobel. Et il y a le mistral, un vent et un mot associés à la Provence presque autant que la lavande.

Le nom vient du mot provençal *maestral*, le « vent maître », auprès duquel un vent ordinaire ressemble à un simple souffle. Un mistral d'hiver peut atteindre 185 kilomètres à l'heure sur terre, ou être, en mer, l'équivalent d'une tempête de force 8, générant sur la Méditerranée habituellement placide des vagues dignes de l'Atlantique. Si, contrairement à la légende provençale, il ne peut pas arracher les oreilles d'un âne, il enlève pourtant les tuiles des toits, les volets mal accrochés et la terre des champs (les paysans l'appelaient autrefois le *mange-fange*). Les arbres exposés au mistral durant leur croissance poussent tordus, et les vieilles dames, quiconque porte une perruque ou les petits animaux mal attachés feraient mieux, quand il souffle, de rester chez eux.

On me dit un jour que sa violence et l'énervement qu'il suscite étaient reconnus par les tribunaux français comme des circonstances atténuantes en cas de crime, en particulier de crime passionnel. Cet argument légal intéressant m'a frappé, et j'ai demandé leur opinion à trois avocats. Le premier m'a regardé, quelque peu méfiant, et m'a demandé ce que j'avais fait, et à qui. Le deuxième m'a dit que la loi française ne reconnaissait pas le vent comme argument de défense. Le troisième m'a dit qu'il s'agissait d'un vaste débat. Comme souvent quand on consulte des avocats, je ne suis pas sorti plus renseigné.

Ce qui rend le mistral aussi puissant, c'est que, dans sa route vers le sud, il traverse le tunnel naturel de la vallée du Rhône, gagnant de la force et de la vitesse en chemin avant d'obliquer vers l'est pour balayer la Provence. C'est un vent froid et pernicieux, qui a peu d'arguments en sa faveur hormis le fait qu'il apporte avec lui un beau ciel bleu, un air pur et une lumière cristalline.

A Marseille, ville à laquelle l'exagération n'est pas étrangère, on affirme que le mistral souffle cent jours par an. Les coups de mistral durent souvent trois, six ou neuf jours, et on dit qu'on peut repérer à leur façon de marcher ceux qui en ont l'habitude : ils sont, selon la direction du vent, légèrement penchés en avant ou en arrière, comme un ivrogne essayant de garder son équilibre.

« Moi, je »

En Provence, comme dans le reste de la France, ce sont les deux mots les plus utilisés. Je trouve surprenant que les Français, un peuple si logique et sûr de lui, éprouvent le besoin de renforcer leur « je » clair et parfaitement compréhensible d'un « moi » parfaitement superflu. C'est pourtant ce qu'ils font, en permanence. « Moi » et « Je » ponctuent le discours quotidien comme des frères siamois. Ils ont une opinion : « Moi, je pense. » Ils sont d'accord avec vous : « Moi, je suis d'accord. » Ils ne sont pas d'accord avec vous : « Moi, je suis contre. » Est-ce afin d'insister ? Est-ce que ça donne plus de poids à une opinion ? Est-ce que ça rend un ordre plus péremptoire, un acquiescement plus chaleureux ? Ou s'agit-il simplement d'une question d'ego ? « Moi, je ne sais pas. »

Musée de la Légion étrangère

Mon premier contact avec la Légion étrangère, je l'ai eu à travers *Beau Geste*, le roman de P.C. Wren, que j'ai lu durant mon enfance. Il s'agissait d'un plaisir coupable, à la lueur d'une lampe de poche dissimulée sous les couvertures, alors que j'étais pensionnaire. C'est ce qu'on pourrait à juste titre appeler une histoire à dormir debout – gentlemen déshonorés et criminels au cœur d'or y trouvant refuge, camaraderie et gloire dans les rangs de la force militaire la plus dure que possède la France. J'ai adoré ce livre, et depuis la Légion me fascine.

Le livre de Wren et les œuvres hollywoodiennes qui suivirent ont fait beaucoup pour entourer d'un revêtement romantique les tristes réalités de la vie et de la mort au milieu du désert. Le roi Louis-Philippe, pourtant, était loin de penser à la romance lorsque, en 1831, il ordonna la création de la Légion. En ce temps-là, l'Europe vivait sur un tonneau de poudre, bouillonnait de révolutions et de troubles politiques. Les exilés d'autres pays d'Europe, souvent indésirables, affluaient en France, et Louis-Philippe en était préoccupé. La solution qu'il imagina consista à les exporter en masse. Les révolutionnaires en fuite, les soldats déserteurs et les agitateurs potentiels de toutes sortes furent réunis dans une légion « composée d'étrangers », et envoyés en Afrique pour combattre au nom de la France (ce qui, en même temps, permettait à l'armée régulière de revenir au pays pour soutenir les intérêts du roi). Pour les pousser à s'engager, les volontaires se voyaient promettre la citoyenneté française une fois leur temps effectué. Ce qui commença comme un ramassis peu prometteur de criminels et de hors-la-loi est devenu depuis l'un des corps d'armée les plus connus, les plus respectés et les plus décorés du monde.

Après avoir passé près de cent vingt ans dans les casernes qu'ils avaient construites à Sidi bel-Abbès, les hommes de la Légion ont quitté l'Afrique du Nord en 1962. Ils ont emporté avec eux leur histoire : les drapeaux et les bannières, les décorations et les souvenirs d'anciens colonels, la main de bois du héros de la bataille de Cameron, le capitaine Danjou, les cercueils contenant les restes du légionnaire inconnu et du général Rollet, le « père de la Légion » – tout cela prit l'avion pour être installé dans une nouvelle base à Aubagne, à quelques kilomètres à l'est de Marseille.

La plus grande part du foyer provençal de la Légion est un vaste rectangle de casernes impeccablement tenues, avec une zone de parade. Derrière se trouve le musée, un long bloc blanc que, sans les barbelés accrochés aux murs, l'artillerie et les tanks stationnés dans le jardin, on pourrait prendre pour un petit immeuble de bureaux. Ici tout est comme ça, un hommage à la passion militaire pour l'ordre et la propreté. Les bordures de pierre sont passées au blanc, l'herbe coupée à un peu plus d'un centimètre. Je n'arrive pas à imaginer que la moindre feuille tombée d'un arbre puisse être tolérée dans un environnement aussi discipliné.

Une fois à l'intérieur du musée, il est difficile de savoir par où commencer. Tant de souvenirs ont été accumulés en cent soixante-quinze ans de combats dans tant de lieux divers. La Crimée, le Mexique, le Tonkin, Formose, le Sahara, le Dahomey, Madagascar, le Maroc, la Syrie, le Tchad, deux guerres mondiales, l'Algérie – la liste est longue ; la liste de ceux qui y sont morts l'est encore beaucoup plus. Leur souvenir est célébré, campagne après campagne, sur des plaques fixées aux murs.

Au milieu de l'exposition de médailles et de baïonnettes, d'épaulettes et de pistolets, on aperçoit deux grandes vitrines contenant des mannequins grandeur nature représentant des légionnaires à travers les âges, avec les uniformes de chaque époque. Comment certaines des premières recrues pouvaient manœuvrer avec ce qu'elles devaient transporter, sans oublier leur uniforme, défie l'imagination. Chaque homme, en tenue complète (dont d'épais pardessus en laine), devait porter un énorme sac à dos, son fusil et sa baïonnette, trois cents pièces de munitions, une pioche ou une pelle, et du bois pour faire son feu. Il devait effectuer avec ce fardeau, dans la chaleur du désert d'Afrique, jusqu'à quarante-cinq kilomètres par jour. Et ensuite il devait combattre.

Après la guerre, le souvenir. Au cœur du musée se trouve la crypte, une simple antichambre à la lumière tamisée, lieu de quelques-unes des reliques les plus importantes de la Légion. Le premier drapeau, la main du capitaine Danjou, le nom de tous les officiers tombés au combat. En bruit de fond, la faible cadence des légionnaires entonnant un chant de marche, bas et mesuré. On se sent submergé par le sens de l'histoire. Il est impossible de ne pas être ému.

Musée du Tire-bouchon

A ma connaissance, il est unique : c'est le seul musée au monde consacré exclusivement au tire-bouchon. Il est sans doute unique pour une autre raison : il possède son propre *caveau de dégustation* permanent, où les « pomelkophiles » (appellation officielle des amateurs de tire-bouchons) peuvent goûter des vins des trois couleurs.

Le musée du Tire-bouchon appartient au domaine de la Citadelle, un vignoble et une cave situés juste en dessous du village escarpé de Ménerbes. Le propriétaire du domaine, Yves Rousset-Rouard, est aussi le maire du village. Il vit à La Citadelle, tout au sommet de la colline, avec une vue rassurante sur ses vignes.

C'est presque par accident qu'il est devenu propriétaire de musée. A la salle des ventes de l'hôtel Drouot, à Paris, il eut un jour le regard attiré par un lot très spécial : une petite collection de tire-bouchons de différentes époques et différents pays. Il fut intrigué par la diversité de leurs formes et de leurs mécanismes – certains fonctionnels, d'autres décoratifs – et, comme c'était un homme du vin, par leurs liens historiques avec les bouteilles. Il acheta ce premier lot de tire-bouchons, et devint bientôt un collectionneur passionné. Ensuite, évidemment, il lui fallut trouver un endroit où les mettre. Et où se seraient-ils trouvés mieux qu'à côté de sa cave ?

Le musée consiste en une vaste pièce, baignée d'une pénombre distinguée, qui ferait honneur à Cartier. Plus de mille tire-bouchons différents sont exposés, comme des joyaux torsadés, dans des niches et des cabinets faiblement éclairés, chaque tire-bouchon identifié et daté. Hélas pour la gloire de la France, le premier tire-bouchon, un T tout simple, n'a pas été inventé en Bourgogne ni dans le Bordelais, mais en Angleterre, à la fin du XVIIᵉ siècle. Et il n'était pas destiné au vin, mais aux bouteilles de bière et de cidre. Cependant, une fois le stockage du vin passé du tonneau doté d'une bonde à la bouteille dotée d'un bouchon, le tire-bouchon était prêt à devenir la nécessité universelle qu'il est aujourd'hui. (W.C. Fields, un jour, lors d'une expédition vers un lieu isolé, se plaignait : « Nous avions perdu notre tire-bouchon, et avons dû survivre pendant plusieurs jours de viande et d'eau. »)

Une fois résolu le problème technique de base consistant à fabriquer un tire-bouchon puissant et efficace à partir des trois éléments : la poignée, la tige et le pas de vis, l'imagination et la décoration ont pris le relais. L'évolution du tire-bouchon est jalonnée de quelques remarquables élans d'inspiration : le tire-bouchon érotique (plus facile à regarder qu'à décrire) ; le tire-bouchon mortel, fixé à un pistolet, sans doute pour célébrer l'heureuse issue d'un duel ; le tire-bouchon de l'ami des chiens, avec son manche en tête de chien ; le tire-bouchon de Gaulle à double levier, avec les deux bras levés ; le tire-bouchon ancestral, avec le sceau de la famille du proprié-taire ; le tire-bouchon méfiant, avec la tête du sénateur Volstead, responsable de la Prohibition ; des tire-bouchons déguisés en grappes ou en ceps de vigne, des tire-bouchons aux manches en ivoire, en os, en argent sculpté, des tire-bouchons de poche, des tire-bouchons de boudoir (pour déboucher des flasques de parfum) – tous sont présents dans le musée, mille moyens ingénieux d'ouvrir une bouteille.

Et les bouteilles ne sont qu'à quelques marches, dans le caveau de dégustation. Je me suis rendu compte qu'une heure passée à étudier les tire-bou-chons donne soif, et un verre de l'excellent vin de M. Rousset-Rouard est la conclusion idéale de cette fascinante visite.

Noël

Quand je vivais en Angleterre, je devais, chaque année, supporter une période de trois ou quatre semaines d'hystérie, débouchant sur une torpeur d'après faillite. C'était, et c'est toujours, le Noël « à l'anglaise » qui, pour des raisons commerciales, s'étend au-delà, bien au-delà, de sa période naturelle. Trois bonnes semaines, depuis début décembre jusqu'à la fin du mois, ou même plus tard, sont consacrées à l'achat d'objets de fête. L'Angleterre doit obéir à une injonction nationale : il faut dépenser de l'argent, trop manger, trop boire, et se montrer gentil avec tout le monde. C'est une ponction brutale sur le portefeuille, le foie et l'humeur.

La brièveté de Noël en Provence – deux jours, pas plus – est, à mes yeux, un de ses grands attraits. Elle n'est pas la seule. La nourriture en est un autre : comparé avec les dindes de Noël anglo-saxonnes, énormes et souvent dépourvues de goût, le « gros souper » provençal, la veille de Noël, parvient à être à la fois assez léger et plein d'intérêt. Pour commencer, une petite soupe, suivie de quelques escargots, puis la morue avec des légumes d'hiver, une salade *frisée* (pour rappeler les boucles de l'Enfant Jésus), et une modeste sélection de fromages. Ensuite le repas est interrompu par une pause religieuse : chacun va assister à la messe de minuit, avant de revenir s'attaquer aux treize desserts.

Noël est annoncé le 4 décembre, le jour de la Sainte-Barbe – date officielle pour planter quelques poignées de blé dans de petits pots. Régulièrement arrosé, le blé sera, dans vingt jours, suffisamment haut et vert pour décorer la crèche familiale. Si vous voulez ajouter une autre tradition provençale à votre réveillon de Noël, il vous faudra une énorme bûche qui brûlera lentement – la *cacho fio*. On la pose dans le foyer avec toute la solennité possible, on l'arrose d'un verre de vin avant de l'allumer, et elle doit brûler jusqu'à ce que Noël soit passé.

Vous aurez remarqué que le père Noël n'apparaît pas dans ces célébrations simples et, lorsque je suis venu pour la première fois en Provence on le voyait rarement. Mais au cours des dernières années, il a rattrapé le temps perdu. A Lourmarin, il se pose en hélicoptère sur le terrain de football, à la grande surprise des enfants du pays. Et sa silhouette – parfois à taille humaine – fait maintenant son apparition saisonnière, escaladant les façades des maisons et pénétrant par les fenêtres, comme un monte-en-l'air vêtu de façon tapageuse. Une vision déconcertante, pour le moins.

Noms

J'ai entendu dire que la France détient le record du monde du plus grand nombre de noms de famille. Selon M. Farigoule (des Farigoule d'Avignon), c'est un nouvel exemple de la richesse historique et culturelle de la France, surtout si on effectue la comparaison avec l'Angleterre dont, comme il me le répète souvent, la moitié des habitants s'appellent *Smeet* (Smith). Quoi qu'il en soit, le fait est qu'il existe dans toute la France environ 900 000 noms de famille.

Ils varient de région en région et même si les Martin, détenteurs du record national avec le chiffre 268 000, sont bien représentés en Provence, ils doivent, localement, affronter la concurrence sévère des Blanc, des Michel et des Roux. Plus bas dans la liste, les noms deviennent moins courants et, pourrait-on dire, plus provençaux. A Paris, par exemple, on ne trouve pas beaucoup de Pinatel : ils ont tendance à se concentrer dans le Sud.

Si l'on ne compte pas les noms de saints, l'origine des noms de famille se répartit en trois grandes catégories : géographique, professionnelle, physique. Les premiers Camoins vivaient près de Marseille, dans un hameau appelé Les Camoins. Les premiers Latil fabriquaient ou vendaient de l'*atil* (équipement militaire). Quand on en arrive à la troisième catégorie – l'origine physique –, les noms deviennent un peu plus personnalisés, parfois flatteurs, parfois non.

Roux pour une rousse et Brun pour une brune sont des descriptions inoffensives, directes, sans connotation. Mais aimeriez-vous vous appeler Bondil (petit et gras), Pelloux (velu), Chabas (doté d'une grosse tête), Hermitte (solitaire), Grosso (corpulent) ou Cresp (crépu) ?

Comme si les noms de famille ne constituaient pas un fardeau suffisant, certains enfants de Provence reçoivent de leurs parents des diminutifs affectueux qui peuvent devenir de plus en plus inappropriés avec l'âge. Peut-on prendre au sérieux un politicien ou un capitaine d'industrie si l'on sait que sa mère l'appelait Nono (Jean), Dédou (André) ou Sissou (Francis) ?

« Normalement »

Un mot fréquemment utilisé en Provence, mais rarement pris dans son sens littéral. Vous et moi pourrions penser que la définition du dictionnaire en dit tout ce qu'il y a à en dire : « de façon normale, couramment ». Les Provençaux y ont ajouté leur propre interprétation, et ont fait du mot « normalement » un moyen de se rappeler que la vie est quelque chose d'imprévisible, que les projets les mieux établis tombent parfois à l'eau. C'est quand il est question du temps qu'il est le plus couramment utilisé, comme dans : « *Normalement*, je commencerai les travaux mardi prochain. »

L'expérience m'a appris à me méfier des phrases qui commencent par « normalement ». Dans le cas susmentionné, la traduction la plus exacte serait : « En l'absence de circonstances indépendantes de ma volonté ou de conséquences dont je ne pourrais pas être tenu pour responsable, et si rien de plus urgent ne se présente, je devrais pouvoir commencer le travail mardi prochain – mercredi au plus tard. »

En Provence, on entend si souvent le mot « normalement » qu'on pourrait, à tort, penser qu'il s'agit d'un tic de langage. Ce n'est pas le cas : c'est la manifestation la plus forte du doute. Si jamais quelqu'un vous dit que « normalement » son chien ne mord pas les étrangers, un conseil : tenez-vous écarté de la bête !

Nostradamus

Michel de Nostredame, l'un des pessimistes les plus célèbres du monde, est né à Saint-Rémy en 1503. Il débuta comme médecin, et découvrit et perfectionna des remèdes contre la peste. Pourtant il les garda pour lui, refusant de les enseigner à ses collègues, qui finirent par riposter en lui interdisant la profession médicale. Mais, à ce moment-là, il avait déjà décidé d'imprimer un tournant à sa carrière : il s'installa comme astrologue.

Il acheta une maison à Salon-de-Provence, épousa une femme du pays et publia en 1555, sous le nom de Nostradamus, le premier volume de ses *Centuries*.

C'était un mélange de poésie et de prédictions – plus de neuf cents prédictions, mais présentées sous forme de strophes de quatre vers si impénétrables que personne ne pouvait dire exactement ce qu'elles signifiaient. Cependant, ces vers donnaient l'impression qu'une catastrophe menaçait. Nostradamus parlait de guerre, de famine, de peste, de tremblements de terre et d'autres calamités. Alors, comme aujourd'hui, ce sont les mauvaises nouvelles qui faisaient les bonnes ventes. Les *Centuries* devinrent un best-seller. Nostradamus reçut la visite de membres de la famille royale, établit des horoscopes pour Catherine de Médicis, fut consulté sur des matières occultes, et acquit fortune et célébrité. Une célébrité qui a duré, puisque, au cours des siècles, savants et devins ont analysé ses prédictions voilées de ruine et de ténèbres. Certains prétendent avoir lu dans son livre des références au Grand Incendie de Londres, à la Révolution française, à l'ascension de Napoléon, à l'arrivée de Hitler, aux voyages dans l'espace, à la guerre du Golfe. Et, évidemment, on y trouve la prédiction favorite de tous les astrologues : la fin du monde, qui, apparemment, devrait se produire en 3797. Mais ça dépend des spécialistes consultés : tout est dans dans l'interprétation.

Nostradamus est ausi l'auteur de *Façon et Manière de faire des confitures*, un manuel de confiserie qui est, de loin, son œuvre littéraire la plus aimable. Il est mort en 1566 et repose dans l'église de Saint-Martin, datant du xive siècle, près de sa maison de Salon. Qui se trouve, on aurait dû s'en douter, rue Nostradamus.

Notaires

N'importe quel village de Provence digne de ce nom possède sa mairie, son café et sa boulangerie. Certains ont aussi des bouchers et des coiffeurs, des épiceries et des garages. C'est ce à quoi on peut s'attendre. Mais ce qui surprend nombre de visiteurs, c'est que, même dans des villages de quelques centaines d'habitants, on trouve un représentant des professions juridiques : le notaire.

En Provence, les notaires de village remontent à près de cinq cents ans (le premier dont j'ai retrouvé la trace est Me Bosse, qui s'installa à Lauris en 1555). A l'époque, comme aujourd'hui, ils jouaient le rôle de consultant légal. Pour rédiger un testament, pour l'achat et la vente de propriétés, pour la clarification des servitudes et des usufruits, pour les contrats de mariage et pour les prêts, le notaire est l'homme qu'il faut consulter. Il arrive que d'autres personnes donnent leur avis – essayez alors de les faire taire – mais le notaire, lui, vous apprend la loi, telle qu'elle existe, par écrit.

En plus de ses capacités professionnelles, le notaire doit être diplomate. Il vit sur son lieu de travail. Ses clients sont ses voisins. Dans les villages, l'harmonie ne règne pas toujours, et les accusations, les disputes, les vendettas rident la surface de la vie quotidienne. Il arrive souvent au notaire, qu'il le veuille ou non, de se trouver mêlé à bien des querelles, depuis la dispute familiale à propos d'un héritage jusqu'à la guerre autour des droits sur l'eau. Et comme la partie perdante a tendance à être déçue par la loi, le malheureux notaire court, fort injustement, le risque de se voir reproché d'avoir dit ce qu'il en était.

Les mauvais perdants peuvent essayer d'arriver à une décision qui leur soit plus favorable en allant dans un village voisin consulter un autre notaire, mais cette réaction conduit rarement à autre chose qu'à de nouveaux frais. Comme me le dit un homme de loi de ma connaissance : « Les Français, même en Provence, respectent énormément les papiers, et il faut être fou pour vouloir contester un document écrit. »

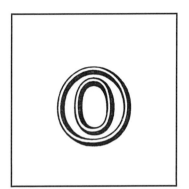

Ocre

Il y a longtemps, bien longtemps, on ne sait exactement quand, l'archange Gabriel, dans une lutte à mort
contre un bataillon d'anges déchus, les a tous tués.
Leur sang a taché la terre de rouge, et ce fut la naissance de l'ocre.

C'est une légende, et même s'il existe d'autres traditions moins violentes, elles sont toutes également
colorées. L'ocre était le maquillage préhistorique.
Nos lointains ancêtres s'en servaient pour se peindre
le corps, sans doute quand ils voulaient paraître à leur
avantage. L'expérience leur avait appris que l'ocre
n'était pas toxique, qu'il ne s'effaçait pas facilement,
et qu'il était disponible dans ce qu'on appellerait
aujourd'hui une « grande variété de beaux coloris » :
vingt-quatre en tout. Les premiers architectes d'intérieur, nous n'en serons pas surpris, ont été inspirés
par l'ocre, l'utilisant pour transformer les murs, autrefois nus, de leurs grottes, avec des peintures d'animaux sauvages ou de plus avant-gardistes taches de

gris, de vert, de jaune et du rouge traditionnel. Et à la pointe de cette explosion de couleurs et de créativité, on trouvait la Provence, dont les sols sablonneux riches en oxyde de fer offraient de grandes quantités d'ocre à quiconque prenait la peine de l'extraire.

Etant donné les évidentes propriétés décoratives de l'ocre, il est étrange que les expériences de l'homme préhistorique n'aient pas été immédiatement reprises, et développées par plusieurs générations. Mais il y eut une pause, une longue pause, avant que l'ocre n'effectue son retour en Provence. Dix mille ans après les premières tentatives de peinture des grottes et des corps, un dénommé Jean-Etienne Astier redécouvrit les vertus de l'ocre, s'aperçut qu'il était disponible en quantité, et devint le premier « ocrier » officiel de France. Il vivait dans le village rouge de Roussillon, non loin d'Apt, et, entre 1780 et 1785, il créa ce qui, en Provence, devait devenir une industrie.

Nombre d'autres villages des environs d'Apt – parmi lesquels Saint-Pantaléon, Goult, Gargas et Rustrel – se trouvaient proches d'une carrière d'ocre. Mais, la Provence étant ce qu'elle est, on ne se précipita pas bille en tête pour suivre l'exemple d'Astier, au cas où cette nouveauté serait destinée à passer. Ce n'est qu'à la fin du XIXe siècle que l'industrie de l'ocre a explosé.

En 1885, douze carrières d'ocre s'ouvrirent à Rustrel, et vingt-deux à Gargas. En 1890, la production d'ocre dans le Vaucluse atteignait 20 000 tonnes par an, et en 1900 il existait quinze entreprises différentes alimentant une demande d'ocre qui semblait s'accroître sans cesse. Hélas, ça ne devait pas durer. Après un dernier pic de production qui poussait à l'optimisme – 40 000 tonnes en 1929 –, ce fut la

dégringolade. Il y eut d'abord la crise, puis la guerre, puis l'invention de colorants synthétiques qui tuèrent quasiment l'industrie de l'ocre. Aujourd'hui, il ne s'en produit plus qu'à peu près 1 000 tonnes par an, fournies par l'ultime entreprise restante, la Société des Ocres de France, installée à Apt. (L'ocre est utilisé pour la peinture, la poterie, les tuiles, les cosmétiques et pour teinter la croûte de certains fromages.)

Mais, en Provence tout au moins, l'ocre est toujours très présent dans le paysage – un paysage extraordinairement dentelé, dominé par des falaises et des pointes tourmentées d'un rouge qui évoque la rouille. Sur ce relief de roc nu poussent des pins, de la bruyère, des fougères, des cistes. La vue générale, quand elle se détache contre le bleu du ciel, évoque une peinture surréaliste, aux arêtes vives.

Roussillon et le « petit Colorado » de Rustrel sont sans doute les sites les plus connus et les plus visités, mais il y en a d'autres, moins spectaculaires, à Gargas, Villars et Gignac. J'ai remarqué qu'on peut facilement repérer une famille qui revient d'une expédition dans l'ocre : les adultes ont les pieds rouges, et les enfants ont les fesses rouges à cause des glissades sur les rochers. Des fesses qui restent rouges quelque temps malgré des lavages fréquents. La poussière d'ocre, comme l'avaient découvert nos ancêtres de la préhistoire, se maintient bien sur la peau.

Oliviers

S'agit-il de l'arbre le plus ancien sur terre ? Des feuilles fossilisées découvertes dans la mer Egée ont été datées par des spécialistes de 37 000 ans avant J.-C. On peut trouver ça difficile à croire – comment les experts peuvent-ils avoir une telle précision si loin dans le temps ? –, mais les oliviers étaient sûrement cultivés 2000 ans avant J.-C. Et l'olive, comme l'a mémorablement écrit Lawrence Durrell, a un goût « plus ancien que la viande, plus ancien que le vin – un goût aussi ancien que celui de l'eau fraîche ».

Avec un peu de soin, un olivier pourra vivre et donner des fruits pendant plus de cent ans et, selon un vieux dicton : « Un olivier de cent ans est encore un enfant. » Il se transplante bien, ce qui en fait la bénédiction des pépiniéristes spécialisés dans les jardins instantanés. Ils sont heureux de pouvoir vous vendre, à un prix astronomique, des oliviers de cent ans qui ne sont que des bébés, déracinés et expédiés de quelque vallée secrète. L'olivier va prospérer dans son nouveau foyer : ils vous le garantissent – ce qui n'est pas le cas de toutes les espèces vivantes, en particulier celles qui, à travers la campagne, sont entassées dans des camions aussi cavalièrement que des sacs de ciment.

L'adaptabilité de l'olivier n'est que l'une de ses héroïques qualités. Il est remarquablement résistant, et il a la mémoire courte : il est capable de survivre à des décennies de négligence, de tentatives de strangulation par les ronces et d'étouffement par les mauvaises herbes. Pour rendre sa santé à un olivier adulte, il suffit d'en dégager le pied, d'arracher les ronces autour du tronc et de l'élaguer sévèrement. (Les branches centrales doivent être coupées de façon que la traditionnelle colombe, toujours enrôlée dans ce but, puisse voler à travers l'arbre sans se cogner les ailes.) Ajoutez un peu d'engrais et, la saison suivante, l'arbre donnera des fruits.

L'olivier a un ennemi mortel : le « grand gel », un gel extrême et prolongé – et ceux qui cultivent des oliviers frissonnent encore à la mention de l'hiver 1956, la date la plus lugubre dans l'histoire récente des oliviers. Cette année-là, le mois de janvier fut exceptionnellement doux, et les arbres percevaient un printemps précoce. La sève a commencé à monter, les bourgeons n'étaient pas loin. Puis, une nuit, la température est tombée à moins 7 °C, et ça a duré comme ça quelque temps. Un désastre. Les troncs se sont fendus, les racines ont gelé, un million d'arbres sont morts en Provence, et un million d'autres ne valaient guère mieux. Pour ceux-là, les arbres à moitié morts, on utilisa un traitement drastique : on scia les troncs juste au-dessus du sol dans l'espoir que les racines avaient survécu et donneraient de nouvelles pousses. Bizarrement, ce fut le plus souvent le cas, et cinquante ans après on peut voir, à travers toute la Provence, des arbres ayant poussé à côté des souches amputées de leurs ancêtres.

Même ces souches sont impressionnantes, évoquant plus des socles sculptés que des victimes du froid, et il est facile de comprendre pourquoi les artistes ont trouvé cet arbre si fascinant – et si difficile. On dit de Van Gogh qu'il a peint dix-huit toiles représentant des oliviers, et qu'il se plaignait de la difficulté qu'il éprouvait pour rendre justice aux couleurs subtiles, changeantes, de leurs feuilles. La solution de Bonnard consistait à les peindre en gris.

Renoir est allé plus loin, peignant ses arbres en or ou en rose. Mais aucun tableau ne pourra s'approcher de la réalité : la vue somptueuse d'un olivier par une belle journée, la brise ondulant ses feuilles en petites vaguelettes vert et argent.

Quand un olivier finit par mourir, il laisse un héritage magnifique : son bois, dense et doux, couleur de miel, que les siècles ont teinté de brun noir et sombre. Chez les Romains, une loi interdisait l'usage domestique du bois d'olivier, réservé aux autels des dieux. Aujourd'hui, à moins qu'il n'ait la chance de tomber entre les mains d'un artisan, la plus grande partie du bois d'olivier finira dans les boutiques de souvenirs, réincarné en manches de tire-bouchons. Une triste fin pour une vie longue, merveilleuse et utile.

OM

Certaines personnes imaginent, de façon erronée, que l'OM – l'Olympique de Marseille – n'est rien de plus qu'une équipe de football. Elles se trompent : en fait, il s'agit d'une religion, une religion mineure, mais qui prospère.

Son temple est le Vélodrome, où quarante mille adeptes se réunissent, durant la saison, pour voir le grand prêtre de l'OM (le capitaine) mener ses acolytes au bon combat contre les forces du Mal (l'équipe adverse). Le service dure quatre-vingt-dix minutes. Il est accompagné de chants mystiques, et des imprécations rituelles sont hurlées contre les visiteurs (en particulier contre le Paris Saint-Germain). Quand la cérémonie est terminée, les suppliants se frayent un chemin vers les zones sacrées (les bars de Marseille), où ils rendent grâces ou se frappent la poitrine – selon le résultat.

S'ils se trouvent au milieu de supporters de l'OM, les hérétiques doivent prendre beaucoup de précautions. On raconte l'histoire – sans doute apocryphe, mais on ne sait jamais – d'un homme qui, innocemment, avait mentionné le match de la Coupe d'Europe 1996-1997, que Marseille perdit 8 à 0 contre Lyon. On ne l'a plus jamais revu.

Orage d'août

Un nouvel exemple des injustice de l'existence : les tempêtes les plus violentes de l'année ont lieu, en Provence, au plus haut de la saison touristique. Le printemps et le début de l'été se passent sous l'éclat du soleil. Juillet est un mois de jours sans pluie, avec des températures avoisinant les 30 °C. Puis arrive le mois d'août.

Comme s'ils étaient génétiquement programmés, plusieurs millions de Français – hommes, femmes, enfants, tantes, oncles, cousins, grands-parents et chiens – s'entassent dans les voitures, les trains et les avions, et se soumettent à l'épreuve du voyage vers le sud. L'autoroute du Soleil, lors du premier week-end d'août, est un cauchemar de crasse et de sueur, avec des bouchons dépassant souvent quarante-cinq kilomètres. Les trains sont bondés de passagers chargés chacun de dix-sept bagages. Et dans les aéroports, les porteurs célèbrent traditionnellement la venue du mois d'août en se mettant en grève. Enfin, épuisés et de mauvaise humeur, les vacanciers arrivent à destination, et se préparent à « la douceur de la vie en Provence ».

Il fait très chaud. Insupportablement chaud. L'absence de pluie et des semaines d'une chaleur de plomb ont transformé la Provence en radiateur géant. Le soleil a désséché les collines et les villages, rôti l'herbe brune, fait fondre le bitume, creusé des fissures dans le sol. Il fait frire les pâles peaux nordiques qui deviennent d'un rouge sanglant et douloureux. Longtemps après le coucher du soleil, la chaleur subsiste. La pierre reste chaude au toucher, et l'air de la nuit est épais et étouffant. On vit au ralenti : un long jour torride après l'autre.

Le soulagement, si l'on peut dire, se produit aux environs de la mi-août. L'air devient lourd, suffocant, et un silence descend soudain sur la campagne : les cigales ont cessé leurs stridulations crissantes, comme si on avait coupé le contact. C'est le signal : la tempête peut commencer à tout moment, et les inquiets et les prudents rentrent dans leur maison et débranchent ordinateurs, fax, téléphones, télévisions et chaînes stéréo. Pendant la tempête, une panne de courant générale est inévitable. Mais avant qu'elle se produise, il y a souvent un ultime et violent spasme électrique – un grand coup vengeur de la nature contre la haute technologie –, assez puissant pour brouiller la cervelle de tout appareil sensible.

Puis viennent le tonnerre et ses grondements profonds, qui se terminent dans un craquement semblant déchirer l'air au-dessus de la tête. Instinctivement, on se baisse. Le temps qu'on lève les yeux, et les éclairs ont démarré, des fractions de seconde d'une lumière aveuglante qui prend contre le ciel noir la forme des arbres, des rochers et des maisons. Mais pas encore de pluie. Elle ne viendra qu'après la fin du son et lumière.

Quand la pluie commence, elle se présente sous forme de larges gouttes molles qui rafraîchissent l'atmosphère et font monter l'odeur bénie de la terre mouillée. En quelques minutes, la pluie se transforme en torrents, aplatissant les plantes, creusant des canaux pleins de cailloux, faisant rebondir des pierres hautes comme le genou, transformant en éponge gorgée d'eau un livre oublié dehors : deux ou trois mois de pluie en une demi-heure. Puis elle s'arrête, aussi brusquement qu'elle avait commencé, et le lendemain matin le ciel est de nouveau bleu.

Mais à l'intérieur de la maison, des souvenirs du déluge demeurent dans les tuyaux, les citernes et les coudes en U du système de plomberie. Les inondations souterraines produisent de curieux gargouillements tandis que l'excès d'eau se met à niveau. Les robinets habituellement silencieux ont de sonores accès d'éternuement, crachant des gouttes d'eau boueuse. Selon un processus bizarre, des ordures ménagères – vieux morceaux de salade, pincées de feuilles de thé – prennent les tuyaux dans le mauvais sens et atterrissent dans l'évier, étonnant les visiteurs qui ont l'habitude de la plomberie urbaine et sans histoires. Eh bien ! disent-ils, si on s'attendait à *ça*, en Provence !

Orgues

L'orgue est le plus encombrant des instruments, un éléphant musical bien trop gros pour la moyenne des maisons familiales, ou même pour la moyenne des orchestres. Le numéro d'un fabricant d'orgues était bien le dernier sur lequel je m'attendais donc à tomber dans les Pages Jaunes de l'édition du Vaucluse. En fait, il y en avait trois répertoriés dans l'annuaire de l'année, et je me rends compte maintenant que je n'aurais pas dû en être surpris. La Provence est le pays de l'orgue, et cela depuis longtemps.

Nous imaginons que la demeure naturelle de l'orgue est l'église, mais pourtant, pendant des centaines d'années, il a été considéré sans la moindre sympathie par les autorités religieuses. Au IVe siècle, le concile d'Arles, dans une frénésie moralisatrice, fit excommunier les organistes. Au Ve siècle, saint Jérôme enseignait à ses ouailles à se montrer « sourdes aux sons des intruments de musique » (il ne précisait pas comment y parvenir). Ce n'est qu'au IXe siècle que l'orgue a fait son premier pas vers la respectabilité religieuse.

Le joliment nommé Louis le Débonnaire demanda à un prêtre, Georges de Venise, de lui fabriquer un orgue, ce qu'il fit. Georges de Venise transmit ensuite ses secrets de fabrication à ses élèves, qui étaient des moines, et au cours des années qui ont suivi, les orgues fabriqués par des moines ont commencé à faire leur apparition dans les chapelles et les couvents. Ce qui, naturellement, a rendu furieux les descendants spirituels du lobby de l'excommunication, qui aussitôt ont commencé à écumer et à dire à tous ceux qui voulaient bien les entendre que l'orgue était « la cornemuse du Diable », un prélude musical à l'enfer et à la damnation.

Néanmoins, l'orgue a survécu. Au XIVe siècle, on en trouvait dans de nombreuses églises, et il commençait à être considéré comme l'instrument approprié à la musique sacrée. Peu à peu, la demande s'accrut à un point tel que les moines n'y suffisaient plus, et qu'une nouvelle profession se fit jour : facteur d'orgues, le même intitulé de profession que l'on trouve aujourd'hui dans les Pages Jaunes.

Mon facteur d'orgues préféré est Jean-Esprit Isnard, et si je l'apprécie tant, c'est en raison de son dédain total de problèmes aussi terre à terre que la taille et le coût quand il s'agit d'atteindre la perfection. En 1772, on le fit venir de Tarascon afin de fabriquer un orgue pour la magnifique basilique de Saint-Maximin-la-Sainte-Baume. Comme c'était la coutume pour les travaux importants, on lui imposa un devis spécifiant la dimension du nouvel orgue, et d'autres détails de ce genre. Isnard se mit au travail. A un moment donné, parcourant du regard la vaste basilique, il a dû décider que l'orgue qu'il s'était engagé à fabriquer serait bien trop petit pour son cadre. Il le fit donc plus grand. Et encore plus grand. Ce travail lui prit deux ans et, lorsqu'il l'eut terminé, l'orgue était deux fois plus gros que prévu dans le devis : 8 mètres de haut au lieu de 4, avec 112 tuyaux supplémentaires (dont certains pesaient 300 kilos) en bon étain. Curieusement, on ne semble pas avoir conservé de trace de la réaction des notables à ce qui devait être une augmentation considérable de la facture.

Le chef-d'œuvre d'Isnard, aussi spectaculaire soit-il, est loin d'être le plus gros orgue de Provence. Dans l'église de Saint-Vincent, à Roquevaire (entre Aix et Toulon), on a installé un orgue moderne mesurant 14 mètres de haut. On trouve d'autres poids lourds dans la cathédrale de La Major, à Marseille, dans les églises Saint-Martin (Saint-Rémy), Saint-Symphorien-les-Carmes (Avignon) et Saint-Cézaire (Arles) – la plupart des villes de Provence qui ont une quelconque importance historique possèdent leur orgue, et plusieurs festivals d'orgue se tiennent chaque année. Ceux qui aiment, suivant une admirable habitude française, panacher culture et gastronomie, peuvent suivre la « route des Orgues », depuis Aubagne juqu'à Allauch. Entre les visites guidées, une pause est ménagée pour un « repas gastronomique », suivi d'un pot d'accueil à Allauch avant le récital de la soirée.

Oustau

L'*oustau* est le mot provençal pour désigner la maison familiale. Il possède de confortables connotations domestiques, et il est donc souvent réquisitionné par les propriétaires d'auberges et de maisons d'hôtes pour garantir à leurs clients un accueil amical et chaleureux. Le champion incontesté des oustaus est le superbe établissement situé aux Baux-de-Provence, connu sous le nom d'Oustau de Baumanière. Ce n'est pas exactement ainsi qu'on imagine une maison familiale – à moins de connaître des familles d'une richesse indécente –, car il possède treize suites, un chef décoré de deux étoiles au Michelin, une superbe terrasse avec vue sur les Alpilles, et une petite armée de personnes obligeantes pour remplir de raviolis de langoustine aux truffes les assiettes des clients.

Papes d'Avignon

L'intrigue, l'extorsion, le crime organisé – ces mots évoquent plus *Le Parrain* qu'un changement d'adresse religieux. L'histoire commence en 1303, une période au cours de laquelle Rome était une ville turbulente et dangereuse. Il y avait des émeutes, des invasions par des armées étrangères, des conflits entre gangs locaux. Personne n'était en sécurité, pas même un prince de l'Eglise.

Arrive Philippe le Bel, roi de France. Usant de tactiques fort peu respectables, y compris les pots-de-vin, il s'arrangea pour faire élire pape un Français. Clément V – tel était le nom du nouveau souverain pontife – saisit l'occasion de fuir les périls de Rome pour l'ambiance plus calme de la Provence. En 1309, la papauté s'installa à Avignon. Débuta alors une période de soixante-treize ans durant laquelle les catholiques à la recherche d'un guide étaient invités à se tourner vers la Provence plutôt que vers Rome. Sept papes se succédèrent à Avignon : Clément V,

Jean XXII, Benoît XII, Clément VI, Innocent VI, Urbain V et Grégoire XI. Pas un seul Italien parmi eux. Par une coïncidence qui n'a rien de surprenant, tous étaient français.

Au cours de ces années, la papauté se signala – ombres de la mafia – par une corruption rampante et un penchant pour la construction. Il devint à la mode de se faire construire un palais plus grand et plus beau que celui du précédent. C'est le pape Jean XXII qui donna le ton, faisant agrandir le palais archiépiscopal afin qu'il reflète sa nouvelle éminence. Ledit palais s'avéra trop exigu pour le pape Benoît XII, qui en fit construire un nouveau, beaucoup plus vaste. Pour ne pas être en reste, le pape Clément VI en construisit encore un autre. (Fait remarquable, il lui resta assez d'argent pour acheter, en 1348, Avignon à la comtesse de Provence, pour 80 000 florins.)

Pendant ce temps la ville, selon Pétrarque, était devenue « l'enfer des hommes, le cul-de-sac du vice, l'égout de la terre ». Il se peut que ces mots traduisent une certaine rancœur, car Pétrarque était italien, et pensait sans doute que la papauté avait mal tourné en passant aux mains des Français. Il est néanmoins exact que la prostitution, la violence, la débauche, le chantage, le commerce des pardons et des indulgences, et tous les crimes imaginables se déroulaient sous les yeux du pape, et parfois avec son approbation.

Ironie du sort, la plus grande partie des crimes étaient causés par la respectable politique papale prêchant la tolérance et la notion de lieu d'asile. Tout avait sans doute commencé avec les meilleures intentions du monde, mais malheureusement personne ne trouva nécessaire d'appliquer à cette politique la moindre restriction. Tant qu'on avait de l'argent, on pouvait venir à Avignon. Non seulement les Juifs et les hérétiques pouvaient échapper aux persécutions religieuses, mais les escrocs, les voleurs, les charlatans, les assassins et fuyards de toutes sortes pouvaient venir respirer un peu dans la cité papale. La justice française ne pouvait les atteindre. La ville devint donc un havre pour les réfugiés de toute nature – à condition qu'ils puissent payer –, ce qui, inévitablement, conduisit au cul-de-sac du vice stigmatisé par Pétrarque. Le pape, évidemment, était protégé de l'anarchie des rues par les épaisses murailles de ses palais, l'ancien et le nouveau. Tous deux ont survécu aux guerres et aux révolutions, et, dans le centre d'Avignon, donnent une impression quelque peu mélancolique.

Le village de Châteauneuf-du-Pape, où le pape Jean se fit construire une résidence d'été dominant les vignes, est un souvenir plus réconfortant du temps de la papauté. Même à cette époque, le vin y était bon, si bon, en fait, que Pétrarque, incapable de résister à une dernière pique, dit que c'est à cause de lui que l'entourage du pape n'avait pas très envie de retourner à Rome, préférant tourner ses pensées vers

Les joyeux couvents, nichés au cœur des vignes,
Où sommeillent les abbés, aussi rouges que leurs vins.

Et, bien sûr, c'est le poète Alexander Pope qui a écrit ces vers.

Parfums

Il n'est pas surprenant que l'on s'intéresse plus à la Provence que l'on voit qu'à la Provence que l'on sent. Il existe pourtant en Provence une grande variété de plaisirs destinés à l'odorat, et il serait honteux de les négliger. En voici quelques-uns parmi ceux que je préfère.

Le café. Légèrement moins âcre depuis quelques années, car on fume moins de tabac brun, mais toujours spécial. J'aime particulièrement le mélange du matin : une note dominante de café féroce, avec des touches de lait chaud, des croissants dégoulinants de beurre, des baguettes sortant directement de la boulangerie en haut de la rue, et le ronron rassurant de l'aspirateur. Même le journal, si on arrive à s'en emparer le premier, a l'odeur du jour nouveau.

Lavande. Si délicieuse soit-elle une fois traitée, sous quelque forme que ce soit, du savon jusqu'au sorbet, la lavande la plus parfumée est celle que l'on cueille soi-même. S'en frotter les paumes, et humer. Il n'y a rien de tel qu'une profonde inspiration de cette essence pénétrante et inaltérée pour picoter les narines et éclaircir les idées.

L'ail. Souvent suffocant lorsqu'il est utilisé d'une main trop lourde, comme c'est souvent le cas, il doit, pour donner son maximum, être dilué. Selon moi, c'est dans l'un de ces restaurants de Marseille spécialisés dans la bouillabaisse qu'il est le plus appétissant. Dès qu'on passe la porte, un léger mais immanquable fumet d'ail porté par l'air marin met le palais en éveil, et avant d'être arrivé à table on a déjà passé commande.

Herbes. Merveilleuses dans la cuisine et encore meilleures au sein de la campagne provençale, où l'on peut marcher à travers la sauge et le romarin, la sarriette, l'hysope et le thym. Quant à la différence de senteur entre les herbes fraîches et les sachets de poussière sèche que l'on trouve sur les étagères de certains supermarchés, il faut la sentir pour y croire.

Melons. L'un de mes plus anciens souvenirs de Provence est celui d'un retour entre Ménerbes et Cavaillon, avec une cagette de melons mûrs. Même avec les vitres ouvertes, leur odeur emplissait la voiture – une odeur douce, qui monte irrésistiblement à la tête. L'homme qui a écrit que « les melons charment la gorge et rafraîchissent l'estomac » a oublié d'ajouter qu'ils séduisent aussi le nez.

Truffes. L'odeur primitive de la truffe noire peut ne pas plaire à tout le monde : elle est sauvage, dense, évoque presque le pourri. J'en suis fou, en partie parce qu'elle annonce le début des plaisirs de l'hiver : des aubes gelées, de longues promenades à travers les collines désertes, des soirées passées devant des feux de bois, des daubes, des cassoulets et des vins pour temps froid. Et, de temps en temps, une bonne omelette aux truffes.

Pastis. S'il existait une carte olfactive de la Provence, le pastis se trouverait au centre. En Provence, l'atmosphère de n'importe quel bar digne de ce nom est légèrement parfumée de cet arôme unique d'anis et de réglisse, comme en sont également légèrement parfumés, évidemment, la plupart de ceux qui en consomment.

Terre mouillée. La pluie qui tombe sur une terre cuite par des semaines et des semaines de sécheresse amène une chute de température bienvenue, et rafraîchit l'atmosphère d'une odeur délicieuse, fraîche, qui sauve la vie. Les plantes mourantes revivent et la menace des feux de forêt s'évanouit. C'est une odeur que je suis toujours content de sentir, et que j'associe immanquablement à un sentiment de soulagement. On peut à nouveau respirer.

Parisiens

En Provence, les Parisiens sont une minorité persécutée, la tête de Turc de plaisanteries diverses, une source d'amusements et le sujet de bien des histoires invraisemblables – dont il se peut que certaines, cependant, soient vraies. Voici, par exemple, une des plus appréciées : le Parisien en vacances qui se plaint au maire du village du bruit insupportable des cigales, et lui demande ce qu'il compte faire. Le maire manifeste son sens de l'humour en feignant de prendre le Parisien au sérieux. On évoquera ce problème à la prochaine réunion du conseil municipal, dit le maire, et ça ne s'arrêtera pas là. Si nécessaire, je soumettrai l'affaire au préfet du Vaucluse. Revenez à l'automne, et je vous garantis que vous constaterez un changement. Evidemment, lorsque le Parisien revient, il n'entend

plus les cigales, et il est favorablement impressionné.
Comment aurait-il pu se douter que, lorsque la température tombe, toutes les cigales de Provence hiber-
nent, à moitié endormies ?

Rester assis à une terrasse de café, et essayer de
repérer les Parisiens, est l'un des petits passe-temps
de l'été au village. C'est légèrement plus difficile que
de repérer les étrangers, parce que le Parisien parle
une forme de français. Malgré tout, on peut facilement l'identifier par son apparence. Ses vêtements,
même simples, sont neufs, pimpants, ni froissés ni
pâlis par le soleil. On ne peut pas l'imaginer en sueur.
Ses cheveux viennent d'être coupés. Ses mains semblent n'avoir jamais touché un tracteur ou une cisaille
à élaguer. Son chien, s'il en a un, est un modèle d'hygiène et de propreté, et un objet de curiosité pour les
poussiéreux chiens du village. Le Parisien lit *Libération*, ou *Le Figaro*, plutôt que *La Provence*, le journal
local. D'une façon ou d'une autre, il se distingue.

Il y a quelques années, j'étais en train d'expliquer tout cela à un ami londonien lorsqu'un parfait spécimen s'est assis à une table proche de la nôtre : on voyait bien qu'il s'agissait d'un Parisien, avec son visage lisse, bien rasé, et ses élégants mocassins de cuir. Il portait une montre en or pas plus épaisse qu'une pièce de deux euros. Il tenait *Libération*. Il avait même un petit chien blond, sans un poil de travers. Il a commandé un café pour lui et un bol d'eau pour son compagnon avant de se plonger dans son journal.

Voilà, dis-je à mon ami, ce ne peut être qu'un Parisien. D'après son allure, il doit être dans la publicité. On les repère toujours. Je m'apprêtais à développer ma théorie quand l'un des garçons s'est arrêté à notre table. Je lui ai demandé de confirmer mon diagnostic anthropomorphe, et c'est alors qu'il m'a appris que le publicitaire parisien était un informaticien de Cavaillon. Au temps pour ma déduction.

On dit souvent que, en France, le gouvernement très centralisé provoque malaise et ressentiment en province, mais je crois que le problème est différent. Je suis certain que l'attitude des Provençaux à l'égard des Parisiens est semblable à celle des gens de la campagne face aux gens de la ville, où que ce soit dans le monde. Le pêcheur du Maine regarde le New-Yorkais avec méfiance, de même que le fermier du Yorkshire, un Londonien. Les étrangers sont suspects. Et, bien sûr, on nous apprend que les Parisiens eux-mêmes s'inquiètent de voir une communauté européenne élargie mener à une invasion de plombiers polonais. A vrai dire, je suis sûr d'en avoir vu un l'autre jour au café. On les repère toujours.

Pastis

C'est une boisson très trompeuse que le pastis. Avec des glaçons, et dilué, selon les recommandations, dans cinq fois son volume d'eau, sa couleur passant de l'or à un blanc opaque qui tire sur le vert, il paraît léger, rafraîchissant, inoffensif. Par un jour de grande chaleur, le premier pastis glisse si facilement que le verre vide vous prend par surprise. On s'en verse un autre. Ce n'est que lorsqu'on se relève que l'on se rappelle que le pastis, avec ses 45 degrés, est plus alcoolisé que le whisky, la vodka ou le cognac. Comment les Français parviennent à en boire vingt millions de verres chaque jour (ce qui est le cas) et à tenir encore debout, c'est l'un des grands mystères de l'existence.

Il existe deux versions de l'origine du pastis. La première parle d'un ermite anonyme qui vivait dans le Luberon, dans une cabane festonnée d'herbes et de plantes cueillies dans les collines. Les chasseurs et les promeneurs le voyaient de temps en temps penché sur un chaudron où il faisait mijoter une curieuse décoction. Passèrent bien des années de mijotage. Puis vint la peste.

L'un des symptômes du stade final de cette maladie était une soif terriblement épuisante, qui, si elle n'était pas étanchée, se terminait par la mort. Cucuron, dont 942 habitants périrent, fut l'un des villages les plus touchés. Un jour, un étranger arriva. Les survivants, très affaiblis et souffrant encore de cette soif fatale, furent surpris par son apparence. Il rayonnait de santé, ce qui était rare en ces temps insalubres. C'était notre ermite, que le fait de boire ses décoctions d'herbes avait protégé de la peste.

Il en distribua aux survivants du village. Miracle : leur soif se trouva étanchée, ils étaient guéris, et l'ermite, son travail effectué, prit le chemin de Marseille. Visiblement, il en avait assez de sa vie d'ermite, car il ouvrit un bar sur le Vieux-Port, qu'il baptisa « Au Bonhomme passe-soif ». La spécialité de la maison, évidemment, c'était cette boisson magique qui chassait la soif. Avec le temps, le nom évolua de *Passe-Soif* à *Passe-Sitis*, qui venait du latin, et de là à *pastis*.

La seconde version date de 1915. Jusque-là, l'une des boissons les plus mortelles en France était l'absinthe, la « fée verte », une distillation de vin, d'essences diverses et d'armoise, qui rendait accro et suscitait des hallucinations. On dit que, lorsqu'il s'est coupé l'oreille, Van Gogh était sous l'influence de l'absinthe, et que c'est après une dispute chargée d'absinthe que Verlaine tira sur Rimbaud. Les intoxiqués de l'absinthe n'avaient pas une longue espérance de vie, et le gouvernement, alarmé par la disparition prématurée de tant de contribuables, l'interdit, le 17 mars 1915.

Cet acte inspiré par le bien public ne plut pas à tout le monde, et à Jules Pernod, qui fabriquait de l'absinthe dans son usine de Montfavet, près d'Avignon, pas plus qu'aux autres. Heureusement pour lui, son matériel était parfaitement adapté à la production d'une autre boisson, légalement autorisée, l'anis. Ça marcha immédiatement, et l'anis avait le gros avantage de ne pas tuer ceux qui en buvaient. Mais cette boisson n'était pas encore connue sous le nom de pastis.

Ce nom est dû à l'inspiration de Paul Ricard, fils d'un marchand de vin de Marseille. En travaillant pour son père, il visitait les bars et les bistros où il voyait et goûtait des centaines de boissons anisées artisanales. Il y vit l'occasion de créer une marque. Pour la baptiser, il choisit la version provençale d'un mot italien, *pasticchio*, ou pastis, un mot désignant une situation trouble, nuageuse – un nom approprié pour un liquide qui change de couleur quand on le mélange avec de l'eau. C'est ainsi que, en 1932, germa son idée de génie comme le « Véritable Pastis de Marseille ». (Dans un bar, on entend souvent demander un *pastaga*, ou un « bon jaune ».)

Selon Ricard lui-même, qui n'était pas étouffé par la modestie, ce fut un succès immédiat. Et ça l'est resté : il s'en vend des millions de bouteilles chaque année. Ricard et Pernod ont joint leurs forces en 1974, et depuis ils dominent le marché. Mais ça n'a pas empêché des producteurs plus modestes de fabriquer leur propre marque, ce que l'on appelle parfois des « pastis de boutique ». On les trouve dans les épiceries chic, étiquettes et bouteilles soigneusement dessinées pour donner une impression de sérieux et d'authenticité : Henri Bardouin, Lou Garagai, La Rince, Lousou. Il y a même quelques régressions vers les jours néfastes de l'absinthe – ou en tout cas c'est ce que les fabricants veulent faire croire – sous forme de « Versinthe », emphatiquement verte, ou de « La Muse verte », vendue avec une reproduction de l'ancienne cuiller à absinthe.

Pour qui aime la saveur de l'anis, toutes ces boissons sont délicieuses, mais je dois reconnaître que ce n'est qu'en Provence que je prends vraiment plaisir à boire un pastis. L'environnement influe sur le goût, et pour accompagner mon Ricard je suis habitué au soleil et au ciel bleu. Ce n'est pas la même boisson dans un restaurant londonien ou un bar new-yorkais, peut-être à cause du code vestimentaire. Je trouve que le pastis, le costume et les chaussettes ne vont pas ensemble.

Pétanque

Depuis la préhistoire, l'homme s'est amusé à lancer de petits objets sphériques, des boules, sur une cible ou une autre. Vers 3500 ans avant J.-C., c'était l'un des passe-temps favoris des Egyptiens. Hippocrate, le père de la médecine, recommandait cet exercice comme développant la force et la mobilité, et les Grecs aimaient tellement ça qu'ils ont légué à la postérité une statuette de bronze datant du Ve siècle

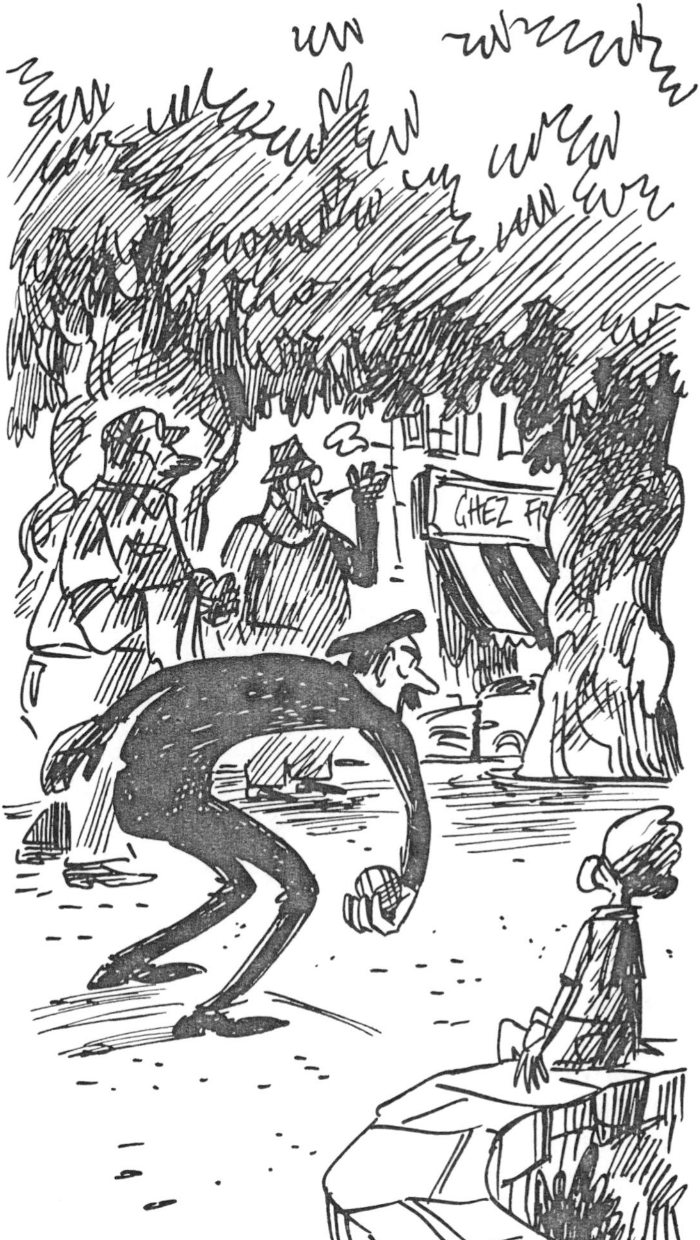
CHEZ F

avant J.-C. représentant un joueur. Elle est intéressante à plus d'un titre. Pour commencer, le jeune homme est complètement nu, offrant une vision rarement rencontrée sur les terrains de boules d'aujourd'hui. Ensuite, il tient sa boule dans la main gauche, ce qui est inhabituel dans un monde depuis toujours dominé par les droitiers. Enfin, il a la même position verticale qu'un joueur de boules d'aujourd'hui quand il pénètre dans le cercle et se prépare à lancer. Il a le bras courbé, tient sa boule à hauteur de taille, garde les yeux fixés sur la cible.

Pendant des siècles, le jeu de boules a exigé des joueurs raisonnablement athlétiques. Le terrain était long, les boules étaient lourdes, et les joueurs devaient courir pour prendre l'élan nécessaire à un long jet. Ce n'est qu'au début du XXᵉ siècle que ça a changé, et on connaît même la date précise de ce changement : c'était en juin 1910, à La Ciotat, une ville côtière entre Marseille et Toulon qui, par ailleurs, vit aussi la naissance du cinéma. L'habituelle partie de boules de l'après-midi se déroulait sous le regard nostalgique et enthousiaste de papys du village, qui n'avaient plus l'agilité ni la force pour jouer eux-mêmes au jeu long. Personne n'était plus nostalgique que Jules Lenoir, très leste autrefois, mais affecté maintenant de rhumatismes chroniques. Il avait très envie de recommencer à jouer. C'est son grand ami Ernest Pitiot qui trouva une solution.

« On va jouer un jeu plus court, dit Pitiot, mais au lieu de courir avant de lancer, on va faire ça les pieds *tanqués*, les pieds rapprochés et plantés sur le sol. »

Et c'est ainsi que naquit la *pétanque*.

La beauté de ce jeu réside dans le fait que pratiquement tout le monde peut y jouer, et pratiquement partout, pourvu qu'il y ait un terrain à peu près plat. La surface idéale est une terre sablonneuse et tassée, connue en Provence sous le nom de *clapicette*, assez lisse pour que les boules puissent avancer, assez inégale pour créer des déviations intéressantes. Déchiffrer un terrain de boules, c'est à peu près comme déchiffrer un parcours de golf piégé.

La cible est une petite balle de bois – connue sous le nom de but, de cochonnet, de pitchoune, de ministre ou de gendarme – et les vainqueurs sont ceux qui terminent avec le plus de boules proches du but que n'en ont leurs adversaires. Chacune marque un point, et la première équipe qui arrive à 13 a gagné.

Cela peut sembler une distraction simple et placide, un calme va-et-vient dépourvu de spectacle. Mais ce n'est pas le cas. Ça peut devenir aussi violent que le croquet. Il arrive qu'un spécialiste, ou même un débutant chanceux, disperse les boules de l'adversaire avec une bombe, un coup direct venu d'en haut, une agression sauvage et délibérée qui suscite la colère et le désir d'une revanche immédiate. Il y a aussi le problème délicat et litigieux de la mesure exacte entre deux boules rivales et le but. On dispose d'un juge impartial sous la forme du boulomètre à tirette. Cet appareil de mesure pliant calibré au millimètre est utile, et parfois accepté comme arbitre ultime. Mais, souvent, ce n'est pas le cas.

Généralement, le litige porte sur la largeur d'un cheveu, et il est crucial que la mesure soit effectuée correctement. Mais ce qui semble correct au vainqueur ne l'est pas toujours correct pour le vaincu, et c'est là qu'intervient le goût des Provençaux pour les débats animés. Le ton monte, on agite les doigts, on s'accuse de tricherie, on échange des récriminations, et la paix de l'après-midi d'été est troublée. Aux yeux des spectateurs, la violence physique paraît imminente. Il semble hautement probable que les deux parties ne s'adressent plus jamais la parole. Et pourtant, cinq minutes après, ils recommencent à jouer comme si rien ne s'était passé.

La pétanque peut être pratiquée par deux équipes de débutants complets, et c'est l'un des rares exercices athlétiques qui permet aux joueurs de marquer une pause pendant la partie pour un verre réparateur. Ça en fait un jeu très convivial, et en Provence on y joue en général sous un ciel d'Alcyon. L'air est calme et chaud, les cigales stridulent, et les autres sons – le bruit sourd de la boule qui atterrit, et le *clac* d'une boule contre une autre – sont agréablement hypnotiques. Tout est calme. Jusqu'au prochain litige.

Pieds et paquets

Que les végétariens convaincus et les âmes sensibles tournent la page. Le plat qui apparaît sur les menus sous le nom de « pieds et paquets » n'est pas pour qui défaille à l'idée de manger l'estomac d'un ruminant, estomac connu généralement sous le nom de « tripes ».

En Provence, c'est considéré comme un mets délicat, surtout à Marseille, où on le prend à ce point au sérieux qu'il possède sa propre charte – établie par huit restaurateurs – garantissant des tripes « d'une qualité irréprochable ». En dépit du fait que les pieds et paquets sont un ragoût qu'on pourrait penser mieux adapté à l'hiver, ils sont servis, en Provence, toute l'année, quelle que soit la température : c'est un plat de toutes saisons.

Le premier des deux ingrédients indispensables est la tripe. Quand elle sort de chez le boucher, elle est en général complètement blanche. Elle a été « préparée » – plongée dans du citron vert, puis de la saumure, puis bouillie. En Normandie, elle est cuisinée « à la mode de Caen », avec des légumes, des épices, du cidre et du calvados. Cette hérésie ne serait jamais tolérée en Provence, car il y manque le second élément essentiel : les pieds, des pieds de mouton blanchis et flambés. Quant aux paquets, ce sont de petits carrés de tripes, accompagnés de porc salé, d'ail émincé et de persil. On y ajoute des tomates, des oignons, des carottes, des gousses d'ail entières, du bacon, du poivre, du thym, du laurier, du piment, des clous de girofle, de l'huile d'olive et une bonne rasade de vin blanc. Puis on laisse mijoter le tout pendant environ huit heures, et on sert avec des pommes de terre nouvelles cuites dans leur peau.

J'ai toujours admiré l'intrépide curiosité qui pousse l'homme à essayer de manger des choses qui ne sont ni apparemment mangeables, ni visuellement appétissantes. On pense aux escargots, aux oursins, et au *fugu*, le toxique poisson japonais. Il n'y a pas de délice plus inattendu que les pieds de mouton, et je lève mon chapeau au pionnier de la gastronomie – né en Provence, sans aucun doute – qui le premier les a mis dans une casserole.

Pierre

Sous son écorce verte, la Provence a un cœur de calcaire. Les tailleurs, qui tirent de ce calcaire mille formes différentes, pour mille usages différents, disent qu'il se coupe comme une plaquette de beurre. Avec le temps et l'exposition au soleil, il vieillit magnifiquement, et l'éclat rude de la pierre fraîchement taillée s'adoucit, tournant à la couleur du miel ou au gris pâle. Les piliers et les arches, les fontaines et les statues, les dalles et les urnes, les chérubins et les dauphins, les blocs massifs des aqueducs romains, le délicat treillis d'une église du XVIIIe siècle – où qu'on aille en Provence, on voit du calcaire. Et il est rare qu'on se trouve loin de l'une ou l'autre des carrières ponctuant le paysage.

On dirait d'immenses amphithéâtres inachevés, blancs comme des ossements sous le soleil, le grincement des scies et le grondement des machines résonnant sur les parois de pierre. Les blocs de calcaire taillé, comme des piles bien régulières de morceaux de sucre géants, font paraître naines les silhouettes des ouvriers. Tout – l'homme, la machine et, parfois, un arbre survivant et fantomatique – est estompé sous une fine couche de poussière de calcaire, et l'éclat aveuglant, sans pitié, fait mal aux yeux. Visiter une carrière, c'est comme recevoir un coup sur la tête. Je ne peux imaginer ce que ce doit être d'y travailler.

Chaque carrière fournit son propre type de calcaire : à grain plus ou moins fin ; blanc, blond pâle, jaune paille ou ocre ; plus ou moins dur, plus ou moins poreux. Et ceux qui travaillent la pierre utilisent un vocabulaire étrange, qui remonte aux temps préindustriels. Un *crocodile* est une scie avec des dents en forme de crocs, pour couper la pierre tendre. Un *crapaud* est un haquet massif utilisé pour transporter des blocs de treize tonnes. Un *gendarme* est une pile de blocs de pierre taillée. *Battre le beurre*, c'est faire un trou dans la pierre. Une *polka* est un marteau double. Une *tête de chat* est un bloc de pierre grossièrement taillé en sphère. Il n'existe hélas pas de noms pittoresques pour les machines d'aujourd'hui, qui sont comme des robots.

Pour voir ce qui est peut-être le bloc de calcaire provençal le plus photographié – et pourtant souvent ignoré –, il faut aller à New York er regarder attentivement la statue de la Liberté. Elle se dresse sur une base faite de pierre de Cassis, provenant d'une carrière à quelques kilomètres à l'est de Marseille.

Pigeonniers

Si l'on parvient à s'habituer au roucoulement sans fin de ces volatiles, je suppose que posséder un dortoir rempli de pigeons peut être une source de confort. Quand on a à sa porte un garde-manger vivant, on ne manque jamais de viande : si la famine frappe, il suffit d'accommoder pour dîner quelques-uns de ces voisins. Cet accès pratique aux réserves de vivres explique pourquoi, à travers toute la Provence, on

voit des pigeonniers de formes et de tailles variées, attachés au bâtiment des fermes, ou légèrement séparés.

Le pigeonnier classique est une jolie pièce d'architecture : haut, élancé et aux lignes pures, soit rond soit carré, avec l'entrée des pigeons au sommet, juste sous le toit. Les pigeonniers les plus sophistiqués possèdent un système de sécurité, sous la forme d'une large bande de tuiles vernies, juste en dessous de l'entrée. Elles empêchent les rats, les chats et les autres visiteurs indésirables de prendre pied et de pénétrer dans le pigeonnier.

Les humains passent par une porte au niveau du sol et une échelle les conduit, par une ouverture, au premier niveau, là où les pigeons ont leurs quartiers : ce sont les « boulins », des niches de tuile ou de plâtre qui bordent les murs, leur forme régulière donnant l'impression qu'on a mis le pied dans une blanche ruche géante. Notre pigeonnier contient environ deux cent cinquante niches de cette sorte, ce que je trouvais plutôt impressionnant jusqu'au jour où j'ai entendu parler des sept cents boulins du château de Sylvabelle, à Revest-les-Brousses – c'est plus un condominium qu'un pigeonnier.

Il est difficile d'imaginer le boucan que peuvent faire sept cents pigeons rentrant se percher tous les soirs, sans compter les montagnes d'excréments qu'ils déposent. Je parle d'après ma petite expérience en la matière. Chez nous, les pigeons, malgré les logements spacieux librement disponibles pour eux dans le pigeonnier, passent leur temps sur le rebord de nos fenêtres, avec le résultat que l'on peut imaginer sur les dalles en dessous. Mes menaces sanguinaires n'ont aucun effet sur eux. Je crois qu'ils savent que nous préférons manger des poulets.

Pistou, pissaladière et pissalat

J'ai entendu un jour un Français snob amateur de cuisine écarter la cuisine italienne avec ce commentaire accablant : « En dehors des nouilles, ils n'ont rien. » Si diffamatoire et inexacte qu'elle puisse être,

les Français ont la conviction que leur cuisine nationale est plus variée et raffinée que tout ce qu'on peut
manger à l'est de Menton. Mais comme les Français,
lorsque leur estomac est concerné, sont très pratiques,
ils savent reconnaître ce qui est bon. Il n'est donc
pas surprenant que certains trésors de la gastronomie
italienne se soient fait une place sur les menus provençaux après avoir été renommés au passage. Le
pistou et la pissaladière, des plats très répandus, en
sont deux exemples.

Le pistou, sous sa forme italienne d'origine, s'appelle *pesto*. Il s'agit d'une pâte faite de basilic,
d'huile d'olive, de pignons de pin et de fromage. En
dehors de l'orthographe, la différence la plus notable
de la version provençale consiste dans l'ail qui, pour
préparer la pâte, remplace les pignons de pin. On utilise le pistou pour relever une soupe de tomates, de
haricots verts et blancs, de courgettes, de pommes de
terre, de poireaux, de feuilles de céleri et au vermi-
celle. Comme vous l'aurez remarqué, cette recette a
plus d'une ressemblance avec le minestrone, mais en
Provence on ignore les origines italiennes de cette
soupe, et on la connaît sous le nom de « soupe au
pistou ». C'est très bon. Pour la rendre encore plus
nourrissante, j'y ajoute une petite giclée d'huile
d'olive.

La pissaladière est quasiment une pizza sans sa
garniture de fromage élastique : de la pâte à pain, des
oignons en tranches, des filets d'anchois et de l'huile
d'olive. On l'entend parfois appeler « pizza provençale ». Ce qu'en penserait un Napolitain connaisseur de
vraie pizza reste sujet à conjectures.

Le pissalat, pour autant que je sache, a son origine
en France, le long de la côte méditerranéenne. C'est

une purée de petits poissons qui ne font pas plus de deux centimètres de long, avec de la saumure et de l'huile d'olive. De nos jours, ces poissons sont principalement des anchois, mais on en trouve une recette traditionnelle dans un livre au titre mémorable, *150 façons de préparer les sardines*, publié en 1898 par l'imprimerie Colbert, à Marseille. Le pissalat est excellent avec des crudités, ou tartiné sur de petits carrés de pain grillé.

Platanes

A Paris, quarante pour cent des arbres sont des platanes, et soixante pour cent à Londres. Et pourtant, en dépit des statistiques, le platane est probablement plus souvent associé à la Provence qu'avec n'importe quelle ville, sans doute pour la raison purement pittoresque que les platanes de Provence sont beaucoup plus photogéniques que leurs cousins de la ville. Pour commencer, ils sont plus propres, d'un gris pâle, tacheté, indemne des fumées de la circulation. Ils sont plantés de façon plus spectaculaire : en paires pour garder l'entrée de chaque village ; en lignes bordant une route de campagne toute droite qui s'étire vers l'horizon ; en allées élégantes menant vers de grandes maisons de famille ; dans un jardin, donnant une merveilleuse ombre mouchetée. De plus, ils sont taillés avec plus d'imagination, soit de façon décorative, soit de façon pratique, selon ce à quoi ils sont destinés.

A la différence des arbres des villes, ils n'ont pas à rivaliser avec de grands immeubles pour attirer l'attention du photographe. La forme du tronc et l'élan de leurs branches sont les éléments dominants, et les hommes, quels qu'ils soient, quoi qu'ils fassent, qu'ils se trouvent sous l'arbre, ou à côté, ont la seconde place. Jouant à la pétanque, assis à une table de café, s'embrassant sur un banc, ils n'auront jamais, sur l'image, que des seconds rôles. Les toiles, les photographies et mille cartes postales évocatrices le répètent : le héros, c'est le platane.

Le platane est l'un des grands survivants de la nature, apparemment capable de supporter des mauvais traitements sans fin. La pollution de l'air, le manque d'eau, l'élagage sauvage, les attaques accidentelles par des véhicules mal dirigés font partie des incidents normaux de la vie d'un platane. Mais ça ne s'arrête pas là. On voit souvent une grande variété d'accessoires disgracieux cloués, vissés ou agrafés dans le tronc. Les fils électriques sont l'un des plus courants de ces ornements, s'insinuant à travers les branches pour être reliés à une guirlande d'ampoules de couleurs. Le tronc est utilisé aussi comme panneau d'affichage communal, avec une garniture d'affichettes annonçant, la semaine prochaine, un excitant festival du matelas, un cirque, un vide-grenier dans un village voisin, une soirée musicale, une exposition, un chien perdu, ou même, de temps en temps, une élection. L'outrage ultime est la poubelle métallique boulonnée sur le tronc, débordant de détritus peu ragoûtants, affront à l'œil autant qu'à l'arbre.

Et pourtant le platane survit souvent pendant des siècles. Devant la maison, nous avons un platane qui a été planté avant la Révolution. Et, si énorme soit-il, c'est presque un jeunot. Le « Géant de Provence », à Lamanon, mesure cinquante-trois mètres de haut. Son tronc a une circonférence de neuf mètres (sept personnes se tenant par la main en font à peine le tour). Il est âgé d'au moins trois cents ans, classé monument historique, encore en pleine forme, et paraît parti pour plusieurs centaines d'années supplémentaires.

Comme si les tracas supportés quotidiennement par les platanes ne suffisaient pas, il leur faut aussi subir la coiffure annuelle infligée chaque automne par des gentlemen armés de tronçonneuses. Le tailleur provençal élague avec une sévérité enthousiaste, et le regarder s'occuper d'un platane, c'est comme assister à un exercice de brutalité disciplinée qui chaque fois me fait faire la grimace. Aucune pitié. Les pousses prometteuses sont ôtées, des branches grosses comme le poignet sont supprimées, et quand le tailleur a terminé, l'arbre fait penser à un jeune homme qui, au service militaire, vient de subir sa première coupe de cheveux réglementaire.

Mais cette orgie d'élagage obéit à une méthode. Si l'arbre a une fonction décorative, il sera élagué « à l'anglaise », ses branches braquées vers le ciel, ou « en gobelet », le tronc comme une tige supportant des branches en forme de verre à vin. Lorsque l'arbre a une utilité pratique, qu'il doit servir de pare-soleil, il sera taillé en parapluie, de façon que ses branches s'étendent comme les baleines d'une verte ombrelle d'ombre.

La sieste occupant, l'été, une place si importante dans la vie de tous les jours, vous ne serez pas surpris d'apprendre qu'il existe en Provence des spécialistes en ombre. Ils vous diront que l'ombre d'un pin est très chaude, trop sèche, qu'elle sent la résine, et, de façon générale, n'est pas agréable : c'est une *mauvaise ombre*. D'autres arbres sont à éviter : le noyer (son ombre est trop froide), le tilleul (ne jamais faire la sieste sous un tilleul de peur de perdre la voix), ou le noisetier (mauvais pour le dos). L'ombre du platane, cependant, est considérée comme une *bonne ombre*, claire et fraîche, avec une jolie lumière filtrée.

Pour finir, une précision historique d'une authenticité douteuse : on dit que c'est du bois de platane qui aurait été utilisé pour fabriquer le cheval de Troie.

Pointus de Marseille

On les voit dans le Vieux-Port, tout pimpants ; dansant au bord des plages, au-delà de la ligne de flottaison ; glissant à travers les courants autour des calanques, rentrant des îles du Frioul, et sur d'innombrables cartes postales. Ils sont presque trop pittoresques pour être vrais. Leur peinture est pâlie et décolorée par des milliers de jours d'exposition à l'air salin et au soleil ; ils ont une forme confortable, et on remarque sur eux l'absence de plastique, de chrome ou de verre. Ils sont en bois d'un bout à l'autre : classiques, simples, ces bateaux de pêche monoplace portent officiellement le nom de « barquettes de Marseille », mais dans le langage courant on les appelle des « pointus ».

Leur nom reflète leur forme. Au lieu de l'habituelle configuration aurique, avec une extrémité aiguë et une extrémité émoussée, le pointu est, comme l'arche de Noé, pointu aux deux bouts. Il a parfois un gouvernail à une extrémité ; sinon, on le dirige avec une paire de rames. Il avance dans l'eau sans laisser de traces : un pointu ne fait pas de vagues et ne laisse pas de sillage. Il n'a pas de quille, et n'a pas besoin de port ni de mouillage ; à la fin d'une journée de pêche, il suffit de le tirer sur la plage.

Chaque pointu est unique, fait à la main selon l'ancienne méthode « piffométrique », c'est-à-dire selon un système complexe de « devinestimations » développé au cours des siècles par de très habiles charpentiers de marine. Les secrets de ce système sont personnels et précieux. On se les passe de père en fils, mais jamais d'oncle à neveu, comme on dit. En fait, il existe un prototype grossier pour faire des pointus – le gabarit de saint Joseph –, mais il laisse toute la place qu'on veut à l'expression personnelle.

Et l'enthousiasme et la créativité de cette touche personnelle se traduisent essentiellement dans le *capian*, une extension de la tige de proue, sculptée et peinte avec soin, qui fait saillie vers le ciel. Pour les savants férus d'études classiques, elle représente la célébration des noces de la mer et de l'homme, et un salut à Poséidon, le dieu de la mer. Pour le commun des mortels (et, je le soupçonne, pour la plupart des propriétaires de pointus), c'est un incontestable symbole phallique.

A Marseille, le mot « pointu » a une seconde signification. Les Parisiens sont appelés « pointus » en raison de leur accent pincé. Ce qui peut mener à la confusion et à une bonne quantité d'humour douteux : « Va dans le port ce matin. Tu verras peut-être un pointu se faire gratter ses bernacles. »

Pont d'Avignon

Il était une fois un petit berger de l'Ardèche qui s'appelait Bénézet. Le Seigneur lui ordonna de se rendre à Avignon, et de construire un pont sur le Rhône.

Arrivé sans un sou en poche, le jeune Bénézet alla expliquer sa mission à l'évêque d'Avignon, mais ne trouva pas auprès de lui beaucoup d'aide ni de charité chrétienne. L'évêque prit Bénézet pour un fou, ce qui, en ce temps-là, était apparemment considéré comme un crime, et l'envoya devant le juge. Après avoir écouté l'histoire de Bénézet, le juge, logique, eut une idée judicieuse : si Bénézet parvenait à soulever et à porter un rocher d'une taille et d'un poids prodigieux, il serait, de façon évidente, capable de construire un pont. Et c'est ce qui arriva. Bénézet souleva le rocher, le mit sur ses épaules et le jeta dans le Rhône à l'endroit où devait s'élever le futur pont. A partir de cet instant, on put recueillir des fonds pour le projet et, beaucoup plus tard, Bénézet fut canonisé.

La construction eut lieu entre 1177 et 1185, et ce fut l'unique pont sur le Rhône entre Lyon et la Méditerranée. Il n'était pas particulièrement large, et certainement pas assez pour qu'on y danse tous en rond, comme dans la chanson. (Même si on voit parfois un groupe de fringants touristes, emportés par le soleil et le vin rosé, y trébucher en cercle.) En fait, les danses avaient lieu sur l'île, en dessous des arches : *sous* le pont, et pas *sur* le pont. A l'origine, le pont comportait vingt-deux arches et mesurait huit cents mètres, faisant à Avignon une belle rente en droit de passage.

Mais néanmoins pas assez belle pour justifier des frais d'entretien aussi élevés. Les eaux du Rhône grignotaient constamment la pierre, et lorsque, au milieu du XVIIᵉ siècle, le fleuve déborda, la force du courant brisa le pont. Ce fut la fin. Les habitants d'Avignon, face au coût énorme des réparations, décidèrent que trop, c'était trop, et laissèrent le pont livré à lui-même. Une par une, ses arches furent emportées. Aujourd'hui, il n'en reste plus que quatre.

Printemps

Le vert éclatant du blé jeune illumine les champs, et celui des jeunes feuilles les vignes. C'est la saison des premières fois. Les premiers papillons. Les premières asperges. Le premier coucou dans la forêt. La premier short aperçu dans les rues du village, révélant des genoux d'un blanc éclatant. Le soleil, quand il se couche, ne fait guère plus qu'une pâle tache rose dans le ciel. L'odeur d'une nuit de printemps, fraîche, humide, féconde. Soudain, un souffle de vent transforme en flocons de neige les fleurs des amandiers. On entend le rauque coassement des grenouilles donnant des rendez-vous d'amour autour du bassin. On trouve une peau de serpent sur une pierre. Le coquelicot – la plus sexy des mauvaises herbes – pointe sa tête pourpre au-dessus du blé jeune. C'est le printemps.

Provençal

On a dit du provençal qu'il s'agissait de la langue des troubadours ou, plus prosaïquement, que c'était du français parfumé à l'ail. Il s'agit d'un dialecte, qui a été divisé par les savants en quatre sous-dialectes. Les philologues nous apprennent qu'il s'agit en fait d'un mélange d'italien, d'espagnol et de français. Quoi qu'il en soit, ce n'est pas une langue qu'un novice peut aborder facilement.

Aujourd'hui, on l'entend rarement parler, et j'ai donc été plutôt surpris quand j'ai trouvé, dans une librairie locale, une édition flambant neuve d'un énorme dictionnaire provençal-français, établi à l'origine par Xavier de Fourvières – prêtre, philosophe, écrivain et ardent défenseur de la langue tradition-nelle du Sud. Le dictionnaire était intitulé *Lou Pichot Tresor*, « le petit trésor ». J'étais certain que c'était pour moi la clef d'inestimables progrès.

Le dictionnaire fut publié pour la première fois *Dou Félibrige an 47*, ce qui, pour autant que je sache, correspond à 1901. La nouvelle édition reproduit fidèlement l'original, avec une typographie serrée du début du siècle couvrant plus de mille pages ; 774 de ces pages sont consacrées au mots provençaux, et pas plus de 284 aux mots français, ce qui laisse penser que l'ancien vocabulaire était nettement plus riche que sa contrepartie moderne.

L'introduction, cependant, est en français. Elle est intitulée « Notions préliminaires ». Après quelques considérations générales, elle plonge au cœur du sujet – ce que, je suppose, la plupart des étudiants veulent savoir pour commencer –, c'est-à-dire la déclinaison des verbes irréguliers. Mais, pour me familiariser avec cette langue, j'étais à la recherche de quelque chose d'un peu moins technique, quelques mots qui me seraient utiles si je tombais sur quelqu'un qui me parle en provençal (c'est-à-dire sur une personne âgée d'au moins soixante-quinze ans et habitant dans un village isolé de Haute-Provence). J'espérais en particulier trouver l'équivalent provençal de trois phrases d'un vieux manuel de français datant de mes années de lycée, que je me rappelais avec beaucoup de reconnaissance. Il s'agissait des phrases suivantes :

> *Malédiction ! Mon postillon a été frappé par la foudre !*

> *La chèvre du jardinier de mon oncle a mangé mon chapeau.*

> *Je ne peux pas me rendre au théâtre ce soir. Je me sens indisposée.*

> *Mon docteur m'a prescrit une purge.*

Je me rends bien compte que, dans la vie courante, on a rarement l'occasion de faire des révélations aussi personnelles, mais je pensais qu'elles suffiraient à lancer la conversation. Tout au moins, elles susciteraient une réponse en provençal, et c'est que je voulais. Lire un dictionnaire est une chose, mais pour apprendre la musique d'une langue, il faut l'entendre. En feuilletant le dictionnaire, j'ai commencé à percevoir à quoi devait ressembler une conversation en provençal – les *ous*, les *ouns*, les *aus*, les *olos*, l'exubérance de mots comme *boumbounejaire* et *estranglouioun*, ponctuée des grognements monosyllabiques de *té*, *bou*, *goum* et *zou*. Pas étonnant que ce ragoût de langue riche et raffiné ait porté Mistral sur les hauteurs de la poésie épique.

Mais j'eus beau chercher, je fus incapable d'assembler les éléments nécessaires à ma phrase d'ouverture, celle qui devait me gagner immédiatement l'attention et la sympathie des authentiques Provençaux que je rencontrerais. Un mot crucial – postillon – semble manquer au vocabulaire provençal. J'ai expérimenté de possibles alternatives : « mon chapeau a été frappé par la foudre », et même « mon docteur a été frappé par la foudre », mais aucune des deux n'est satisfaisante. Les chapeaux et les docteurs n'ont pas le même cachet dramatique que les postillons. Je suis certain que Mistral serait d'accord.

Quadrangle d'or

Un des miracles annuels de l'été, aussi prévisible et régulier que le chant des cigales, est la redécouverte du Luberon par la presse. Chaque année nous bénéficions d'une mise à jour de l'année précédente, qui était elle-même une mise à jour de l'année d'avant. C'est devenu une tradition, comme le flot pré-estival d'articles sur la cellulite dans les magazines de mode.

Il fut un temps, pas si éloigné, où la partie chic du Luberon était connue sous le nom de « triangle d'or ». C'est là que des gens souffrant de divers degrés de célébrité – ceux qu'on appelle maintenant les *people* – avaient été vus en action. Il s'agissait d'une zone délimitée par trois villages : Gordes, Ménerbes et Bonnieux. A l'intérieur de ce triangle, avec un peu de chance, on pouvait apercevoir un ministre négociant avec son aïoli, une actrice à la recherche d'espadrilles en lin monogrammées ou une star de cinéma jouant à la pétanque avec son garde du corps.

On nous a maintenant appris que le triangle est devenu un *quadrangle d'or*. Je ne suis pas certain de l'endroit où se trouve le quatrième coin de ce quadrangle, mais c'est sans importance. L'important, c'est que le périmètre chic a été officiellement agrandi – soit en raison de l'inflation, soit par un accroissement soudain du nombre de célébrités. On le verra peut-être un jour étendu encore plus loin, en un *pentagone d'or*. Pour l'instant, les people viennent, année après année, se détendre, laisser pendre leurs cheveux et gambader au soleil.

Heureusement, peu de photographies les montrent en action. On voit les villages magnifiques et les restaurants de charme, mais il est rare que l'image soit encombrée d'un visage connu, probablement parce que beaucoup de célébrités aiment leur intimité. Traditionnellement, l'usage de quelques trucs chers aux journalistes permet de pallier cet inconvénient. D'abord, ces visages fameux sont montrés non dans le Luberon, mais en miniature : de minuscules gros plans sans doute pris à Paris ou à Los Angeles. Ensuite, le texte est parsemé de comptes rendus optimistes et non confirmés à propos des *people* qu'on a vus. Le ministre – enfin, on est quasiment sûr que c'était lui – a été aperçu à une table d'angle de tel restaurant. L'actrice, dissimulée derrière de larges lunettes noires, a été vue, c'est presque certain, en train de visiter telle boutique. La star de cinéma a, paraît-il, un professeur de pétanque particulier. Tout cela relève de la spéculation, mais qu'importe ? La spéculation est beaucoup plus drôle que la réalité.

Il y a un aspect de la vie en vacances qui semble ne pas avoir touché le Luberon, et on espère que ça va continuer comme ça. Jusque-là, nous avons été épargnés par l'horreur des *paparazzi* tapis dans la lavande. Ces gentlemen semblent se contenter de traîner autour de Saint-Tropez, dans l'espoir d'obtenir un cliché réussi des fesses ou des seins nus d'une starlette. Ce qui, à mon avis, est aussi bien pour les noms les plus fameux du Luberon. Comme peut le confirmer quiconque a déjà feuilleté les pages de la presse à paparazzi, la célébrité qui ne pose pas, qui n'est pas en représentation, est souvent décevante – dépourvue de chic, et très ordinaire, une personne, et pas un *people*.

Quart d'heure (un petit)

C'est l'une de ces nombreuses phrases apparemment précises qui décorent la conversation provençale et font croire à l'interlocuteur naïf qu'une heure ou une date a été fixée. Un quart d'heure, et même « un petit quart d'heure », est plus une déclaration d'intention générale qu'une promesse sur laquelle il faille régler sa montre. Ça veut dire « bientôt ». Ou « très bientôt ». Ou, tout au moins, « aujourd'hui, à un moment ou un autre ».

De la même façon, une *quinzaine* possède une aura d'exactitude : quinze jours. Si ces quinze jours doivent s'étendre – comme ils ont l'habitude de le faire – en vingt jours ou plus, il ne faut pas prendre ça comme une inconvenance, mais comme un exemple éclairant de l'attitude des Provençaux vis-à-vis du temps. On peut dire que cette attitude est une philosophie : dans la vie, le temps est l'une des rares choses qui existe en abondance, et dont tout le monde peut disposer librement. Si on en manque aujourd'hui, il y en aura encore beaucoup demain. Alors à quoi bon s'affoler ?

Qu'es aco ?

Litréralement, il s'agit d'un raccourci de « Qu'est-ce que c'est que ça ? », mais on utilise aussi cette expression pour exprimer la surprise et la désapprobation, comme dans « Un enfoiré m'a piqué mon pastis/ est rentré dans ma bagnole/ est parti avec ma femme. *Qu'es aco ?* »

Queue provençale

On a appris aux écoliers anglais de ma génération à faire la queue. Pas juste attendre en ligne, mais le faire d'une façon que nos aînés auraient qualifiée de civilisée. C'est-à-dire sans se battre, sans donner de coups de coude, sans se bousculer et, évidemment, sans doubler personne. Dans la vie, chacun doit attendre son tour, nous disait-on, et essayer de passer devant les autres, c'était tricher. Pire, c'était non anglais.

En général, on se souvient de ce qu'on a appris jeune, et aujourd'hui encore j'attends mon tour – que ce soit pour déposer un chèque, pour acheter deux côtes d'agneau ou pour accomplir les formalités à l'aéroport de Marignane. Dans ces cas-là, je suis entouré de Provençaux, ce qui me donne l'occasion d'observer de près comment ils réagissent quand ils sont confrontés à cette irritante habitude anglo-saxonne qu'ils apprécient si peu.

Le but de ceux qui refusent de faire la queue, natu-rellement, c'est d'être servis avant les autres, et au diable le premier arrivé ! Les tactiques varient. La plus éhontée dont je me souvienne est celle de cette jeune femme qui s'est précipitée dans la boucherie bondée en clamant qu'elle était garée en double file dans la rue encombrée. Sa grand-mère malade – en retard pour son rendez-vous chez le médecin, le cœur battant, nerveuse d'avoir été laissée seule – l'attendait dans sa voiture. L'histoire fut débitée en un torrent de mots agités, comme une question de vie ou de mort. Qu'est-ce qu'un homme raisonnable peut bien faire d'autre que laisser sa place, et s'écarter ? Curieusement, la jeune femme sembla ensuite avoir le temps de faire bon nombre d'achats, et il n'y avait pas trace de voiture. Peut-être la grand-mère malade était-elle arrivée à bout de patience et avait-elle démarré elle-même pour aller chez le docteur.

Le téléphone portable est un outil inestimable, en particulier pour l'homme d'affaires bien trop pressé pour perdre un temps précieux à attendre au contrôle des passeports. Il se détache de la queue, le téléphone collé à l'oreille, et s'éloigne de la longue file d'attente, apparemment absorbé dans sa conversation. Tout en continuant à parler, il se retrouve à l'avant de la queue, ayant doublé cinquante ou soixante personnes. Mais, plongé dans ses soucis professionnels, il semble ne pas l'avoir remarqué.

Rejoindre un ami en tête de queue est toujours profitable, même s'il s'agit d'une confusion d'identité, et l'usage adroit d'un accessoire – un bébé en train de pleurer, ou un panier à provisions bien dirigé – est toujours utile. Les détails techniques sont sans importance, tant que ça marche. C'est curieux, ce besoin de gagner quelques minutes, car les Provençaux ne sont pas réputés pour leur précipitation. J'ai une théorie, selon laquelle cela n'est pas sans rapport avec la façon dont ils conduisent : le plaisir farouche de doubler, quelles que soient les conditions, et un instinct de la compétition qui est toujours là, qu'on soit sur quatre roues ou sur deux pieds.

Rabasses

Dans la plupart des régions françaises, on les appelle des truffes. Les gourmets avec un faible pour les formules grandiloquentes les surnomment les « divins tubercules ». En Provence, on les connaît sous le nom de « rabasses ».

La truffe est peut-être le champignon comestible le plus fameux du monde, précédé d'une réputation, entouré d'une légende, recherché par les porcs, les chiens, les braconniers et les épicuriens, acheté et vendu à des prix prohibitifs, révéré par les chefs et mangé avec un plaisir ressemblant à une addiction. Pour des raisons inattendues, c'est moins un champignon qu'une obsession.

Première raison : son odeur. Une truffe se présente par le nez, avec une odeur mûre, faisandée, presque fétide, que beaucoup de gens (j'en fais partie) trouvent irrésistible. Son odeur n'est pas seulement puissante : elle est contagieuse et pénétrante, capable de s'infiltrer à travers à peu près n'importe quoi

– coquille d'œuf comprise – sauf les bocaux ou les boîtres de conserve. Si vous laissez dans votre réfrigérateur une truffe sans emballage, en peu de temps elle aura parfumé ses voisins, les œufs mais aussi le jambon, le beurre, le yaourt, le fromage et les crèmes glacées, qui auront un léger, mais très reconnaissable, arôme de truffe.

Sa rareté participe aussi à sa mystique. A la différence du raisin, du blé, du melon, on ne peut cultiver les truffes ; on ne peut que les encourager, et les résultats sont loin d'être prévisibles. Il y a quelques années, le gouvernement français, avec un intérêt paternel pour un marché qui, s'il était en grande partie souterrain, n'en était pas moins lucratif, tenta de s'y immiscer en cultivant une truffe officiellement estampillée ministère de l'Agriculture. Après une étude minutieuse des conditions les mieux adaptées, des champs furent plantés de chênes truffiers soigneusement sélectionnés et, afin de les protéger des braconniers et des intrus, on installa des écriteaux sévèrement dissuasifs. (Hélas pour les officiels, lesdits écriteaux furent ignorés, ou utilisés comme cibles par des chasseurs s'entraînant au tir, poivrés de plombs jusqu'à en devenir illisibles.) L'expérience ne fut pas un succès spectaculaire. En fait, les hommes du gouvernement semblent avoir complètement abandonné leurs initiatives truffières. Comme n'importe quel paysan provençal aurait pu le leur dire dès le début, les truffes ne poussent que là où elles veulent, et quand elle le veulent. La Nature sait ce qu'elle fait.

Le caractère fantasque et imprévisible de la récolte se traduit, chaque année, par les prix du marché. Le marché de la truffe est bien connu pour son goût du secret, ses méthodes de vente parfois suspectes, et son absence de rapports financiers détaillés. On n'a que les chiffres déclarés par les vendeurs réputés, et ces chiffres eux-mêmes ne font qu'indiquer une tendance générale. En 2000/2001, la truffe valait 540 euros le kilo ; en 2003/2004, 720 euros. Sur les cinq dernières années, le prix moyen est d'environ 600 euros. Cela pour les truffes non lavées, avec dix à quinze pour cent de terre par kilo. Et il s'agit des prix de vente en gros, avec achat direct aux fournisseurs.

Les truffes prennent de la valeur en voyageant et, quand elles arrivent aux consommateurs, les prix ci-dessus peuvent avoir doublé. En Provence, il est communément admis que près de la moitié des truffes vendues dans le Périgord (là où elles valent le plus cher) viennent du Vaucluse, et qu'elles se sont, en cours de route, transformées par magie en truffes du Périgord. Comme pour beaucoup de choses qui concernent la truffe, on ne possède sur ce point aucun chiffre précis.

Face à la rareté et à des prix prohibitifs, que reste-t-il à faire à un amateur de truffes, sinon à apprendre à en trouver lui-même ? Voici, au cas où vous n'au-riez ni porc ni chien entraîné, une méthode traditionnelle.

La première chose à faire, c'est de jeter un œil au calendrier (en principe, la saison dure des premières aux dernières gelées, c'est-à-dire, normalement, de novembre à mars). Il faut ensuite trouver quelques chênes truffiers aussi éloignés que possible des regards indiscrets, puis inspecter le sol autour du pied de chaque arbre, en guettant la « tache brune », une zone nue, circulaire, sans herbe ni végétation. Elle trahit souvent la présence de truffes (selon une expli-cation scientifique, la truffe sécrèterait une sorte d'herbicide, qui, sans aucun doute, ajoute à sa saveur). Une fois découverte la zone sinistrée, il faut cueillir une petite branche du pin le plus proche et en ôter les brindilles jusqu'à ce qu'il ne reste plus à l'extrémité de la branche que quelques aiguilles constituant un balai mince et primitif.

On doit ensuite inspecter très attentivement la zone brûlée, en balayant la surface au fur et à mesure. Avec un peu de chance, vous dérangerez alors la *Suilla gigantea*, la minuscule mouche qui pose ses œufs sur la terre à truffes. Si vous la voyez, gardez les yeux fixés sur le point d'où elle a pris son envol, et mettez-vous à quatre pattes. C'est le moment de commencer à creuser.

L'équipement nécessaire n'est pas compliqué : un long tire-bouchon, bien propre. L'enfoncer soigneusement dans la zone que la mouche vient d'abandonner et renifler son extrémité après chaque tentative. Plus on s'approche de la truffe, plus l'odeur devient forte, même si la truffe elle-même peut se trouver à trente centimètres sous la surface. Creuser avec soin, avec les mains, tout en reniflant la terre. Quand vous finirez par apercevoir une truffe, vous serez tenté de la saisir et de l'arracher au sol avec un cri de triomphe. Ne faites jamais ça : vous risquez de l'endommager ou de la casser. Il faut bien dégager la terre autour de la truffe afin de s'assurer qu'une partie n'est pas nichée sous une pierre ou une racine. Alors, vous pouvez la soulever, et commencer à vous demander comment vous allez la manger.

Il existe des volumes entiers consacrés aux recettes de truffes. La plupart sont compliquées, et mieux vaut les laisser aux chefs professionnels. Je préfère de loin les recettes – si on peut appeler ça des recettes – que je peux réaliser moi-même, et dans lesquelles la truffe est l'héroïne plus qu'un second rôle coûteux. Une truffe coupée en tranches transforme des œufs brouillés, une omelette bien baveuse ou des pommes de terre cuites au beurre en mets de roi, mais ma préférée est celle qui témoigne du plus de complaisance, une recette si délicieuse qu'elle ne devrait pas être permise.

Prenez une truffe entière, posez-la sur une tranche de foie gras, et emballez le tout dans du papier alu. Mettez-la au four quelques minutes, jusqu'à ce que le foie gras se soit fondu à la truffe, l'infusant de son jus divin. Sortez la truffe du four, laissez-la sur le papier alu ouvert (les assiettes sont un raffinement inutile), et saupoudrez de fleur de sel de Camargue. Rendez grâces au Seigneur, et mangez.

Raito, ratatouille et rouille

Une bonne sauce nous rappelle la principale raison pour laquelle, à l'origine, on les a inventées : afin de relever des mets sans prétention ayant peu de goût. C'est le cas du *raito* avec la morue salée.

A la base d'un bon *raito*, il y a une bonne mesure de vin rouge (à peu près un litre pour quatre personnes), auquel on mélange des oignons hachés, de l'huile d'olive, de la purée de tomates, de l'ail, un peu de farine, un bouquet garni, de l'eau, du sel et du poivre. Laisser mijoter jusqu'à ce que la mixture ait réduit de deux tiers, et épaissi. Ajouter les filets de poisson, quelques câpres et des olives noires – et voilà : une morue en majesté. (Le *raito* est délicieux aussi sans morue, étalé sur une baguette fraîche pour un sandwich spectaculairement peu pratique et absolument succulent.)

A la différence des plats qui semblent avoir été depuis toujours sur les menus provençaux, la ratatouille est une invention moderne. Le mot existe en Provence depuis le XVIIIe siècle, mais le plat n'est mentionné dans les livres de cuisine que depuis les années 1930. Son accession au vedettariat gastronomique a été, comme on peut le voir, relativement rapide : il s'agit d'une recette souple, facile à réaliser, que l'on peut consommer chaude ou froide.

La ratatouille est un plat d'été constitué de légumes – tomates, aubergines, courgettes, oignons, poivrons doux, avec, inévitablement, de l'ail et de l'huile d'olive – grossièrement hachés ou tranchés, et cuits lentement jusqu'à ce que les ingrédients se soient transformés en une bouillie odorante. Elle est particulièrement bonne pour accompagner de la viande grillée. En elle-même, elle constitue une savoureuse garniture de tarte. Je l'aime aussi en omelette ; ou froide, tartinée sur du pain, comme une grossière confiture de légumes.

Pour finir, une sauce pour la soupe. Couleur de rouille, épaisse, sentant l'ail et relevée de piment rouge, la rouille est la sauce qui donne leur punch à la bouillabaisse et aux autres soupes de poisson. Elle ajoute aussi de la saveur aux conversations d'après-repas car, de près, la rouille fait sentir sa présence sur la langue un bon moment après qu'on l'a consommée.

Rideaux de porte

C'était – ça l'est toujours – l'un des dilemmes des étés en Provence. Faut-il, pendant ces longs mois de chaleur, ouvrir les portes pour laisser entrer la brise ou les fermer pour se protéger des insectes ? La solution simple, qui depuis plus de deux cents ans écarte les guêpes, les abeilles et les mouches, c'est le rideau ventilé, de la taille d'une porte. A l'origine, il était constitué de morceaux de bois, courts et étroits, assemblés et suspendus en tresses verticales serrées accrochées à une barre fixée au linteau. L'air pouvait passer à travers, mais pas les mouches. C'était facile à installer, efficace, et joli. Chaque épicerie de village en possédait un.

Les temps ont changé, les rideaux de porte aussi. Le bois brut a été remplacé par du bambou peint, ou du plastique de couleur, en tuyau ou en bandes. On a constaté, plus récemment, un nouveau développement artistique, consistant en une espèce de fibre synthétique pelucheuse, coupée en petits tortillons évoquant des chenilles mortes. Mais, heureusement pour les connaisseurs, les traditionnels rideaux de bois ont encore de l'avenir.

A Montfavet, juste à côté d'Avignon, existe un établissement fondé par Emile Reboul juste après la guerre de 14. M. Reboul, qui, à l'origine, était bottier, s'est intéressé au bois à son retour du service militaire. Il a fabriqué des embauchoirs, des cadres, des cages à oiseaux, des panières à pain, des râteliers pour brosses, et même des bâtons de sucettes. Et, jusqu'en 1970, il a fait aussi des rideaux de porte. Sa petite-fille, Marie-Claude Brochet, qui a hérité de son grand-père sa passion pour le bois, a repris son affaire. Ses rideaux de bois sont aujourd'hui, à mon avis, les plus beaux de Provence.

Chacun d'eux est fait, sur mesure, de centaines de morceaux de buis poli, tissés sur un fil de fer fin, mêlant en général deux formes classiques : la perle ronde, et l'olive, plus longue, plus étroite. (Il existe des dizaines de formes plus capricieuses, des cœurs aux cônes en passant par les beignets miniatures, mais les traditionalistes s'en tiennent à leurs perles et à leurs olives.) On peut choisir de laisser le bois tel quel – un rideau de bois brut qui va se patiner avec le temps jusqu'à prendre la couleur du caramel. On peut aussi demander à Mme Brochet de faire quelque chose de plus coloré.

Le choix existant est déjà large – toutes sortes de formes, proposées en vert, en ocre, en marron foncé, en noir, des couleurs qui ressortent bien sur un fond pâle. On trouve aussi la « Vague persane », une vague qui commence au sommet du rideau, et s'étend en vaguelettes de chaque côté ; le « Double Feston », un effet de dentelures tout en haut, se poursuivant en bandes sur le côté ; le « Serin », un motif symétrique de larges V ; le « Salernes », un épais zigzag horizontal ; il y aussi les losanges, les carrés, les bandes, les flammes et les chevrons, les quinconces et les quadrillages – un choix qui transforme vos portes en une galerie de tableaux abstraits.

Et inutile de s'arrêter là. N'importe quel motif simple, sans complication, même dessiné sur un papier, peut être reproduit : des nombres et des initiales, une version simplifiée du blason familial, l'ombre chinoise de votre chat, la silhouette d'un arbre que l'on aime, une drapeau, une fleur, la tour Eiffel, le soleil levant, ou un bref message (« Ne pas déranger » ou « Bienvenue », selon l'humeur).

Une fois installé, le rideau vous tiendra informé des allées et venues dans la maison. Les humains, les chiens, les chats qui franchissent le seuil traversent le rideau, laissant derrière eux un doux murmure cliquetant, le bruit du bois contre le bois – encore un bruit de l'été, qui change agréablement des bips électroniques et des grincements infestant la vie moderne.

Ronds-points

La France a beau se vanter d'être cartésienne, c'est une nation qui n'est pas sans sa part de bizarreries qui sont tout sauf logiques. On pense à la popularité du rap français, ou au genre attribué de façon pour le moins étrange à plusieurs mots du vocabulaire français. En France, par exemple, le vagin est masculin. Et pendant de nombreuses dizaines d'années de tous les dangers, les conducteurs français furent soumis à un article du code de la route qui, pour autant que l'on puisse voir, n'avait aucune raison d'être, ni aucune logique : la priorité à droite. Il permettait aux conducteurs rejoignant une route depuis le côté droit d'avoir la priorité sur les voitures se trouvant déjà sur cette route. Il s'agissait, de façon évidente, d'une recette infaillible pour les accidents, les carambolages évités de peu, et les stimulantes discussions de bord de route.

Finalement, le bon sens a fini par l'emporter sur les routes sous la forme du pompeusement nommé « carrefour giratoire », plus connu sous le nom de « rond-point ». Pour cette idée, le temps était venu, et elle a été accueillie avec enthousiasme par les autorités. Pendant des années, les ronds-points ont été à la fête – ils le sont toujours –, ajoutant tant de détours circulaires entre un point A et un point B que les conducteurs risquaient d'attraper le tournis.

On pourrait penser que le rond-point n'est rien de plus qu'une volonté de sécurité. En Provence, cependant, on y voit l'occasion d'ajouter au paysage un certain cachet. Utilisant cette zone comme une toile vierge, les peintres, les sculpteurs, les jardiniers et les maçons ont montré ce que l'on peut faire pour transformer une île au milieu de la route en un espace d'expression artistique. En dessous du village de Lauris, on voit un parfait exemple de « rond-point d'appellation contrôlée », planté de rangées régulières de ceps de vigne. A la sortie d'Apt, on tombe même sur un rond-point ressemblant à un parc, ensemble vaste et recherché, une explosion d'arbres, de buissons et de murets de pierre. Au centre de Cavaillon, les chauffeurs doivent faire le tour d'une étoile géante sertie au milieu de parterres de fleurs, et à travers toute la Provence on voit des ronds-points décorés d'un olivier solitaire, de trois cyprès, ou d'un champ de lavande miniature – tout cela est assez modeste, mais change quand même agréablement du bitume.

Le prix de la modestie revient à Cadenet, où l'un des carrefours est marqué par une bosse de ciment si discrète qu'elle en devient presque invisible, et sur laquelle on passe plus souvent qu'on ne la contourne. Comme par une sorte de compensation, le rond-point à la sortie du village est non seulement beaucoup plus étendu, mais possède son propre parking qui est devenu une salle d'exposition non officielle pour véhicules usagés, et où des vendeurs pleins d'espoir laissent leurs voitures, avec prix et numéro de téléphone.

Les ronds-points sont, au mètre carré, un des espaces les plus chers de Provence. Récemment, les abords de Lourmarin se sont vus gratifiés d'un rond-point, et sur l'annonce officielle autorisant sa construction, le budget était de 460 000 euros, beaucoup plus qu'une bonne maison dans le village.

Pour une raison que j'ignore, malgré leur coût et leur position éminente, les ronds-points sont, en général, anonymes. Ils semblent avoir échappé à la pratique très répandue en France de nommer les lieux publics d'après le nom de personnages publics. Le général Leclerc a ses avenues, Gambetta ses boulevards, Mirabeau son cours, Jaurès ses rues. L'allée la plus étroite et la plus insignifiante porte souvent le nom d'un dignitaire local, et je trouve bizarre que les ronds-points, jusque-là, se soient vu refuser cette distinction. Je peux comprendre que, de nos jours, personne ne veuille donner à un lieu le nom d'un politicien, mais pourquoi pas celui d'un poète, d'un peintre, d'un inventeur, ou même d'un footballeur ?

Et n'oublions pas la musique. A la différence du pont d'Avignon, ou de ce thème de chanson encore plus inattendu, la Nationale 7, aucun rond-point, pour autant que je sache, n'a encore jamais été célébré par un morceau de musique. Et pourtant ce sujet – qui, après tout, fait partie de la romance de la route – mériterait bien une ou deux balades. « J'ai le blues du rond-point », ou « Tourner en rond pour te rejoindre » : voilà deux titres qui, je l'imagine, feraient vibrer une corde sensible dans le cœur des conducteurs.

Rosé

« Aussitôt fabriqué, aussitôt bu. Aussitôt bu, aussitôt pissé. » Cette perle de colère fut la réponse d'un critique œnologique – l'a-t-il donnée à jeun ? – à une question concernant son opinion sur le vin rosé. C'est un commentaire dépassé et grincheux, une flétrissure de plus ajoutée à une réputation déjà bien entamée. On comprend cependant pourquoi les vins rosés ont, jusqu'à une époque récente, été jugés superficiels et insignifiants.

Le rosé a toujours été considéré comme un vin d'été, plus souvent associé aux bains de soleil qu'au palais ; un vin à boire en carafe dans un restaurant de bord de plage, un vin convenant parfaitement à des sardines grillées, à une côtelette cuite au barbecue ou à une salade niçoise. C'est un vin simple, facile à vivre. En dehors du fait qu'on doit le tenir au frais un petit moment avant de le servir, il ne nécessite pas d'attention particulière. Il ne prétend pas apparaître sur une liste des meilleurs crus. Il ne possède pas la complexité ni la mystique des bons vins rouges et blancs. Il n'est ni onéreux ni prétentieux. Etant donné ses vertus terre à terre, il n'est pas étonnant que les critiques ne l'aient pas pris au sérieux.

Les temps, pourtant, sont en train de changer. Il existe de plus en plus de rosés bien fabriqués, et ils ne courent pas dans la même catégorie que les atroces piquettes d'autrefois. Il faudra plusieurs années pour que la réputation du rosé soit à la hauteur de ce qu'il est, mais il y a du progrès. Et pas uniquement dans les vignobles mais, curieusement, à Cannes.

En général, le nom de Cannes est associé au festival du film – des starlettes se dévêtant sur la plage pendant que les producteurs font des affaires sur la terrasse du Carlton. Depuis deux ans, cependant, Cannes a vu se dérouler le « Mondial du Rosé », journées internationales de test et d'évaluation des meilleurs rosés du monde. C'est une affaire sérieuse : en 2005, il y avait là cinquante œnologues professionnels venus de seize pays différents, et ils ont testé à l'aveugle six cent cinquante vins en provenance de tous les lieux où l'on fabrique du bon rosé. Vingt-neuf pays en tout étaient représentés, de l'Australie à l'Uruguay : pendant trois jours on a reniflé, siroté, craché. Cette cérémonie a deux côtés agréables : le premier, c'est que, défiant une coutume bien établie à Cannes, les œnologues sont restés habillés ; le second, c'est que les rosés de Provence ont engrangé bon nombre de médailles d'or et d'argent.

Le rosé, par définition, est rose ; mais il existe une grande variété de roses. Il peut être aussi pâle que le vin blanc, avec une très discrète note de rouge. (A ne pas confondre avec cette triste époque d'autrefois où les rosés californiens étaient rose vif, et avaient le goût poisseux des sucreries industrielles.) Il peut être aussi couleur cerise. Ou avoir n'importe quelle nuance de rose entre les deux. La couleur dépend du temps que la peau des raisins – des raisins noirs – a passé dans la cuve de fermentation. Les rosés extra-pâles à la mode aujourd'hui sont faits de raisins envoyés au pressoir à peine cueillis. Pour les vins plus sombres, les « rosés d'une nuit », les raisins fermentent une nuit, voire plus longtemps.

Le rosé n'a pas pour lui que sa jolie couleur. C'est un vin merveilleusement polyvalent : il est léger, mais assez bon pour être bu tout seul, et il convient à une grande variété de plats. Il va très bien, comme on pouvait s'y attendre, avec les brandades, l'aïoli et les grillades de la cuisine provençale. Mais j'ai découvert qu'il convient aussi au curry et à tout ce qui est rose, des gambas au *prosciutto* en passant par le steak tartare.

Mais peut-il vieillir ? J'ai entendu parler d'un vénérable rosé de 1985, décrit comme étant toujours « vivace », et d'un autre, vieux de vingt ans, qui était « remarquablement complexe ». (Ces descriptions valent ce qu'elles valent !) En règle générale, cependant, les rosés doivent être consommés dans les deux ou trois ans.

Les souvenirs d'avoir bu du rosé durent, eux, plus longtemps. Sur une terrasse ombragée, autour d'un barbecue fleurant bon les herbes de Provence, devant un café un jour de marché, au bord d'une piscine avant le déjeuner : c'est un vin qui accompagne quelques-uns des moments les plus agréables de l'existence. Peut-être devrait-on le préciser sur chaque bouteille.

Route des cèdres

C'est la promenade idéale pour ceux qui n'aiment pas vraiment marcher. Dans d'autres parties du Luberon, le marcheur affrontera des chemins tortueux et envahis par les ronces, des ajoncs piquants à hauteur de taille, et des pentes à 45 degrés sous un soleil féroce.

La route des Cèdres est tout le contraire. Elle est plate, sans sous-bois envahissants et délicieusement ombragée. Il y a des points de vue superbes. Et la route n'est pas seulement plate, mais aussi douce qu'une moquette. Le flâneur le plus délicat et le plus exigeant pourrait difficilement demander plus.

La route commence juste au-dessus de Bonnieux et se termine dans les gorges du Régalon, ce qui fait à peu près quatre kilomètres. Elle remonte à 1861, lorsque des graines de cèdres des montagnes de l'Atlas, en Algérie, furent semées sur les crêtes du Petit Luberon, à plus de sept cents mètres au-dessus du niveau de la mer. Les graines ont pris, les arbres ont prospéré et se sont reproduits. Le cèdre étant le moins inflammable des arbres méditerranéens, la plupart ont pu survivre aux terribles incendies qui, en 1952, ont détruit des milliers d'hectares. Aujourd'hui, la forêt est une véritable forêt, avec des centaines d'arbres largement espacés – hauts, verts et magnifiques.

Pendant la plus grande partie de l'année, il y a plus d'abres que de promeneurs, et l'on n'entend que le souffle de la brise dans les branches. Après un jour ou deux de mistral, quand le ciel a été balayé et que l'air est plus limpide que d'habitude, on aperçoit au sud – au-delà d'Aix et de la montagne Sainte-Victoire – la Méditerranée qui scintille. Et à l'ouest, on voit les dentelures blanches des Alpilles.

Sous la neige, la route est magique. Sous le soleil, elle est calme et fraîche. Par tous les temps, elle est revigorante. Le poète Karl Wilson Baker a écrit : « Aujourd'hui, en marchant à travers les arbres, j'ai grandi. »

Saint-Germain sud

On appelait autrefois ainsi une partie du nord du Luberon, entre Gordes, Bonnieux et Ménerbes, sans doute en référence aux Parisiens de la Rive gauche qui y passaient l'été. C'est cette même région que l'on surnomme aujourd'hui le « triangle d'or », expression qui reflète sans doute l'augmentation du prix des propriétés. Le quadrangle d'or, comme on l'a dit ailleurs, a fait son apparition en 2005.

Le reste de la Provence a réussi, en grande partie, à échapper à de semblables étiquetages. Il y a quelques années, on voulut tenter de promouvoir la région comme la « Californie de l'Europe », et le mont Ventoux passa un mauvais quart d'heure comme « mont Fuji de Provence ». Heureusement, les deux fois, le bon sens l'a emporté, et on n'a plus entendu parler de ces slogans fantaisistes.

Saints patrons

Vous serez heureux d'apprendre que, quels que soient votre classe sociale, le métier que vous faites, ou la maladie qui vous touche, vous avez un saint patron. Les hommes d'affaires sont protégés par saint Expédit, qui, pour une raison inexpliquée, s'occupe aussi des étudiants au volant. Les bohémiens ont sainte Sarah, les vignerons saint Vincent, ceux qui ont mal aux dents saint Laurent. Et, personnellement, ça m'a fait plaisir de découvrir saint François de Sales, le saint patron non seulement des écrivains, mais aussi des journalistes et des sourds-muets. Comment ces trois catégories se sont trouvées regroupées sous le regard bienveillant de saint François, ce n'est pas très clair. Il s'agit d'un exemple parmi d'autres de ces combinaisons hautement inattendues. Les ouailles de l'archange saint Michel, par exemple, comprennent les boulangers, les escrimeurs, les gaufriers, les pâtissiers, les fabricants de tonneaux et les parachutistes. J'ai fait tout mon possible, mais je ne vois pas de rapport évident entre les gaufriers et les parachutistes. C'est sans doute dû à des lacunes dans mon éducation religieuse.

Les choses sont plus simples en Provence, car les saints patrons ont des responsabilités moins variées. Saint Jean est depuis longtemps l'un des saints les plus populaires parmi les Provençaux, en raison de ses liens avec l'agriculture. Il veille sur les fruits, les légumes et les moissons, mais laisse les jardins à son collègue saint Roch, le saint patron des jardiniers. Les viticulteurs et les fabricants de tonneaux des Côtes du Rhône ont saint Vincent, bien sûr, mais aussi plusieurs autres patrons, et l'église de Roquemaure leur est dédiée à tous. (Cette même église contient les reliques de saint Valentin, patron international des amoureux.)

De tous les saints, mon préféré – je reconnais que c'est sans doute pour des raisons gastronomiques plus que spirituelles – est sans doute le saint patron des truffes. Saint Antoine est officiellement célébré chaque mois de janvier en l'église de Richerenches, lors de la fête de la Truffe, et il est l'un des rares saints patrons à avoir son hymne à lui. Un chant qui lui est spécialement dédié est chanté au cours de l'office. Un bref couplet vous donnera une idée de l'ambiance de la cérémonie :

> *Bon saint Antoine, donne-nous*
> *Des truffes en abondance*
> *Que leur odeur et leur bon goût*
> *Fassent aimer la Provence.*

Pesonne ne peut discuter pareils sentiments, et encore moins les membres de la congrégation, qui ont pour habitude, la messe finie, de s'asseoir et de se lancer dans un déjeuner de truffes.

Une question me taraude : comment les saints patrons ont-ils été associés à certaines activités, à certains groupes, en particulier lorsque ces groupes, ou ces activités, sont d'origine récente ? Qui a pris la décision d'attribuer un saint patron aux parachutistes et aux étudiants au volant, et qui l'a choisi ? Pour une fois, M. Farigoule, qui d'habitude est expert en toutes choses, n'a pas pu me répondre. « C'est comme ça » : voilà tout ce qu'il a réussi à me dire quand je l'ai consulté, avant de me conseiller d'aller voir un théologien.

Mes recherches ont eu des résultats mitigés, en partie à cause de la réticence des autorités ecclésiastiques à révéler les détails du processus de sélection. Je peux cependant vous dire que le pape a reçu une pétition lui demandant d'approuver la candidature de saint Isidore de Séville comme saint patron de l'Internet. La raison en est que saint Isidore, mort en 672, a écrit une encyclopédie en trente-neuf volumes regroupant toutes les connaissances de son époque : il a ainsi établi la première base de données du monde. Il y a donc, dans ce cas, une certaine logique. Le rapport est moins évident entre sainte Claire d'Assise et le fait qu'elle patronne la télévision, patronage qui a reçu l'approbation pontificale en 1958.

Pour autant que je sache, il semblerait que les choses fonctionnent de la façon suivante : les saints patrons sont choisis en fonction d'une demande populaire, autorisée ensuite par l'Eglise catholique. En Provence, où de tels sujets ne requièrent aucune précipitation, on attend toujours la nomination du saint patron de la joie de vivre.

Sangliers

Nous essayons de mener une vie tranquille au fond de la campagne, et de nous occuper de ce qui nous regarde. Mais même ainsi, il y a des moments où nous ne pouvons nous empêcher de nous trouver mêlés aux activités nocturnes de nos voisins. Importuns, gloutons et destructeurs, ils font chaque été, sans avoir été conviés, une descente chez nous, nous offrant des nuits sans sommeil et suscitant parfois des instincts meurtriers. Je ne suis évidemment pas en train de parler de nos hôtes, mais de ces ancêtres sauvages et velus des cochons domestiques, connus sous le nom de *sangliers*.

Non satisfaits des 165 000 hectares du Luberon qu'ils ont plus ou moins pour eux tout seuls, les sangliers aiment passer nous voir, le plus souvent la nuit, pour faire du sport et se rafraîchir. Pendant les mois secs et chauds, de juillet à octobre, l'eau, rare dans les collines mais abondante dans les piscines, devient une attraction majeure. Jusque-là, nous avons eu de la chance : les sangliers assoiffés se sont contentés de boire l'eau de la piscine, mais ne sont pas tombés dedans. (On m'a dit qu'ils ne savent pas nager.)

De la piscine, il n'y a que quelques pas jusqu'au petit carré d'herbe que nous arrosons avec soin, espérant qu'il se transforme un jour en pelouse. Cet endroit, lui aussi, a du succès, car il est humide et fertile en vers et autres morceaux de choix n'attendant que d'être déterrés. Les sangliers fouillent avec leur groin, qui leur sert de pelleteuse, laissant des trous profonds et des traces en zigzag de tranchées superficielles sur la surface herbeuse : une forme primitive d'art abstrait.

Pour les fruits, les sangliers se déplacent vers un champ proche qui a été planté de melons, et là ils manifestent un goût de connaisseurs. Chaque matin, on s'aperçoit qu'un certain nombre de melons ont été déterrés et dévorés. Il n'en reste que la partie inférieure de l'écorce, encore attachée à sa tige. La sélection des melons pourrait relever du hasard, mais il n'en est rien. Les sangliers ne mangent que les melons mûrs, prêts à être consommés. Les autres sont négligés jusqu'à ce qu'ils soient parvenus à maturité.

Vous vous demanderez peut-être comment ces activités relativement silencieuses peuvent conduire à des nuits sans sommeil. Après tout, le mâchage d'un melon ou le ravage d'une pelouse peuvent s'effectuer sans autre bruit qu'un hoquet ou un grognement de satisfaction occasionnels, qui ne nous réveilleraient pas. Mais le problème vient de nos chiens, qui ont de bonnes oreilles et une profonde antipathie pour les intrus. Le moindre froufroutement d'un sanglier avançant à petits pas sur un parterre de fleurs les réveille. Outragés à l'idée qu'un autre animal pénètre sur leur territoire, ils aboient jusqu'à ce que nous soyons debout et les laissions sortir. Et alors commence une partie de cache-cache animée qui s'étire dans le temps, ponctuée par les aboiements des chiens et les cris aigus des sangliers, rendant tout sommeil impossible.

En règle générale, le sanglier effectuera une retraite et n'attaquera pas, ce qui vaut bien mieux, car il s'agit d'une créature formidable, beaucoup plus capable de se défendre que le cochon domestique. Pour commencer, le sanglier bénéficie d'un blindage développé par les mâles adultes, une gaine sous-cutanée, pouvant aller jusqu'à six centimètres d'épaisseur, qui protège son cou et son train avant. Il possède aussi deux

défenses recourbées émergeant de sa mâchoire inférieure, et, surprenant, il est très agile et rapide quand
il court.

Contre un sanglier en colère, un chien n'aurait
aucune chance, ainsi que je l'ai découvert, un matin,
au cours de la saison de chasse. Notre chienne Nelly,
jeune et curieuse, partit identifier un bruit dans un
épais fourré. Là, elle découvrit un sanglier blessé,
touché à l'épaule et incapable de courir. Mais il pouvait encore utiliser ses défenses, et j'ai failli rapporter
à la maison un cadavre de chien. Nelly eut droit à
quinze points de suture sur le flanc, et passa plusieurs
semaines enveloppée de bandages.

Mais, en dépit des ravages dans le jardin, des nuits
à vous casser les oreilles et de cette rencontre sanglante, je suis satisfait d'avoir pour voisins des sangliers. Ils ne font pas de mal et ils sont curieusement
attachants lorsqu'ils courent à travers les champs, leur
queue dressée derrière eux. Et puis, ils étaient là les
premiers.

Santons

Dans le nord de l'Europe, comme dans bien d'autres parties du monde, l'approche de Noël est annoncée par un assaut de rennes, d'elfes et de corpulents gentlemen à barbe blanche et costume rouge, décorés pour l'occasion de pittoresques flocons de neige. Ces envahisseurs saisonniers, qui semblent arriver de plus en plus tôt chaque année, ont si bien fait leur travail qu'ils essaiment maintenant jusqu'à la Méditerranée, région peu réputée pour sa neige ou pour ses rennes. Mais le Père Noël et son équipe, quel que soit le succès qu'ils aient pu avoir ailleurs, ne remplaceront jamais complètement les personnages plus discrets, plus petits et plus individualisés qui se réunissent chaque année pour célébrer le Noël provençal.

Ce sont les santons, des figurines de glaise faites et peintes à la main. Leur taille s'échelonne entre moins d'un centimètre et quarante centimètres, et les personnages qu'ils représentent vont du plus céleste au plus quotidien. L'Enfant Jésus et le boulanger du village, la Vierge Marie et un pêcheur, des anges et des ânes, un Roi mage et un gitan, tous ceux-là et bien d'autres sont sortis chaque Noël pour prendre place dans la crèche familiale.

En tant que tradition provençale, les santons sont relativement récents. Jusqu'à la fin du XVIIIe siècle, on n'en avait pas besoin. Pour la traditionnelle messe de minuit, il y avait, dans la plupart des églises, des crèches vivantes, avec un nouveau-né du village représentant l'Enfant Jésus, l'âne le plus calme qu'on avait pu trouver dans les champs, et plusieurs notables locaux dans le rôle des Rois mages et des bergers.

La Révolution mit fin à tout ça. Les symboles religieux furent bannis, les églises défigurées et détruites, et la Nativité forcée de se cacher. Mais elle était toujours célébrée en privé, et chaque famille établit sa propre collection de santons, comme des répliques miniatures de ce que l'on ne pouvait plus voir à l'église.

Avec le temps, le zèle antireligieux des révolutionnaires faiblit, et la fabrication et la collection de santons put se faire en plein jour. A Marseille, en 1803, tout le mois de décembre fut consacré à la foire aux Santons : le public pouvait faire ses provisions pour Noël sans craindre de sanction officielle. Plus de deux siècles après, la foire de Marseille a toujours lieu chaque mois de décembre, et il en existe maintenant des dizaines d'autres à travers toute la Provence.

Une des raisons de la popularité durable des santons tient à leur variété. Chacun peut constituer sa propre équipe. En dehors de la Sainte Famille et de quelques personnages principaux, il existe des centaines de figurants, certains moins visiblement festifs ou religieux que d'autres. Si, par exemple, vous avez l'impression que votre crèche ne serait pas complète sans la présence d'Yves Montand dans le rôle du Papet de *Manon des Sources*, vous pourrez le trouver, soigneusement vêtu de son gilet, de sa veste et de son chapeau, avec un fusil sur l'épaule. Les arts sont représentés par Cézanne et Van Gogh, Mistral et Daudet ; le monde du commerce par les marchands de fromage, d'ail et d'escargots, les rémouleurs, les ramoneurs et les vanniers.

Vous aurez sans doute remarqué que ces santons, à l'exception d'Yves Montand, sont inspirés de personnages des XVIIIe et XIXe siècles. J'ai beaucoup de respect pour les traditions, mais j'espère que nous n'attendrons pas trop longtemps pour voir autour de la crèche quelques silhouettes reflétant une Provence plus contemporaine. Le plombier, l'électricien, le facteur, l'installateur de l'antenne satellite, le mécano du garage local et, pourquoi pas, l'occasionnel touriste – il mérite bien de participer à ce qui est, après tout, pour tous les hommes, la saison de bonne volonté. Et puis, ils font certainement plus partie que le renne de la vie provençale.

Sardines (les cinq)

Les habitants de Marseille sont friands de poisson et ont le don des phrases colorées. Avec les « cinq sardines », ils combinent ces deux penchants. Dans ce cas, une sardine représente un doigt, et cinq sardines forment une main. Si vous entendez un Marseillais dire qu'il a rencontré un ami si rapidement qu'il a juste eu le temps de lui « toucher les cinq sardines », il ne fait pas, comme vous auriez pu le penser, allusion à quelque rituel occulte destiné aux pêcheurs. Il dit simplement que son ami et lui se sont juste serré la main.

Saucisson d'Arles

La saucisse, en Provence, est prise très au sérieux. Je me souviens toujours de l'involontaire expression de dégoût d'un ami provençal quand il avala sa première bouchée de la saucisse classique du breakfast anglais (laquelle, je le précise, avait été importée de chez Harrods en son honneur). Lorsque je lui ai demandé ce qui n'allait pas, il a trituré la saucisse du bout de sa fourchette et réfléchi un moment. Visiblement, il désirait ne pas se montrer impoli. « Eh bien, dit-il enfin, je trouve que c'est une façon très inhabituelle de manger du pain. »

Je crains que, sur ce point, il n'ait eu raison. Les saucisses anglaises, même si elles ont de nombreux admirateurs, contiennent généralement un tiers de céréales, ce qui leur donne ce côté bourratif très apprécié des adeptes, persuadés qu'une saucisse n'est pas une saucisse si elle ne tient pas solidement à l'estomac. En France, où toute saucisse qui se respecte est cent pour cent viande, on mange le pain séparément, ou pas du tout, selon les goûts.

Arles est la capitale de la saucisse de Provence, et on peut dire qu'il en est ainsi depuis le 6 juillet 1655. Ce jour-là, le charcutier Godard créa une recette qui, depuis, a inspiré, génération après génération, les maîtres saucissonniers d'Arles – un mélange de porc et de bœuf, rehaussé d'une pincée de poivre, de clous de girofle, de muscade, de gingembre et d'un bon vin rouge. Les chefs-d'œuvre ainsi créés sont alors séchés pendant plusieurs semaines avant d'être suspendus, comme des rangées de stalactites comestibles, sur un rail au plafond de la charcuterie.

Et nous pourrions ne rien dire de plus sur le saucisson d'Arles si ne se posait pas la question épineuse d'un autre ingrédient, plus controversé. L'addition de viande d'âne – chaudement soutenue par certains, chaudement contestée par d'autres – est censée ajouter à la saveur du saucisson un petit je-ne-sais-quoi. (J'avoue n'avoir jamais découvert en quoi exactement consiste ce « je-ne-sais-quoi », mais mon palais a probablement besoin d'une éducation plus poussée.) Je soupçonne que la controverse ne s'arrête pas à une histoire de saveur, mais, plutôt, au fait même d'y ajouter de la viande d'âne. Nous avons l'habitude de manger, sans aucun scrupule, des cochons et des vaches, mais les ânes, avec leurs yeux pensifs et leurs oreilles expressives, sont des personnages beaucoup trop attachants pour être transformés en chair à saucisse. Pour beaucoup, ce serait comme de manger un animal domestique.

On trouve un exemple ancien du statut important de l'âne dans la société provençale, un exemple qui remonte au XVe siècle. En 1480, les paysans de Sisteron et ceux de Peyruis se querellaient à propos des droits de pâture de leurs troupeaux de porcs. Des paroles violentes furent échangées, et pire encore. Lors d'un épisode particulièrement brutal, un homme et un âne furent tués. Leur meurtrier fut traduit en justice, et condamné dans les règles. Mais pas pour avoir tué l'homme. Son crime, c'était d'avoir assassiné l'âne.

Saussoun

Au cours des dernières années, la plupart d'entre nous ont été exposés à la cuisine expérimentale si à la mode de chefs cherchant à se forger une réputation d'audace culinaire. C'est chez eux que l'on trouve les plus étranges combinaisons d'ingrédients – caviar au chocolat blanc, mousse de poisson aux bananes, crème glacée aux œufs au bacon –, généralement présentés et décrits avec les murmures de révérence habituellement réservés aux cérémonies religieuses.

La seule pensée de ces inventions étranges me fait frissonner, et j'ai fini par reconnaître la timidité de mes papilles gustatives. Je ne parviens même pas à m'enthousiasmer pour les cerises trempées dans de la graisse de porc, ni pour le sorbet de sardine sur pain grillé, préférant voir dans mon assiette quelque chose de plus familier et de plus traditionnel. C'est pourquoi j'ai commis l'erreur de résister si longtemps au *saussoun* : ce mélange d'amandes et d'anchois me paraissait étrange, et absolument pas appétissant. Mais j'ai eu tort, car cela fait des siècles qu'il s'agit d'un classique de la cuisine provençale.

La recette traditionnelle nécessite des amandes épluchées, des anchois dessalés, un peu de fenouil et quelques feuilles de menthe. Le tout est écrasé dans un mortier, puis mélangé à de l'eau et à de l'huile d'olive pour devenir une pâte savoureuse. On en offrait aux vendangeurs, étalée sur du pain, comme coupe-faim. Evidemment, ça donne énormément soif. Pour ceux d'entre vous qui en ont assez des complications de la « gastronomie moléculaire », du *saussoun* sur une tranche de pain grillé ramènera votre palais sur terre de la façon la plus savoureuse et la plus satisfaisante qui soit.

Savon de Marseille (le vrai)

L'hygiène des anciens Gaulois était très douteuse, et consistait en à peine plus qu'un récurage rapide avec une pommade primitive constituée de cendre et de graisse de chèvre – une sorte de savon rustique, sans façon –, dont ils se servaient aussi pour laver leurs vêtements et se teindre les cheveux. Mais les grands moments de l'histoire du savon étaient encore à venir, et l'un des plus importants a eu lieu en Provence. Un énorme bond en avant, tant pour l'hygiène que pour le savon, fut effectué en grande partie grâce à Marseille.

Le premier savonnier de la ville dont on ait gardé trace s'appelait Crescas Davin. C'est lui qui, entre 1371 et 1401, a introduit à Marseille la fabrication du savon. En ce temps-là comme aujourd'hui encore, rien, en Provence, ne se faisait à la hâte, et il fallut plusieurs générations avant que les édiles de la cité ne se rendent compte que le savon pouvait avoir un avenir. En 1688, ils établirent des règles gouvernant la fabrication et la vente du savon, et le « savon de Marseille » fut officiellement reconnu. En 1760,

Marseille possédait vingt-huit fabriques de savon et, en 1906, la ville surfait sur la crête du boom de la mousse, avec 140 000 tonnes de savon fabriquées chaque année.

Ce qui le rendait populaire alors n'a pas changé et ravit les connaisseurs de savon : il est complètement naturel, et remarquablement pur. Selon la loi, il doit contenir 72 % d'huile (d'olive, de coprah ou de palme), sans additifs artificiels. Sous sa forme traditionnelle – c'est-à-dire sans arômes ni colorants ajoutés –, il est si doux qu'il est hypoallergique. Il réussit aux bébés et à ceux qui ont la peau fragile, de même qu'aux tissus délicats. La soie, la dentelle, la laine fine, les sous-vêtements arachnéens et les mouchoirs d'une finesse presque transparente sortent de la lessive propres et intacts. Et, comme il est totalement biodégradable, le savon de Marseille est également bénéfique à l'environnement.

On l'a appelé le roi des savons, et sa réussite tient essentiellement à la cuisson, dans d'énormes chaudrons qui contiennent vingt tonnes d'ingrédients de base. Ils mijotent pendant dix jours à une température de 120 °C, jusqu'à former une pâte liquide. La pâte est lavée, avant de reposer pendant deux jours, puis lavée une seconde fois. (Ce second lavage permet au savon d'être officiellement appelé « extra-pur ».) La pâte, encore liquide, est ensuite décantée dans des récipients rectangulaires, puis on la fait sécher avant de la couper en pains de 35 kilos, en barres de 2,5 kilos et en cubes de 200, 400, 500 ou 600 grammes. Ils sont marqués du sceau de la fabrique, et envoyés dans le monde. Du chaudron au point de vente, le processus prend environ un mois.

Il existe des savons de moindre qualité qui, en copiant sa forme facilement reconnaissable, espèrent être pris pour de l'authentique savon de Marseille, mais on peut aisément repérer ces cubes de contrefaçon en *lisant* le savon avant de l'acheter. Il n'y a rien d'authentique sans la garantie estampée sur le cube. On doit lire sur un côté « extra-pur 72 % d'huile », et sur le deuxième le poids du cube en grammes. Les autres côtés portent le nom du fabricant et, évidemment, la marque « Savon de Marseille ».

Les couleurs varient selon l'huile qui a été utilisée : crème sombre pour le coprah et la palme, vert pâle pour l'huile d'olive. Toutes sont bonnes pour la peau. Utilisé comme shampooing, il donne des cheveux sains et brillants. Et je ne serais pas étonné d'apprendre qu'un enthousiaste s'en sert aussi comme dentifrice.

Scorpions

Un des mots – serpent est dans le même cas – qui font courir un frisson dans plus d'une colonne vertébrale. Et il est vrai qu'il y a en Provence beaucoup de scorpions, dissimulés sous les pierres ou dans les crevasses des vieux murs et des vieux dallages, attendant des insectes à dévorer ou, comme on le croit communément, des pieds humains à piquer.

En fait, je n'ai jamais rencontré personne qui ait été attaqué par un scorpion. Il s'agit d'une créature nocturne, qui a mieux à faire que de se précipiter sur des pieds nus, et s'il a le choix, il préfère éviter la compagnie des hommes. Il y a cependant de fortes chances pour que quiconque passe du temps en Provence tombe sur un scorpion ou deux, et mieux vaut savoir faire la différence entre ceux qui sont inoffensifs et ceux qui sont potentiellement dangereux.

La nature a facilité les choses en distinguant par leur couleur les deux types de scorpions les plus courants en Provence. Le premier est l'*Euscorpius Faavicaudis*, marron foncé et inoffensif pour l'homme ; le second est le *Buthus occitanus*, d'un jaune orangé très particulier. C'est à cause de celui-là qu'il faut regarder où on pose le pied. Le dard de sa queue est empoisonné et peut causer une sensation de brûlure à la peau, des crampes musculaires, et une faiblesse générale pouvant durer jusqu'à vingt-quatre heures. Ce n'est pas mortel, mais c'est désagréable.

Pour écarter, tout au moins de la maison, les scorpions, de quelque couleur qu'ils soient, il faut asperger le sol d'un mélange d'eau et d'essence de lavande. On m'a dit que l'astringence de la lavande fait pleurer les scorpions. Un renseignement qui demande à être confirmé par une observation scientifique.

Sel de Camargue

Le sel. Dans la plus grande partie du monde, ce n'est rien de plus qu'un produit de base : nécessaire, certes, mais sans intérêt en soi. En France, il s'agit d'une gourmandise, élevée sur la table à une place d'honneur, avec ses variétés, ses connaisseurs, et ses utilisations et recettes partriculières. Comme n'importe quel Français se fera un plaisir de vous le dire, le sel français est un sel supérieur (en particulier le sel de Guérande et le sel de Noirmoutier). Mais comme vous le dira n'importe quel Provençal, le sel le plus supérieur – l'aristocrate des sels – provient de la région plate et marécageuse du delta du Rhône, les salins de Camargue, qu'on surnomme parfois la cave à sel de la France.

Dans une année normale, la Camargue produit environ 40 000 tonnes de sel. A Aigues-Mortes, pendant la récolte, la montagne de sel devient un point de repère, une Alpe miniature pouvant atteindre jusqu'à

70 mètres de large, 22 mètres de haut et 750 mètres de long. Ce tas de sel est appelé, ce qui n'a rien de surprenant, « l'or blanc de la mer ». Il a été extrait selon des méthodes traditionnelles, par un procédé qui a peu changé depuis un millénaire. Il s'agit d'un système d'évaporation contrôlée, un tapis roulant naturel, avec de l'eau de mer à une extrémité et des cristaux de sel à l'autre. L'été, pendant les mois de grande chaleur, l'eau de mer est conduite dans un dédale de cuvettes peu profondes, d'où elle s'évapore sous l'effet desséchant du soleil et du vent. Au fur et à mesure, la densité en sel augmente. L'eau est déplacée par gravité à travers une suite de cuvettes, et devient de plus en plus salée jusqu'au moment où elle atteint la cuvette finale, là où le sel se cristallise.

On pourrait penser que c'est la fin du processus. Si bon soit-il, le sel n'est que du sel, après tout. En Camargue, pourtant, il existe une hiérarchie, en fonction de la taille et de la saveur du grain. En commençant par la base, on a le *sel fin*, un sel au grain fin utilisé pour la cuisine de tous les jours. Puis vient le *gros sel*, plus brut et plus craquant, idéal pour toute recette demandant une croûte de sel. Et pour finir le joyau de la cuvette, et le sel le plus raffiné de tous, la *fleur de sel*.

C'est le nom donné à un flocon minuscule et irrégulier qui flotte à la surface de l'eau. Il est d'un blanc brillant, aussi blanc qu'un manteau de neige. Les flocons sont rassemblés à la main, selon un procédé ancien, par un saunier utilisant une pelle de bois, la *las*. Il travaille pieds nus pour éviter d'endommager le fond marécageux des cuvettes, et après un jour de travail dans la chaleur et l'éclat du soleil, il aura de la chance s'il a ramassé plus de cinquante kilos de sel.

Un bon saunier signe son travail. On trouve donc, sur chaque petit bocal de fleur de sel de Camargue, le nom de l'homme qui l'a récoltée. Naturellement, le petit bocal coûte plus qu'un paquet de sel anonyme produit industriellement, mais la fleur de sel est beaucoup plus agréable à consommer. Selon moi, c'est avec des légumes crus, qui soulignent parfaitement le goût et la texture du sel, qu'elle est à son maximum. Prenez un radis frais, faites une fente au sommet, glissez-y une fine tranche de beurre, et couronnez le tout d'une pincée de fleur de sel. Jamais un radis n'aura été aussi craquant, aussi parfumé : un radis en majesté. Et c'est le sel qui fait la différence. Bravo, le saunier.

Serge de Nîmes

Avant de devenir un uniforme international, le denim était considéré comme une institution purement américaine. Les prospecteurs en portaient lors de la ruée vers l'or de Californie. Les cow-boys en portaient chez eux, dans leurs ranchs. Les stars de cinéma en portaient quand elles jouaient des rôles de cow-boys, et des gentlemen tatoués et baraqués en portaient en chevauchant leur Harley-Davidson. Si on leur demandait qui en est l'inventeur, neuf personnes sur dix répondraient « Levi Strauss » (qui, à propos, était allemand !). Tel est le pouvoir de la mythologie populaire américaine.

La vérité se décline selon plusieurs versions. La plus séduisante, qui est aussi la plus plausible – à mes yeux, tout au moins –, nous dit que le denim est originaire de Provence, bien avant la naissance de l'Amérique. La ville de Nîmes était, depuis le Moyen Age, l'un des plus importants centres de production textile d'Europe. La spécialité de la ville était la serge de Nîmes, une toile grossière, robuste, utilisée pour les voiles et les bâches de protection. Lorsque, en Californie, Levi Strauss en découvrit un échantillon, il pensa utiliser cette toile pour fabriquer des tentes destinées aux chercheurs d'or. Puis, inspiré peut-être par la vue d'un prospecteur au pantalon en loques, il eut une meilleure idée : en faire des pantalons de travail – ou, comme on les appelait à l'origine, des bleus de travail. Au cours des années qui suivirent, « serge de Nîmes » devint « denim », et les pantalons en question furent connus sous le nom de Levi's.

On ne sait rien de très précis sur l'apparition du mot « jean » comme désignation générique des pantalons en denim, mais l'origine du mot ne fait pas de doute. Il remonte au XVIe siècle, lorsque l'Angleterre commença à importer d'Italie de « la toile de Genoa », mélange de coton, de lin et de laine. Les Anglais, avec leur don des prononciations suspectes, l'appelèrent « toile de jean », et commencèrent à en fabriquer dans leurs usines du Lancashire. Au XVIIIe siècle, le mélange original était devenu du pur coton, tissé à partir d'un fil blanc et d'un fil de couleur, une technique adoptée par les usines textiles de l'autre côté de l'Atlantique. Le reste appartient à l'histoire américaine.

Sieste (la)

Si occupés qu'ils aient pu être à soumettre des hordes barbares et à ériger des arcs de triomphe, il semble que les Romains aient pourtant trouvé le temps pour l'un des petits luxes de l'existence. La *sexta* – la sixième heure du jour, c'est-à-dire midi – était, pour eux, le moment de se glisser hors de l'armure, d'échapper à la chaleur et de faire une petit somme. Depuis ce temps-là, dans ces pays latins qui bénéficient d'un été long et très chaud, la sieste fait partie de la vie quotidienne.

Ce qui n'est, hélas, pas le cas chez les Anglo-Saxons, quelque temps qu'il fasse. Depuis des siècles, ils désapprouvent la sieste. Cette attitude remonte sans doute au temps où les Britanniques ont commencé à coloniser les tropiques, emportant leurs habitudes avec eux. Ignorant le climat local, ils se vêtaient comme pour une froide journée d'hiver sur

la lande, avec plusieurs épaisseurs, des couvre-chefs rigides qui leur enserraient le crâne et des bottes capables de résister à la gelée. Ils dédaignaient la pratique décadente du petit roupillon à l'ombre, préférant sortir en plein midi et faire quelque chose d'énergique. Il y a des années, Noel Coward observait que « les Anglais détestent la sieste » et, aujourd'hui encore, il y a encore un peu de vrai là-dedans. Il est bien connu que, si on ne l'en empêche pas, l'Anglais « en vacances », décidé à ne pas perdre une seconde, est capable de courir de la table du déjeuner au court de tennis, risquant indigestion, déshydratation, crampes et insolation sous une température de 30 °C.

Comme beaucoup de coutumes qui, à travers les âges, ont perduré sous les climats chauds, la sieste a une signification, ainsi que nous le montre la façon dont la journée de travail était organisée en Provence. Elle commençait à l'aube, quand les champs étaient encore frais. Le repas principal était pris aux alentours de 11 heures. Il était suivi par quelques heures passées à l'abri du soleil. Le travail dans les champs reprenait dans l'après-midi, et continuait jusqu'à la tombée de la nuit. C'était une manière pratique et saine de s'adapter à des conditions climatiques capables de griller la cervelle d'un homme. De nos jours, bien sûr, la machine, dans les champs, a en grande partie remplacé le travail manuel, et la sieste n'est plus une nécessité physique. Certains la considèrent même comme un luxe décadent. Ce jugement ne doit pas engendrer de culpabilité. Il doit plutôt ajouter au plaisir d'une ou deux heures bien occupées après le déjeuner.

J'ai consulté de nombreux experts – de ceux qui ont érigé la paresse en art – sur les principales subtilités de la sieste. Leurs points de vue et leurs conseils, fruits de bien des années d'expérience horizontale, constituent un guide utile pour les débutants. Messieurs les Anglais, prenez note, s'il vous plaît.

* Même si les siestes d'hiver ont leur charme propre, un charme douillet, la sieste idéale a lieu l'été, à l'extérieur, lorsque la bise et l'ombre se combinent de la façon la plus apaisante pour rafraîchir le front, et donner une sensation de bien-être languide.

* Le principal, c'est la position allongée. Si l'on s'assoupit dans un fauteuil, ce n'est qu'une demi-sieste. Les jambes doivent avoir la place pour s'étendre, et doivent être à peu près au même niveau que la tête, pour permettre au sang de circuler également à tra-

vers tout le corps. On m'a assuré que c'est excellent pour la digestion.

* Il y a des adeptes de la chaise longue, rigide et fixe, mais les véritables experts préfèrent le hamac accroché entre deux arbres, et ce pour plusieurs raisons. Un hamac prend instantanément la forme du corps, et assure en même temps la sécurité latérale. Comme n'importe quel marin vous le dira, on n'a jamais entendu dire que même le dormeur le plus agité soit tombé d'un hamac ! Un autre avantage : l'agréable roulis qui peut être mis en route par un léger mouvement de hanches, et qui donne à l'occupant du hamac la sensation de flotter dans des courants aériens. Ajoutez à ça l'effet hypnotique des morceaux de ciel, des feuilles et des branches qui se balancent lentement, et vous obtenez le somnifère naturel parfait.

* Il existe toute une série d'options supplémentaires, du livre et de l'oreiller parfumé à la lavande jusqu'au cigare et au chapeau de paille. Raffinement plus récent : la musique d'un i-pod. Mais je préfère celle de la nature. Le chœur crissant des cigales, le frémissement d'un lézard dans l'herbe, le plouf d'une grenouille sautant dans une mare voisine, parfois un léger courant d'air à travers les feuilles – cette berceuse me suffit, tout au moins quand je suis encore éveillé pour en profiter.

Sisteron (agneau de)

Voici, pour une fois, un exemple d'une nourriture addictive qui n'a rien à voir avec les colorants, les conservateurs ou ces mystérieux cocktails chimiques conçus en laboratoire qu'on appelle « arômes artificiels ». Avec l'agneau de Sisteron, le processus d'aromatisation se fait de lui-même, et de façon entièrement naturelle.

La campagne autour de Sisteron, les Alpes de Haute-Provence, est montagneuse, magnifique, et l'air y est pur. Et, pour un agneau doté d'un bon appétit, le plus grand avantage de la région, c'est que les pâtures y sont exceptionnellement délicieuses en raison des herbes sauvages qui poussent si abondamment dans les collines. Il est bien connu que l'on est ce que l'on mange, et un régime quotidien de thym, de romarin, de sarriette, est l'une des raisons pour lesquelles l'agneau de Sisteron est considéré par beaucoup de gens comme le meilleur de France. Il a été lentement, minutieusement, et naturellement préassaisonné.

Il se tient chaque mois de juillet à Sisteron une fête de l'Agneau. Le parc Massot-Devèze se transforme en aire de pique-nique, embaumant l'odeur de l'agneau en train de griller sur les barbecues. Suivez votre odorat, et bon appétit !

Smollett, Tobias

Parfait exemple d'une certaine catégorie de voyageurs anglais – critiques, suffisants, et extrêmement méfiants des coutumes et de la nourriture étrangères –, Smollett l'atrabilaire quitta l'Angleterre en 1763 à la recherche d'un meilleur climat. Il arriva dans le Sud, sur les bords de la Méditerranée, et tant de choses l'y choquèrent qu'il écrivit un livre incroyablement sec et acariâtre, *Journal de voyage à travers la France et l'Italie*, publié en 1766.

Sur la population locale : « Les paysans du sud de la France sont pauvrement vêtus, et paraissent à moitié morts de faim, minuscules, basanés et chétifs. »

Sur l'assaisonnement local : « J'ai failli être empoisonné par l'ail qu'ils mettent dans leurs ragoûts et dans toutes leurs sauces ; son odeur parfume toutes les pièces, et toutes les personnes dont on s'approche. »

Sur les toilettes locales : « Il y a un degré de bestialité qui semblerait détestable même dans la capitale du nord de la Grande-Bretagne. » (Une allusion à Edimbourg.)

Sur la nourriture locale : « Je n'étais pas disposé à manger du poisson puant, avec un ragoût d'œufs et d'oignons. J'ai insisté pour avoir une côtelette de mouton. »

Sur le vin local : « Grossier et râpeux, je n'en ai jamais bu, sauf coupé d'eau. »

Sur les médecins locaux : « Une bande d'assassins. »

Les enfants spirituels de Smollett sont toujours parmi nous. On peut les voir – et, hélas, les entendre ! – chaque été dans les hôtels et les restaurants de Provence, se plaignant du prix du jus d'orange, du goût du lait, de l'abus d'ail, de la chaleur insupportable, etc. Je suis étonné qu'ils continuent à revenir !

Tambour d'Arcole

Sur la grand-place du village de Cadenet, au pied des pentes sud du Luberon, se dresse la statue d'un garçon portant un tambour. C'est le jeune André Estienne, né à Cadenet en 1777, et devenu un héros alors qu'il n'avait pas vingt ans.

A quatorze ans, il se porta volontaire au régiment du Luberon. Cinq ans plus tard, il jouait toujours de son tambour, cette fois dans l'armée que Bonaparte avait levée pour combattre dans le nord de l'Italie. La campagne avait bien commencé, victoire après victoire, jusqu'au moment où Bonaparte se retrouva devant un détachement autrichien qui défendait le pont d'Arcole. Les Autrichiens refusaient de bouger. L'armée française était bloquée. Bonaparte, impatient, avait décidé de passer par la rivière. L'espoir d'une nouvelle victoire éclair semblait loin.

C'est alors que le jeune tambour provençal devint l'arme secrète de Bonaparte. Son tambour sur la tête, et à ses côtés un petit détachement de soldats, il traversa la rivière à la nage. Une fois au sec, il commença à imiter, à l'aide de son instrument, le bruit de fusillades furieuses, que les Autrichiens, par erreur, prirent pour des coups de feu. Craignant que ce ne soit le début d'une attaque en masse, ils firent retraite. Les Français s'emparèrent du pont et remportèrent la bataille. Le tambour s'était avéré plus puissant que les fusils.

Il subsiste plusieurs souvenirs de l'héroïsme d'André Estienne. Bonaparte lui offrit deux baguettes de tambour en argent massif, qui sont aujourd'hui exposées au musée national de la Légion d'honneur. Il a aussi sa place à Paris, sur l'Arc de triomphe, où l'un des bas-reliefs commémore la traversée du pont d'Arcole. (L'histoire a été légèrement modifiée, sans doute pour des raisons artistiques, et Estienne est montré aux côtés de Bonaparte.)

Même sa statue a eu ses aventures de guerre. Au cours de la Seconde Guerre mondiale, les habitants du village de Cadenet, craignant qu'elle ne leur soit enlevée puis fondue pour fournir des munitions aux Allemands, la déposèrent eux-mêmes. Ils l'enterrèrent, et ne la déterrèrent qu'une fois la guerre terminée.

Tapenade

On l'a surnommée « le beurre noir de la Provence » (même si, souvent, elle est de couleur verte), et c'est l'une de ces heureuses trouvailles gastronomiques qui aiguisent à la fois l'appétit et la soif. En conséquence, on la trouve en général servie à l'apéritif, avant qu'on ne s'attaque à la tâche sérieuse du choix des plats.

Son nom vient du mot provençal *tapeno*, qui signifie câpre, et les câpres sont d'ailleurs un élément important de la recette de la tapenade. Les autres ingrédients peuvent varier légèrement, selon les goûts de chacun. Je conseille pour ma part de suivre la recette de M. Meynier, le chef marserillais qui, il y a plus d'un siècle, a inventé la tapenade. Voici sa recette originale :

Prendre 200 grammes d'olives noires dénoyautées. Ecraser les olives à l'aide d'un pilon et d'un mortier, avec 200 grammes de câpres, 100 grammes de filets d'anchois dessalés, 100 grammes d'huile de thon, une grande cuiller à soupe de moutarde forte, « pas mal de poivre », et une pincée d'épices mélangés.

Ajouter au fur et à mesure 2 décilitres d'huile d'olive.

Enfin, la touche finale : mélanger dans un verre de cognac.

La pâte qui en résulte, noire, épaisse, magnifiquement âcre et luisante d'huile, est, traditionnellement, étalée sur des petits morceaux de pain grillé. Mais ce serait une honte que de limiter la tapenade au pain grillé. Essayez-la avec des œufs de caille durs, avec des tomates-fruits, avec du fromage de chèvre frais, avec un poisson grillé tout simple, ou avec une omelette froide aux légumes. Je l'ai vue aussi utilisée pour y plonger des pommes de terre frites, ou mangée pour elle-même, à la cuiller. Hé oui, c'est bon à ce point-là.

Certaines personnes, m'a-t-on dit, éprouvent une aversion contre les mets de couleur noire. C'est sans doute parce qu'ils se sont trouvés, alors qu'ils étaient jeunes et impressionnables, confrontés à un risotto de seiche trop boucané. Pour eux, il est possible de remplacer les olives noires par des olives vertes, et la couleur changera en conséquence.

Tarasque (la)

La Provence a longtemps été une terre fertile en monstres et curiosités diverses – dragons, licornes, sardines géantes, escargots d'une taille prodigieuse –, mais, parmi ces histoires fantastiques, il n'est rien d'aussi hideux que la tarasque de Tarascon.

Imaginez-vous à l'époque où la tarasque régnait par la terreur, quelque part aux alentours du IXᵉ siècle, en train de flâner sur les rives du Rhône. L'air embaume ; le fleuve coule, serein. Vous êtes en paix avec le monde. Et soudain, sans avertissement, une créature effroyable surgit de l'eau, à la recherche de son déjeuner. Un témoin anonyme l'a décrite comme « plus grosse qu'une vache, plus longue qu'un cheval, avec la tête et les traits d'un lion, des dents comme des rapières, un corps recouvert d'écailles rêches et piquantes, six pattes aux longues griffes, et une queue de serpent ». Ajoutez à tout ça un goût immodéré pour la chair humaine, un caractère malveillant et une haleine repoussante et vous obtenez la tarasque.

Il n'est pas surprenant que les habitants de Tarascon aient vécu dans la terreur de cette horrible chose et aient essayé une grande variété de moyens d'extermination. Tous ont échoué. Un jour, douze hommes se mirent en route pour la prendre au piège ; seuls six d'entre eux sont revenus : les autres avaient été dévorés. Pour s'en débarrasser, il fallait un miracle. Et, comme dans toutes les meilleures histoires de monstres, un miracle s'est produit.

Il a pris la forme de sainte Marthe, qui avait pour mission de prêcher le christianisme aux païens de Tarascon. Elle aussi avait bien besoin d'un miracle pour parvenir à les convaincre du pouvoir de la foi

qui l'animait, et elle sentit que la tarasque pouvait lui en forunir l'occasion. Elle se mit à sa recherche, et la trouva en train de dévorer quelqu'un. Intrépide, sainte Marthe l'aspergea d'eau bénite, brandit une croix de bois et, *mirabile dictu*, la tarasque devint immédiatement douce comme un agneau.

Il existe deux versions de ce qui se passa ensuite. Soit la tarasque fut conduite en ville et massacrée, soit sainte Marthe la renvoya au fond du fleuve avec l'ordre d'y rester. En tout cas, elle ne terrorisa plus jamais la population de Tarascon. Elle ressuscite cependant une fois par an lors des fêtes de la Tarasque, qui se déroulent vers la fin du mois de juin – le jour de la Sainte-Marthe.

Taureau de Camargue

L'herbe est rare en Provence, et les vaches aussi. Mais tout n'est pas perdu pour les amateurs de viande de bœuf. Ils peuvent trouver une consolation dans les taureaux noirs de la Camargue, qui fournissent la seule viande de France bénéficiant d'une appellation contrôlée.

Par rapport à la moyenne des taureaux, le taureau de Camargue est de petite taille. Les mâles ne dépassent pas 1,3 mètre, et pèsent entre 300 et 450 kilos. Les femelles sont plus petites et plus légères. Ils vivent en liberté dans les terres marécageuses du delta du Rhône, avec pour voisins les flamants et les chevaux, surveillés par les *gardians*, les cow-boys de Camargue.

Depuis des générations, on les élève non seulement pour la table, mais aussi en vue d'une variante sans effusion de sang de la corrida : la « course à la cocarde », un exercice de vitesse et de courage peu recommandé aux personnes lentes ou dépourvues d'audace. Un petit morceau de tissu rouge, la cocarde, est attaché à la tête du taureau. Les compétiteurs, appelés raseteurs, essaient de s'approcher suffisamment pour arracher la cocarde de la tête de l'animal. C'est assez simple, sauf que deux problèmes se posent : les deux cornes, qui sont longues et extrêmement pointues. Comme vous pouvez l'imaginer, on a intérêt à être leste. Le vainqueur reçoit les applaudissements du public et un prix en argent. Le taureau est reconduit à ses pâturages, peut-être légèrement ahuri et agacé, mais sans avoir subi d'autre dommage.

Tous les taureaux de Camargue n'ont pas l'agressivité nécessaire à une carrière dans l'arène, et les spécimens les plus doux finissent en ragoût. Et quel ragoût ! La « gardianne de taureau » est une recette classique de la Provence – une mixture riche, sombre et parfumée. Elle est constituée de morceaux de taureau, de bacon gras, d'oignons, d'ail, d'herbes, d'une pincée de sel, de poivre et de farine, auxquels on ajoute un verre d'armagnac et une bouteille (au moins) de côtes-du-rhône rouge. Laisser mariner vingt-quatre heures, puis faire mijoter au moins trois heures avant de servir avec du riz de Camargue ou des pommes de terre.

Pour que cette expérience de gastronomie taurine soit complète, on peut commencer le repas avec du « bouillon pour machos », c'est-à-dire une soupe de testicules de taureau. Mais, comme la course à la cocarde, c'est un plat qui demande de l'audace.

Tomates

On raconte une histoire charmante, même si elle est quelque peu douteuse, qui établit un lien historique entre la Révolution et l'estomac, un moment crucial de « liberté, égalité, gastronomie ». Cette histoire nous fournit aussi quelques indices sur le moment où la tomate a entamé en France sa populaire carrière – une carrière inspirée, comme j'aime à l'imaginer, par un coup de publicité provençale.

En 1792, un bataillon de Marseillais arriva à Paris pour se joindre à l'armée qui défendait le pays contre les Autrichiens. Comme chacun sait, ils apportaient leur chant de guerre, qui se vit intituler *La Marseillaise*. Mais, selon l'histoire qu'on m'a rapportée, ils avaient aussi dans leurs bagages une friandise locale, alors à peu près inconnue des Parisiens : on trouvait des tomates dans le havresac de chaque Marseillais et de lourdes branches rouges de tomates étaient fixées à chaque mousquet. Comment lesdites tomates étaient parvenues à conserver leur couleur et à survivre tout au long de leur chemin depuis le Sud, c'est l'un de ces détails secondaires qu'il vaut mieux ne pas remettre en question. Une chose est cependant certaine : à la fin du xviiie siècle, les tomates étaient déjà bien implantées en Provence.

Pourquoi avaient-elles mis si longtemps à arriver ? Ce sont les *conquistadores* espagnols du xvie siècle qui, de l'Amérique du Sud, avaient importé les tomates en Europe. Mais, pendant des années, on avait cru que les tomates étaient soit aphrodisiaques (ce qui explique sans doute pourquoi, en Provence, on les surnomme encore des « pommes d'amour »), soit des plantes médicinales, soit des plantes d'ornement. Olivier de Serres, maître jardinier au xviie siècle, les cultivait comme plantes grimpantes décoratives car, selon lui, « elles ne sont pas bonnes à manger ».

Les goûts se modifièrent ou peut-être la saveur des tomates progressa-t-elle, toujours est-il qu'elles se frayèrent progressivement un chemin sur les tables du monde entier. Leur plus grand triomphe – et, diront certains, leur destin ultime – se produisit aux alentours de 1830, avec l'invention du ketchup. Depuis lors, la tomate n'a jamais perdu de terrain.

Pour ma part, je préfère les tomates fraîches ou cuites plutôt que sorties d'une bouteille. Je suis tombé un jour sur les meilleures que j'aie jamais mangées. Elles étaient servies à Marseille, dans un restaurant qui domine le Vieux-Port. Tout en bas du menu étaient écrits des mots que je n'avais encore jamais vus. C'était un « coup de toque » du chef à son fournisseur : « Légumes de Bruno Adonis. »

Intrigué, j'ai demandé des détails supplémentaires, et appris que M. Adonis était remarquable non seulement pour la qualité de ses produits, mais aussi parce qu'il les réservait à une clientèle choisie. Les légumes d'Adonis n'étaient pas vendus dans le public ni chez les grossistes, mais uniquement aux chefs. Et parmi les chefs, il était célèbre pour l'excellence suprême de ses tomates. Visiblement, c'était, dans le monde des légumes, un homme de grande distinction. Je me suis dit que je devrais le rencontrer.

Son empire de la tomate se trouve dans la campagne verdoyante et onduleuse au-dessus de Lioux, à quelques kilomètres au nord-ouest d'Apt. M. Adonis est jeune, et passionné par ses produits, ce dont nous nous sommes rendu compte lorsque nous avons contemplé les longues rangées de tomates, très espacées – en fait, on dirait plutôt des boulevards – s'étendant à perte de vue jusqu'à se perdre dans les collines. Avec une fierté de propriétaire, il nous a fait remarquer les différentes couleurs des tomates mûrissant sous le soleil du soir : il y en avait des rouges, bien sûr, mais aussi des roses, des vertes, des orangées, des jaunes, des noires, des blanches, des zébrées. Il a rapidement cité quelques variétés, toutes également colorées : poitrine de Vénus, verte zébrée, Russe noire, Reine blanche, cœur de pourpre – plus de vingt espèces, certaines à peine plus grosses qu'une bonne cerise, d'autres de la taille d'un petit melon.

Pour les chefs qui sont clients de Bruno (parmi lesquels Alain Ducasse, le seul chef au monde possédant trois restaurants trois étoiles), ce vaste choix est presque aussi important que la saveur des tomates. Un bon chef sait que l'on commence à dévorer des yeux, et utilise ses ingrédients de la même façon qu'un peintre ses couleurs, créant des compositions visuellement délicieuses de formes et de nuances. Et, chez Adonis, il peut choisir parmi un large éventail.

Nous avons parcouru les allées, nous arrêtant de temps en temps pour presser une tomate ou en humer une autre. Bruno me dit qu'il prend aussi des commandes de légumes sur mesure, cultivés à la demande de clients ayant des exigences particulières. La plupart du temps, il s'agit de tomates miniatures, de la taille de minuscules aubergines, pas plus grosses que le petit doigt, cultivées pour leur saveur autant que pour leur taille. Mais parfois on lui demande des betteraves à rayures, ou du basilic pourpre, deux de ses spécialités. En le regardant parcourir à moto ses boulevards de tomates, je me suis demandé ce qu'il allait bien pouvoir inventer. Des petits pois gros comme des grains de caviar ? Des choux-fleurs de la taille d'une rose ? Du ketchup de tomates vertes ? Je me suis mentalement promis de revenir au printemps !

Touristes

Il est rare qu'un groupe de gens inoffensifs suscite autant d'irritation et de mépris que les touristes. Personne ne veut être pris pour l'un d'entre eux. Des écrivains voyageurs zélés, parcourant le monde à la recherche d'un paradis encore vierge, supportent l'inconfort, la nourriture immangeable, les cafards et les gens du cru, souvent malgracieux, dans l'espoir de découvrir un lieu où aucun touriste n'ait jamais posé ses semelles plébéiennes. (Il y avait sans doute à cela de très bonnes raisons.) Des villes, des régions, parfois des îles entières, sont dédaignées par les itinéraires du voyageur sophistiqué sous prétexte qu'elles sont réputées abriter des touristes. On a l'impression qu'ils amènent une terrible calamité. Et pourtant, même si nous refusons de l'admettre, nous sommes tous des touristes. Absolument tous.

Les touristes fréquentent la Provence depuis deux siècles. Si l'on utilise la mesure statistique la plus courante – le terme vaguement méprisant de « nuitée » –, on découvre que, pris dans leur ensemble, les départements des Alpes-de-Haute-Provence, des Bouches-du-Rhône et du Vaucluse totalisent aujourd'hui entre 70 et 80 millions de nuitées par an. La grande majorité des visiteurs sont aimables et respectueux, et cherchent simplement à profiter du soleil et du paysage, de la nourriture et du vin. Mais, très souvent, leurs détracteurs les considèrent comme une sorte de malédiction annuelle, et les accusent de tous les maux, depuis le fait de monopoliser les restaurants et de dégrader la culture locale jusqu'à celui de terroriser les vieilles dames et de manger des cornets de glace dans les églises. Ce que je trouve intéressant, c'est que ces critiques ne sont pas le fait de ceux qui auraient le droit de critiquer – les Provençaux eux-mêmes –, mais d'autres touristes.

Evidemment, ils ne reconnaîtront jamais qu'ils sont eux-mêmes des touristes. Ils viennent en Provence depuis de nombreuses années ; il arrive même qu'ils y possèdent une résidence secondaire. Et, en dehors de quelques amis soigneusement triés sur le volet, ils refusent de partager la Provence avec d'autres. Ils voudraient la voir pétrifiée dans le temps, telle qu'elle était quand eux-mêmes l'ont découverte. Ils stigmatisent avec horreur la boutique de souvenirs qui a remplacé l'ancienne boucherie, les foules de juillet et d'août, la hausse immobilière, le plombier insaisissable et trop occupé pour venir chez eux, les restrictions d'eau, les étrangers qui se sont emparés de leur table favorite au café du village, l'augmentation du trafic routier. Leur jardinier les a abandonnés pour une compagnie qui installe des piscines, et leur femme de ménage les a quittés pour tenir une boutique. En bref, mon cher, c'est l'effondrement de la civilisation que nous avons connue. Et tout ça par la faute de ces affreux touristes.

Il existe, on ne peut le nier, des régions du monde qui ont été si surexploitées qu'elles en sont devenues infréquentables, mais ce n'est pas le cas de la Provence, qui absorbe très bien les touristes. Il y a des boutiques de souvenirs dans les villages de carte postale, c'est vrai ; et, c'est vrai aussi, en haute saison, les rues et les marchés sont réellement encombrés. Mais dix minutes de voiture à partir de ces villages célébrés vous conduiront dans une campagne déserte, vierge de terrains de golf, de lotissements, de complexes de spa ou d'hôtels de trois cents chambres.

Si l'un des buts de vos vacances est de profiter du calme, de la beauté et de la solitude, la Provence en offre en abondance.

On devrait même reconnaître les bienfaits de certaines retombées du tourisme. Sans l'argent des touristes, plus d'un monument se serait effondré, plus d'un jardin public aurait été négligé et serait devenu une jungle. La plupart de ces charmantes auberges de campagne que tout le monde apprécie ne vivraient pas avec la seule clientèle locale. Ceux qui tiennent les étals des petits marchés de village devraient plier bagage pour la ville la plus proche. Ça ne vaudrait pas la peine d'organiser des concerts. D'une façon générale, la vie rurale serait plus pauvre.

Chaque fois que je me laisse embarquer dans une conversation avec des contempteurs de touristes, j'essaie de leur faire comprendre que le touriste n'est pas toujours le monstre que l'on dit. Qu'il arrive même, en fait, qu'il contribue à faire de la Provence d'aujourd'hui une région plus vivante, plus stimulante, plus agréable que la Provence d'hier. Ça ne marche jamais. On ne peut lutter contre la nostalgie. Alors, en dernier recours, je leur suggère un remède garanti contre toutes leurs jérémiades antitouristes : chacun peut passer ses vacances dans le confort et l'intimité de sa propre maison, et au diable les voyages !

La réaction est toujours la même. Quelle idée ridicule, irréaliste. En tout cas, pas pour des gens comme nous.

Tremblements de terre

Quiconque doué d'un œil pour l'architecture aura remarqué que, en Provence, certains bâtiments ont souffert plus que d'autres des ravages du temps. On voit des mauvais raccords dans la ligne faîtière, des linteaux gauchis, des portes d'entrée tordues, des fenêtres hors de leurs gonds – et, à l'extérieur comme à l'intérieur, des fentes. Tout cela est visible essentiellement sur la partie apparente d'une maison, sa façade, souvent fissurée et grêlée, n'échappant apparemment à l'effondrement que grâce aux S en fer forgé qui courent d'une extrémité à l'autre de la bâtisse. On pourrait mettre ça sur le compte de la négligence ou de techniques de construction peu rigoureuses. Ou en rendre responsables des siècles entiers d'usure. En réalité, la raison pourrait bien en être une secousse particulièrement violente : le tremblement de terre provençal.

Il s'agit d'un événement suffisamment rare et dramatique pour qu'on se le rappelle avec quelque précision. Nous savons ainsi que le Vaucluse a subi un choc de grande ampleur le 25 janvier 1348 ; ce fut le tour de Pertuis le 14 avril 1535 ; 1708 et 1731 furent d'autres années de tremblements de terre. Mais le pire, qui est encore à portée de mémoire humaine, ce fut la secousse du 11 juin 1909, qui toucha les environs de Lambesc. Il y eut plusieurs victimes et les dommages furent considérables.

Logiquement, tout le monde devrait considérer ces phénomènes comme des désastres. Mais il y a tremblement de terre et tremblement de terre, et sous leur forme la plus bénigne – à peine plus qu'une vibration souterraine – il peut leur arriver, comme j'en ai fait l'expérience, de servir de bouée de sauvetage à des gentlemen inventifs appartenant au monde du bâtiment. Il y a quelques années, au cours d'une crise de paranoïa domestique, nous avions invité à la maison quelques ouvriers afin qu'ils remplacent une large fenêtre traditionnelle par une vitre blindée, épaisse, à l'épreuve des balles, le genre de vitre dont les dictateurs nerveux font équiper leur limousine. Elle était suffisamment solide, nous avait-on assuré, pour résister à des cambrioleurs armés de massues. Pour y faire la moindre marque, il faudrait un bélier. La vitre fut installée et dûment admirée. Les ouvriers s'en allèrent.

Vous pouvez imaginez notre dépit lorsque, moins de trois semaines plus tard, nous avons découvert une fêlure courant en diagonale du haut en bas de notre fenêtre flambant neuve et indestructible. Pensant qu'il y avait eu un problème au cours de l'installation, nous avons demandé aux ouvriers de revenir jeter un coup d'œil.

« Quelle malchance, dit le patron après une inspection dont la brièveté nous déçut. C'est évident, la fêlure a été produite par un tremblement de terre. Aucun doute là-dessus. »

Comment était-ce possible ? Depuis des semaines, le temps était calme et beau : pas de tempête, pas de vent, pas le moindre indice de secousse sismique. Mais le patron n'en démordait pas. Apparemment, un tremblement de terre mineur s'était produit pendant qu'on avait le dos tourné.

Ce n'est que quelque temps plus tard que nous avons commencé à nous rendre compte que ces tremblements de terre remarquablement discrets se produisent assez souvent, et toujours au cours de travaux de construction. Des amis ont découvert des fêlures dans leur nouvelle piscine, d'autres dans leurs sols et leurs plafonds. Dans chaque cas, elles ont été mises sur le compte de causes naturelles. Au temps pour la douceur du climat méditerranéen !

Trou provençal

Voilà une chose que les anciens Romains, si civilisés qu'ils aient pu être, n'ont pas réussi avec autant de grâce que le paysan provençal.

Les festins romains étaient longs, et les plats succédaient aux plats : laitance de lamproie, langues d'alouette, escargots nourris au lait, sanglier sauvage fourré de grives vivantes, parmi des dizaines d'autres mets riches et nourrissants. Inévitablement, au cours du repas, venait un moment – peut-être après qu'il s'était, peu judicieusement, resservi de cervelle de paon – où la toge du convive devenait inconfortablement étroite et où son appétit commençait à flancher. Mais les bonnes manières ordonnaient que le repas se poursuive. Et se poursuive encore, jusqu'à ce que le dernier lérot plongé dans du miel ait été englouti. Comment un hôte bien élevé pouvait-il s'en sortir ?

Il gagnait le *vomitorium*, où un esclave expert en la matière l'aidait à régurgiter ce qu'il venait juste de manger, afin de faire de la place à ce qui allait suivre. Une fois ainsi purgé, notre convive retournait à table d'un pas léger, prêt à recommencer.

On peut obtenir un résultat similaire d'une façon beaucoup moins répugnante grâce au « trou provençal », qui, en Provence, est depuis longtemps un passage obligé des déjeuners ou dîners les plus élaborés. Pour faire le « trou », il suffit d'un petit verre de marc de Provence qui, comme on l'a dit ailleurs, est un membre férocement puissant de la famille des eaux-de-vie. Ingurgité en milieu de repas, il est capable de passer à travers la nourriture la plus lourde pour soulager le système digestif outrageusement sollicité. Son effet est instantané : le palais frémit, puis se reprend, permettant au mangeur de regarder droit dans les yeux une daube ou un plateau de fromages avec un enthousiasme renouvelé.

Ceux qui préfèrent un trou non alcoolisé ont recours à une autre spécialité provençale, le sorbet au romarin : glacé, savoureux et merveilleusement rafraîchissant, il n'y a rien de tel pour assainir et ressusciter les papilles gustatives.

Ucha

C'est l'un des mots les plus explosifs et les plus
imagés du vocabulaire provençal. Si vous souffrez
d'un *ucha*, demandez à quelqu'un qu'il vous tapote
dans le dos et vous donne un verre d'eau. Vous avez
juste été pris d'un accès de toux.

Unité d'habitation

Si difficile que cela puisse être à imaginer aujour-
d'hui, il fut un temps, et pas si éloigné, où, en France,
les immeubles élevés étaient rares, et où, en Provence, ils étaient inconnus. Les bâtiments étaient bas
et faits, en général, avec la pierre locale. Le béton
armé était presque une nouveauté lorsqu'un architecte
en particulier, Le Corbusier, lui donna sa bénédiction
et le rendit fameux. A ce titre, c'est à lui que revient
la plus grande partie des éloges – ou du blâme –

pour avoir inspiré les blocs de béton qui, comme de monstrueuses dents grises, ont surgi à travers le paysage urbain au cours des cinquante dernières années.

La contribution la plus célèbre de Le Corbusier à la modification de l'aspect de l'architecture provençale fut l'« Unité d'habitation » du boulevard Michelet, dans le huitième arrondissement de Marseille. La théorie de Le Corbusier consistait à concentrer les logements dans ce qu'il appelait un « village vertical », afin de préserver les alentours en un parc ouvert dont pouvaient profiter les habitants. Et c'est ainsi que, entre 1947 et 1952, sur des colonnes de béton géantes, fut érigée son œuvre : 337 appartements de tailles diverses (chacun bénéficiant de la lumière naturelle) répartis sur 12 étages, un niveau réservé aux commerces, et un jardin sur le toit. Le résultat était suffisamment en avance sur son temps pour être considéré avec quelques réserves par les gens du cru, qui le surnommèrent la « maison du fada ». Mais c'était, et c'est toujours, une solution ingénieuse pour donner aux habitants des villes une bouffée d'air frais, et une vue sur des arbres et de l'herbe.

Depuis, l'idée de Le Corbusier a été copiée par des architectes de moindre talent, et des promoteurs plus cupides – avec une différence regrettable. Ils ont adopté l'idée de grands bâtiments de béton brut, mais sans le contraste apaisant d'alentours verdoyants. Après tout, pourquoi gâcher d'inestimables terrains à bâtir pour quelque chose d'aussi peu de profit que quelques arbres ?

Urgent

C'est un mot qui, en Provence, n'apparaît pas dans la conversation courante, et qui est considéré avec un mélange de curiosité et d'amusement. De curiosité, parce qu'il implique la nécessité de se hâter, une habitude complètement étrangère au pays. Et d'amusement devant les bouffonneries des sectateurs de l'urgence dans leur quête de vitesse et de ponctualité : ils ne cessent de regarder leur montre, ils donnent des coups de téléphone frénétiques, ils déjeunent avec une rapidité qui ressemble à de la brutalité, ils explosent d'énervement dans les embouteillages.

J'ai émis un jour une théorie selon laquelle la lenteur de la vie en Provence s'explique tout simplement par le paysage et le climat, qui encouragent à envisager les choses sans se presser. Mais je crois maintenant que ça va plus loin. Pendant des générations, les principales occupations des Provençaux ont été liées à la terre, au passage des saisons – l'élevage des chèvres et des moutons, la culture de la vigne et des oliviers –, et il ne servait à rien de s'impatienter C'est la nature, et non l'homme, qui dictait le rythme de l'existence. Au fil des siècles, j'en suis certain, cet état de choses a influé sur le caractère provençal. La devise, c'était « Hâte-toi lentement », et elle s'est gravée dans les gènes.

Peut-être cela va-t-il changer. Mais j'espère que ça n'arrivera pas trop tôt, ni trop vite.

Usseglio, Raymond

Il est propriétaire de l'un des plus petits vignobles de Châteauneuf-du-Pape. Le domaine Usseglio s'étend sur pas plus d'un hectare : il a donc peu de chances d'apparaître sur beaucoup de cartes des vins. Mais si vous en voyez une bouteille, ne la laissez pas passer. Le vin est vieilli dans des tonneaux pendant plus d'une année avant d'être mis en bouteilles, et il a la chaleur, la puissance et la saveur caractéristiques des meilleurs rouges de Châteauneuf-du-Pape. Excellent avec du gibier.

Valse provençale (la)

On peut à peine appeler ça une maladie. C'est plutôt une indisposition passagère, signe que le corps est en train de s'adapter à des circonstances nouvelles. Bizarrement, elle semble ne jamais affecter les Français : ils sont peut-être immunisés dès la naissance. Mais pour beaucoup d'Anglo-Saxons, elle fait partie de la vie en Provence au même titre que le chant des cigales ou l'odeur de la lavande.

Pendant un jour ou deux, tout va bien pour les visiteurs. Ils nagent et prennent des bains de soleil, ils passent de longs moments à manger en plein air : de façon générale, ils se sentent bien. « C'est la vraie vie. Je ne me suis jamais senti mieux », affirment-ils. Mais soudain apparaissent des symptômes manifestant que, alors que le reste du corps apprécie la Provence, l'estomac ne suit plus. Ça commence par une répugnance à effectuer de longs trajets en voiture et une préoccupation anxieuse à propos des toilettes les plus proches. Au fur et à mesure, les toilettes prennent une importance croissante. Les visites y deviennent de plus en plus fréquentes, et c'est à ce stade qu'on diagnostique la « valse provençale ». Un observateur attentif reconnaîtra la course précipitée, le corps légèrement plié, le regard fixe et inquiet. Le remède est extrême, mais efficace : il faut rester au lit et se mettre à l'eau minérale le temps que la digestion retrouve son état antérieur, signe d'une santé solide.

Après la guérison, on avance beaucoup d'explications pour comprendre cette indisposition. On met souvent ça sur le compte d'un excès de soleil. Ou d'un excès d'ail. Ou d'une huile d'olive d'une force inhabituelle. Ou du beurre local. Ou d'un saucisson douteux. Ou – c'est l'explication que je préfère – de l'eau du robinet utilisée pour fabriquer les glaçons du whisky. Assez curieusement, le fait que le malade ait englouti d'énormes quantités de vin rosé à 13 degrés n'est jamais, jamais, mentionné.

Veillées

Pendant les longs mois froids de janvier et de février, quand la nuit tombe tôt, on avait autrefois coutume, en Provence, d'inviter, après souper, les voisins à la veillée. Les hommes jouaient aux cartes et comparaient leurs exploits cynégétiques. Les femmes cousaient (et, sans doute, comparaient leurs maris). Les enfants avaient la permission de rester éveillés et de jouer devant le feu, ou de s'asseoir et d'écouter des histoires. On servait des biscuits et des beignets avec un verre de vin ou deux, et la soirée se terminait par une invitation à une autre veillée, peut-être la semaine suivante, chez un autre voisin. C'était une forme de ciment social, qui donnait aux habitants d'une petite commune rurale l'occasion de garder le contact sans plus de formalités, et sans avoir à supporter la dépense d'un dîner. Une tradition charmante qui, hélas, a été remplacée par la télévision.

Vents

Très dramatisé par les écrivains et les poètes, et sujet de centaines de contes, le mistral est le vent le plus célèbre de Provence. Beaucoup de visiteurs, évidemment, pensent qu'il est le seul vent de la région. « C'est le mistral ? » demandent-ils lorsqu'une petite brise ride la surface de leur pastis, et ils semblent déçus quand on leur répond que non. Ils s'aperçoivent vite que, lorsque le mistral souffle, on ne peut pas s'y tromper. Et, s'ils restent assez longtemps, ils finiront par faire connaissance avec toute la famille des vents de Provence. Naturellement, chacun a son nom à lui.

Il y a le *trémountano*, mordant, qui vient du nord et amène le froid. Venant du sud, il y a la *marinière*, qui souffle des déserts d'Afrique, encrassant tout sur son passage d'une pellicule de sable. De l'est souffle le *levant*, qui amène la pluie. Et venu de l'ouest, c'est le *traverso*. Mais ça ne s'arrête pas là. Demandez à n'importe quel Marseillais bien informé (comme si on pouvait en trouver un qui ne le soit pas !), et il vous dira qu'il existe plus de trente vents différents. Le *montagnero* souffle du nord-nord-est, la *biso* du nord-nord-ouest, le *grégau* de l'est-nord-est, et ainsi de suite. Sans oublier le *mango fango*, le *vent di Damo* ou la *cisampo*, chacun soufflant d'une direction particulière.

De moindres souffles d'air, trop modestes pour bénéficier d'un nom ou d'une direction officiels, semblent être, de façon commode, l'explication à des phénomènes naturels qui, sinon, demeureraient inexplicables. Je me souviens d'une soirée d'été où nous avons été envahis, sans raison apparente, par des nuages de minuscules mouches noires. Un expert local qui, par hasard, se trouvait chez nous, nous apprit que c'était dû, sans aucun doute, à l'un de ces « petits » vents. Je lui fis remarquer que la nuit était parfaitement calme, sans le moindre souffle de vent, « petit » ou non, mais il insista. Il y avait au fond de l'air, dit-il, un courant de turbulences parfaitement indétectable par les humains, mais suffisant pour souffler des millions de minuscules mouches noires sur la table de notre dîner. Je n'ai pas pris la peine de lui demander comment il savait ça. Il ne sert à rien de discuter avec un Provençal doté de dons surnaturels.

Villages perchés

A l'époque où les premiers habitants de la Provence pratiquaient l'art des guerres tribales, ils découvraient aussi les avantages d'une certaine façon de construire leurs villages. Les propriétés immobilières situées en hauteur, sous la forme de « villages perchés », sont devenues très recherchées pour un certain nombre de raisons.

Pour commencer, elles permettaient aux villageois de voir de loin leurs ennemis approcher, ce qui leur donnait le temps de préparer l'huile qui, une fois en ébullition, serait ultérieurement versée sur leur tête.

Ensuite, elles offraient une solution aux problèmes de l'hygiène municipale. Les détritus de toutes sortes, des os de mouton jusqu'à l'inspecteur des impôts, pouvaient être jetés par-dessus les remparts au lieu d'être laissés à encombrer les rues.

Troisièmement, elles fournissaient l'occasion d'alléger le poids de la vie solitaire de la campagne, où l'on n'avait pour compagnie qu'une chèvre, un âne et des poulets.

Et, enfin, elles satisfaisaient un besoin primaire – que l'on trouve encore aujourd'hui dans des lieux aussi différents que New York et Shanghai : le besoin de vivre en altitude, ce qui permet de se sentir supérieur à ses voisins situés plus bas.

Il n'est donc pas surprenant que la plupart des collines les plus prometteuses de Provence aient été prises d'assaut, il y a huit ou neuf cents ans, par les ancêtres des promoteurs d'aujourd'hui. Les villages perchés qu'ils ont construits offraient la sécurité, la commodité, la compagnie, et un certain statut social · ce n'est pas sans rappeler les communautés entourées de grilles que l'on trouve de nos jours en Floride ou au sud de l'Espagne (les terrains de golf en moins). Heureusement pour nous, ces premiers promoteurs, architectes, maçons, avaient un bon goût inné, dont sont dépourvus nos contemporains. Cela peut expliquer pourquoi les villages qu'ils ont construits restent, même après tout ce temps, si attrayants.

Il y a d'abord la vue *sur* le village, la « spéciale carte postale » : des murailles de pierre claire, une masse confuse de toits de tuile, le beffroi d'une église se découpant sur un ciel du bleu le plus profond. Tout cela est resté identique depuis des siècles : la seule nouveauté, c'est l'antenne de télévision.

Il y a aussi la vue *depuis* le village : des kilomètres de campagne, souvent décorée d'un tapis de vignes s'étendant jusqu'à un autre village, dans la brume, au loin – une vue que même quelques villas éparpillées, flambant neuves, couleur rose saumon, ne peuvent gâcher.

Les plus pittoresques de ces villages, et, partant, les plus fréquemment photographiés, sont les trois fameux villages du Luberon : Gordes, Ménerbes et Bonnieux. Mais il y en a des quantités d'autres. Lacoste, Saignon, Murs, Simiane-la-Rotonde, Les Baux, et des dizaines encore, chacun représentant un beau souvenir des jours passés, des jours d'avant le temps du béton.

Vin

Elizabeth David, qui fut l'une des meilleures critiques gastronomiques jamais sortie d'une cuisine, passa autrefois en Provence un hiver particulièrement sinistre. Jour après jour, le mistral soufflait, jusqu'à ce que, selon ses propres termes, « nous semblions tous prêts à sombrer dans la folie, même si, pour être honnête, il faut avouer que le vin véritablement ignoble de cette région y était aussi pour quelque chose. C'était le genre de vin qu'il est plus sage de boire dans un gobelet, de façon à laisser de la place pour une bonne quantité d'eau ».

Plus de quarante-cinq ans ont passé depuis que ces mots ont été écrits, et les vins de Provence ont changé et se sont améliorés, tellement améliorés que je ne pense pas que Mme David les reconnaîtrait. Aujourd'hui, ils remportent régulièrement des médailles à Mâcon. Ils sont traités avec respect dans le *Guide des vins* annuel de chez Hachette (33 000 vins testés à l'aveugle, dont seulement 10 000 sont répertoriés dans le guide). Ils apparaissent sur la carte des vins de certains restaurants parisiens. Qu'a-t-il bien pu arriver aux « vins véritablement ignobles » des tristes jours passés ?

De façon générale, je crois qu'il faut reconnaître que le raisin, en Provence, est traité avec plus de respect qu'autrefois, peut-être afin de répondre aux demandes croissantes des touristes assoiffés. Même dans les coopératives, où les vins de table sont vendus aussi souvent en container qu'en bouteille, les standards sont bien plus élevés qu'ils ne l'étaient. Les équipements vétustes ont été remplacés, on prend plus soin de la vinification, le choix est plus vaste, les vins plus fiables. On ne risque plus un mal de tête carabiné chaque fois qu'on achète une bouteille à un prix raisonnable. Mais c'est surtout la multiplication des vignobles privés, indépendants, qui a transformé à la fois le goût et la réputation des vins de Provence.

(Avant d'aller plus loin, je dois préciser ce que j'entends par « vins de Provence » car, de façon typiquement française, la définition officielle n'est pas totalement claire. Pour moi, les authentiques vins de Provence sont ceux qui viennent des départements du Vaucluse, des Bouches-du-Rhône et des Alpes-de-Haute-Provence. Pourtant, en raison de quelque byzantine contorsion bureaucratique, ils ne bénéficient pas de l'appellation côtes-de-Provence. Ils peuvent s'appeler côtes-du-Luberon, côteaux-d'Aix, côtes-du-Ventoux – toutes ces *appellations*, et bien d'autres, leur sont autorisées, mais pas celle de côtes-de-Provence. Cette distinction est réservée aux vins du Var et de certaines parties des Alpes-Maritimes. Ces deux départements, si ravissants qu'ils puissent être, ne font pas, à strictement parler, partie de la Provence. J'imagine que, si l'on arrivait à trouver le bureaucrate approprié, il aurait une explication logique à cette anomalie, mais à moi cela paraît farfelu, et c'est la source de pas mal d'irritation chez quelques-uns de mes voisins viticulteurs.)

Depuis l'époque où Châteauneuf appartenait au pape, il a toujours été possible, même si c'était difficile, de trouver en Provence du vin décent. C'est devenu plus facile au cours des dernières années. De vieilles propriétés négligées ont été rachetées, restaurées, replantées et équipées de cuves en acier inoxydable et de tonneaux du meilleur chêne français. Les œnologues itinérants, les consultants en vin, qu'on ne voyait jamais en Provence, visitent maintenant régulièrement la plupart de ces propriétés. A chaque étape du processus de vinification, l'attention au détail et le degré d'investissement personnel sont considérables. C'est encore plus impressionnant si l'on tient compte de l'état général du commerce du vin : les domaines viticoles de dimensions mythiques, aussi vastes que des lacs, la compétition croissante du Nouveau Monde, l'arrivée potentielle de la Chine (j'ai déjà goûté une bouteille de rosé « Grande Muraille »). D'où viennent-elles, ces âmes courageuses – ces nouveaux vignerons prêts à placer leur argent dans une entreprise aussi complexe et imprévisible qu'un vignoble ?

Quelques-uns d'entre eux sont jeunes, ambitieux, et ont suffisamment de chance pour avoir hérité de leur affaire. Mais ils représentent une minorité. Beaucoup plus fréquemment, ils sont moins jeunes et se sont lancés dans le vin comme dans une seconde carrière. Ils ont fini leur temps dans les mines de sel – la banque et la politique, la publicité et la vente, la médecine et l'informatique – et ont gagné suffisamment d'argent pour se retirer et compter les papillons dans leur jardin. Mais ils ne sont pas mûrs pour la retraite. Ils leur faut un projet, un défi, une raison de se lever le matin. Un vignoble offre tout cela, et beaucoup plus encore : avec un peu de chance, ils habiteront dans une belle demeure ancienne, ils auront des collègues sympathiques (le monde du vin, de façon générale, est constitué de personnes agréables et qui savent vivre), et l'énorme satisfaction de produire un vin respectable.

Je connais plusieurs de ces nouveaux vignerons qui ont troqué la ville contre un vignoble. Tous ont la sensation que leurs journées de travail ont évolué dans le bon sens. Plus de politique de bureau, plus de réunions interminables, plus de syndicats obstinés, plus d'actionnaires critiques et exigeants. Il est vrai que, avec la nature, ils ont un partenaire de travail difficile, qui peut mettre à bout de nerfs et rendre insomniaque, mais en gros ils ont des vies plus saines, plus détendues et plus riches.

Il est vrai aussi qu'ils ont peu de chances de faire fortune au cours de leur seconde carrière. Il y a, on nous le répète sans cesse, un surplus de vin dans le monde, et un petit vignoble est peu susceptible de remplir les poches de son propriétaire, pour une ou deux générations, tout au moins. Le meilleur résultat financier auquel on puisse raisonnablement s'attendre, c'est un modeste profit en quelques années, avec, comme bonus, une vie plus agréable en guise de stock-options.

Et les vins faits par ces ex-capitaines d'industrie : valent-ils le temps, les efforts et l'investissement qui leur ont été dévolus ? Je dirais, définitivement, oui. Elizabeth David serait agréablement surprise. Pour la plupart d'entre eux, ce ne sont pas des vins à garder pour ses enfants, mais des vins à boire jeunes. Ils sont équilibrés et fruités, et ont été décrits comme « très approchables » (ce qui, je suppose, voulait dire « faciles à boire »). Ou, pour emprunter une phrase extraordinaire en provenance directe de Napa Valley, Californie, ils offrent une « gratification accélérée ». Vite, passez-moi la bouteille.

Vipères

On ne peut pas dire que la Provence en soit une région particulièrement infestée, signalée sur les anciennes cartes par cette phrase extrêmement décourageante, « attention, serpents », mais quiconque marche régulièrement dans la campagne voit toujours (ou, parfois, entend) un reptile ou deux. Chaque printemps, la population des serpents émerge de son hibernation, et sort pour prendre l'air et fainéanter sur les rochers chauffés par le soleil. Il existe deux espèces principales, et autant savoir les distinguer : une erreur peut s'avérer douloureuse.

La première espèce est la *couleuvre vipérine,* une créature longue, au corps orné de jolis motifs, très portée sur les grenouilles, les crapauds et les petits poissons, et parfaitement inoffensive pour les humains. Quand on la dérange, elle se glisse dans les buissons, avec un bruit sec, froufroutant, et abandonne parfois derrière elle des fragments de sa peau d'hiver.

C'est la seconde espèce qu'il faut éviter. Il s'agit de la *vipère aspic* ; elle est plus petite, plus mince, et plus ou moins venimeuse selon le genre. Comme le dit le vieux dicton provençal : « Quand une vipère mord un homme, l'homme meurt. Quand une vipère mord une meuf, c'est la vipère qui meurt. » Je n'ai pas encore rencontré de femme capable de causer la mort d'une vipère, mais M. Farigoule m'a affirmé qu'il s'agit d'un fait scientifiquement prouvé, et qu'un homme ne doit jamais se risquer à se promener dans la campagne au printemps sans être accompagné par une femme. Il m'a dit aussi qu'il n'existe rien de plus dissuasif contre les cambrioleurs et les intrus que quelques pancartes stratégiquement placées autour de la propriété, avec ce bref avertissement : « Attention ! Vipères méchantes ! »

Voisins

En ville, on vit entouré de voisins – on en a de chaque côté, et même souvent au-dessus et en dessous de soi. Et pourtant, si on le désire, le contact avec des familles qui vivent à moins d'une épaisseur de murs peut être limité au hasard d'une rencontre dans l'escalier ou l'ascenseur. Il y a peu de chances que leur vie empiète sur la vôtre. On peut rester anonyme.

A la campagne, l'anonymat est impossible. Parfois vos plus proches voisins se trouvent à une distance – champs de blé, rangées de vignes, bouquets d'arbres, haies, fossés – équivalant à deux ou trois pâtés de maisons. Ils sont presque trop éloignés pour être appelés des voisins : ce sont des silhouettes aperçues de loin, ou auxquelles on adresse un signe de tête au village, des silhouettes vaguement familières mais distantes, et même indifférentes. C'est du moins ce que vous pensez. Mais, sans que vous le sachiez, le télégraphe rural est en marche depuis votre arrivée. Vos voisins auront très vite appris qui vous êtes, d'où vous venez, et si vous pouvez ou non être un apport pour le petit arpent de Provence que vous partagez avec eux, ou y prendre des responsabilités.

Comment doit se conduire un nouvel arrivant ? Deux conseils, que l'on m'a donné il y a des années, valent d'être répétés. Premièrement, que chacun s'occupe de ses affaires. Et deuxièmement, selon George Herbert, poète du XVIIᵉ siècle : « Aime ton voisin, mais garde ta haie. »

Wood, Matthew

C'est peut-être en raison de son lieu de naissance (il était anglais), mais il n'existe pas de statue de Matthew Wood en Provence, et son nom n'a été donné à aucune rue, aucun bâtiment public, pas même à un rond-point. Cela me paraît injuste, car Mr Wood a rendu autrefois un service considérable à la ville d'Apt et à l'industrie du fruit cristallisé qui y est installée.

Les fruits confits d'Apt sont bien connus en Provence depuis 1348, date à laquelle le pape Clément VI nomma Auzias Maseta, natif d'Apt, son confiseur personnel. Mais les sucreries mirent plus longtemps à se développer en Angleterre, et ce n'est qu'au cours de la seconde moitié du XIXe siècle que les Anglais, commençant à voyager dans le sud de la France, ont découvert les plaisirs collants des abricots, des prunes ou des figues gorgés de sucre. Parmi ces voyageurs se trouvait Matthew Wood, un homme doué pour le commerce, qui se mit à importer des fruits confits dans son pays. A la fin des repas, on mangeait non seulement les spécimens les plus gros, mais aussi un fruit plus petit, à la chair pâle, la succulente cerise Napoléon, la véritable impératrice des cerises.

L'histoire ne dit pas si c'est Matthew Wood, ou un collègue très inspiré, qui découvrit le pays idéal à l'épanouissement des petites cerises d'Apt. Ce qui est certain, c'est qu'elles devinrent rapidement un des ingrédients principaux du britannique cake aux fruits, cette création dense et nourrissante arrosée d'eau-de-vie et surmontée de massepain, qui était, et elle l'est toujours, mangée en quantité de l'autre côté de la Manche. M. Wood avait, dans un effort magnifique et solitaire, grandement fait progresser le chiffre des exportations d'Apt. J'estime qu'on devrait au moins donner son nom à une cerise.

X

X désigne mon endroit favori, et j'y vais avec mes chiens au moins une fois par semaine, quelle que soit la saison, que le soleil brille ou que tombe la pluie.

C'est un chemin étroit, mangé d'herbes, qui coupe en diagonale le versant sud d'une haute colline. J'imagine qu'il s'agit d'une vieille piste de chasseur, mais je n'en ai jamais vu. En fait, je n'y ai jamais croisé aucune créature humaine. Des lapins, des lièvres, des faisans, oui, mais jamais de gens.

On aperçoit, de ce chemin, un tableau sans cesse changeant. En regardant vers l'est, on voit des alignements de collines sur un arrière-plan vert sombre, qui au lointain se fond dans le bleu. Au sud, un bocage argenté d'oliviers et un long champ plat, jaune de blé l'été, blanc de givre l'hiver, encadré par une épaisse bordure d'arbres. A l'ouest, les lignes parfaitement rectilignes d'un vignoble et celle, irrégulière, des toits du village dans la vallée, la tour d'un château du XVe siècle. Tout le panorama est peint d'ombre et de lumière et, quand elle change – en fonction du temps, du moment du jour, des saisons –, le paysage aussi.

C'est toujours magnifique, et jamais semblable. Chaque fois que je me trouve sur cette colline, ça me rappelle pourquoi je suis venu vivre en Provence. Et, si je pense au futur, je me dis que ce serait un endroit merveilleux pour y être enterré. (Dans ce cas, un X marquerait ma tombe.)

Xylophone de vigneron

Il arrive au cours de l'année un moment où le vigneron n'a plus qu'à attendre. Les raisins ont été ramassés et pressés, le vin repose, les ceps ont été élagués. Pendant quelques semaines, le vigneron peut quitter ses vignes et s'occuper de lui.

C'est au cours d'une période comme celle-ci – d'après ce que l'on m'a dit – que le xylophone artisanal a été inventé. Son inventeur est un vigneron de la région du mont Ventoux. Il était célèbre pour son riche vin rouge à 14 degrés, et connu pour aimant jouer – pas très bien, malheureusement – du violon. Ses goûts musicaux allaient de Saint-Saëns à Mahler, et il admirait énormément la façon dont les deux compositeurs utilisaient le xylophone, particulièrement dans la *Danse macabre* et la *Sixième Symphonie* de Mahler.

Un jour où il n'avait rien d'autre à faire, il nettoyait un coin poussiéreux de sa cave quand il tomba sur quelques bouteilles restant de la dégustation de la récolte de l'année précédente. Certaines d'entre elles ne contenaient plus que de la lie, d'autres pouvaient

encore remplir un verre ou deux ; l'une était à moitié pleine. En les observant, peut-être inspiré par l'esprit de Saint-Saëns, le vigneron sentit pointer le germe d'une idée musicale. Prenant un vieux tire-bouchon, qu'il avait toujours dans la poche pour les réparations courantes de son tracteur, il tapa doucement sur les bouteilles, l'une après l'autre, et s'aperçut que le son variait en fonction de la quantité de vin restant encore dans la bouteille. Eurêka !

A partir de là, ce n'était plus qu'une question de perfectionnement technique, une cuiller à café remplaçant le tire-bouchon, et l'expérience étant menée avec un plus grand nombre de bouteilles et différents niveaux de vin. (Plus il y a de vin, plus courte et plus aiguë est la note produite par les vibrations de la colonne d'air qui reste dans la bouteille.)

Pour finir, le vigneron, afin d'obtenir un son plus plein, plus riche, se fixa sur un ensemble de sept magnums – et commença à se constituer un répertoire. Il était encore loin de la *Danse macabre*, mais il arrivait à jouer une rapide, mais très acceptable, version de *La Marseillaise*. Des dégustations musicales sont prévues.

Yeuse et Yucca

L'yeuse contribue à maintenir verte la Provence tout au long de l'hiver. C'est un arbre qui possède plusieurs noms : chêne vert, *Quercus ilex*, yeuse. De quelque façon qu'on l'appelle, durant ces mois où, chaque année, les autres arbres ont perdu leurs feuilles et où la plus grande partie de la végétation est décolorée ou endormie, l'yeuse repose heureusement sur des flancs de montagne dénudés et dans des champs bruns. Au sommet, ses feuilles sont d'un vert brillant ; plus bas, elles sont gris-blanc. Elles résistent à la sécheresse, au gel, au mistral, et aux autres épreuves que le climat provençal peut infliger à tout ce qui pousse. Curieusement, il est rare que l'yeuse soit utilisée par les paysagistes.

Le yucca, au contraire, fait parfois une apparition piquante dans des jardins soigneusement plantés. Connu aussi sous le nom de « baïonnette espagnole » ou d'« aiguille d'Adam », c'est une plante profondément inhospitalière, une menace pour les enfants inattentifs et les chiens curieux. En tous les cas, il vaut mieux la voir de loin.

Ziem, Félix

Contemporain de Van Gogh – qui le jugeait « valable » –, Ziem peignait des paysages. Il adorait Venise, où il se rendait chaque année, mais son atelier se trouvait près de Marseille, à Martigues, un village très vénitien avec son assemblage d'eau et de canaux bordés de bateaux. On peut voir certaines de ses toiles au musée Ziem, où elles sont entourées des œuvres d'autres artistes qui passaient du temps en Provence. Et, si on va à Martigues au cours de la deuxième quinzaine de juillet, on y trouvera sans aucun doute quelques-unes des meilleures sardines de France.

Zingue-zingue-zoun

C'est un mot provençal, censé être une onomatopée, utilisé autrefois pour décrire le son du violon. Je me demande ce qu'en aurait pensé Stradivarius.

Zola, François

Ingénieur à Aix-en-Provence, François Zola construisit, non loin de là, au Tholonet, le premier barrage en voûte du monde. Sa renommée est aujourd'hui éclipsée par celle de son fils Emile, qui tourna le dos aux plaisirs de la technique et prit plutôt le chemin de l'écriture.

Table

Table 485

Table 487

Dans la même collection

Claude ALLÈGRE
Dictionnaire amoureux de la science

Yves BERGER
Dictionnaire amoureux de l'Amérique

Jean-Claude CARRIÈRE
Dictionnaire amoureux de l'Inde

Michel DEL CASTILLO
Dictionnaire amoureux de l'Espagne

Patrick CAUVIN
Dictionnaire amoureux des héros

Malek CHEBEL
Dictionnaire amoureux de l'Islam

Jean-François DENIAU
Dictionnaire amoureux de la mer et de l'aventure

Alain DUCASSE
Dictionnaire amoureux de la cuisine

Dominique FERNANDEZ
Dictionnaire amoureux de la Russie

Daniel HERRERO
Dictionnaire amoureux du rugby

Jacques LACARRIÈRE
Dictionnaire amoureux de la Grèce

Pierre-Jean RÉMY
Dictionnaire amoureux de l'opéra

Jérôme SAVARY
Dictionnaire amoureux du spectacle

Alain SCHIFRES
Dictionnaire amoureux des menus plaisirs

Robert SOLÉ
Dictionnaire amoureux de l'Égypte

Philippe SOLLERS
Dictionnaire amoureux de Venise

Mario VARGAS LLOSA
Dictionnaire amoureux de l'Amérique latine

Dominique VENNER
Dictionnaire amoureux de la chasse

Jacques VERGÈS
Dictionnaire amoureux de la justice

À paraître

Jacques ATTALI
Dictionnaire amoureux du judaïsme

André-Jean LAFAURIE
Dictionnaire amoureux du golf

Pascal PICQ
Dictionnaire amoureux de la préhistoire

Bernard PIVOT
Dictionnaire amoureux du vin

Jean-Noël SCHIFANO
Dictionnaire amoureux de Naples

Trinh XUAN THUAN
Dictionnaire amoureux du ciel et des étoiles

Cet ouvrage a été composé par
Nord Compo (Villeneuve-d'Ascq)
et imprimé par **Bussière**
à Saint-Amand-Montrond (Cher)
pour le compte des Éditions Plon
76, rue Bonaparte
Paris 6ᵉ

Achevé d'imprimer en mars 2006.

N° d'édition : 14009.
Dépôt légal : avril 2006.

N° d'impression : 061133/4.

Imprimé en France